Encounter of Eastern and Western Ceramics and National Cultures

동서양 도자와 문화

김명란 지음

제4장. 도자문화와 사회적 역할   151

머리말

오늘날 우리는 정보기술의 발달로 급격한 사회 문화적 변화를 맞고 있다. 새로운 유형의 사회, 새로운 경제 질서로 인한 문화적 현상은 삶의 방식, 사고방식을 바꾸고 있다. 정보기술의 발달은 문화의 대중화, 문화의 상품화, 문화의 세계화, 시대정신을 변화시켰다. 인공지능과 사물 인터넷, 빅데이터 시대, 제4차 산업혁명과 블록체인 혁명등 우리시대 거대한 기술 문명의 변화, 혁명적 사고의 전환, AI 생활화는 더욱 가속화 중이며 앞으로 인간의 직업은 사회성을 강화하는 방향으로 진화, 데이터를 처리. 분석하는 역할은 인공지능에게 넘겨주고 우리는 인간에 대한 다양성 존중, 인공지능과 공생하며 더욱 인간적 가치를 높이는 인간지성이 가야할 미래라는 과학자 정재승씨 의견에 공감, 이러한 사회적 변화에 전통적 도자 공예. 산업은 지속 가능할 것인가, 현 상황을 기록. 전달, 문제해결 가능성 타진 하고자 하는 것이 본 저술의 동기이다.

예로부터 중국에서 "인도이지정(因陶以知政)이라 하여 도자기를 보면 그 나라의 정치와 각 지역의 인간사를 알 수 있다고 할 만큼 도자기는 각국의 중요한 첨단 문화 산업이었다. 즉 도자기는 동양의 음양오행설을 대표하는 인공물로써 자연재료인 흙(土)과 물(水), 그리고 나무(木)와 금속(金)물에 의한 유약과 초자연적인 존재인 불(火)과의 관계에서 탄생되는 종합적인 물리적 속성, 정신적인 신비성 또는 이성적인 세계와 감성적인 세계가 어우러진 총체적인 세계이다 산업혁명이전까지 주요 도자기술 정보 첩보활동이나 전쟁과 같은 극적인 사건들이 도자문화 큰 흐름과 변혁을 이끌어내었다.

한 여로 우리나라 임진왜란 (1592~1598년)을 통해 조선 도자기술이 일본 규슈지역에 이식, 일본 최초 자기 생산, 발전시킨 사실과 동인도회사를 통하여 중국. 일본자기가 유럽 각 궁정에 수출된 동양자기 재현 열풍이 1705년 유럽 최초로 마이센에서 자기제작 성공, 전 유럽에 파급, 이식된 사실과 그 역사적 의미는 고대부터 현대까지 지구촌 문화교류가 빚어낸 모든 인류의 창조물, 세계도자문화 흐름을 대표하는 역사적 사건이다.이 두 사건의 공통된 주요 열쇠는 자기의 태토, 즉 자토광산 발견이었다.

이러한 2,3 만년 인류도자문화 흐름을 통해 알 수 있는 사실, 모든 인류 생활의 풍요와 자유 희구, 흥망성쇠 반복 속에도 예술의 존재는 희망과 영원을 상징, 자연을 통해 그 존재 가치를 확인하게 된다는 것. 우리 삶을 표현하는 예술의 영원한 주제는 자연과 전통의 수용, 그리고 창조적 변용이다. 인류역사 주요산물인 도자 문화 가치는 자연 물성, 특히 흙맛을 풍부하게 나타내주는 자유로운 조형 언어로 이성과 감성을 표현하고 인간의 손맛과 새로운 휴머니즘을 전달하고자 하는 메시지를 갖는다. 앞으로 AI 시대에는 자연과 전통, 이성과 감성을 조화한 창조적 변용을 기대해 본다.

21세기 인간생활은 산업사회에서 정보사회로 옮겨지면서 고도산업사회로 진전됨에 따라 농경사회의 첨단 기술이었던 도자 생산기술이 평준화되고 지식. 정보사회에선 문화가 상품이 된다. 도자문화도 산업기술에서 문화산업으로, 기술추구에서 생활문화화. 문화원화하고 있다. 즉 도자문화 패러다임시프트 현상이다. 본서에서는 도자문화와 사회적 역할이라는 주제로 유럽과 일본 중심 사례를 정리하는 중에 1999년 '99도자기축제(여의도 중소기업종합전시장)에서 처음으로 김명란도자식기 세팅전을 시작하며 2001 세계도자기축제(여주전시관) 전시장에서 우리나라 도자그릇 실용화를 위해 용감하게! 지금 생각해 보니 지극히 젊은 에너지 하나만으로 그 많은 소품과 도자그릇들을 이동, 전시했었던 도자전공 교수의 사회적 역할 수행 추억, 이번 저술에 함께 넣어 정리하였다

본서는 도자문화특성상 사학계, 공학계, 산업계에서 통용되는 용어들이 각 지역별, 시대별로 다르기 때문에 필자 체험중심으로 정보제공자, 공적기관 발표 내용 등을 인용, 원고작성, 사진설명은 작품명, 제작연도, 소장장소명, 촬영연도 또는 인용출처출판연도 순서로 기입, 사진출처 표기없이 연도만 표기된 것은 동·서양 주요 도자산지 문화자료관 직접탐방 촬영 연도를 표시하였다.

끝으로 적극 자료협조해 주신 전 이화여대 도예과 지도교수님 고황종구교수님(그곳에서도 격려해 주심을 감사드립니다.) 조정현교수님, 양구백자박물관 정두섭관장님, 한향림옹기박물관장님 그리고 파인세라믹분야 자문해 주신 김형태박사님, 공방작가 작가님들, 이정은(전 여주도자문화센터)선생님, 20년전 사진데이터 복원, 독일어번역 등 큰 힘이 되어준 가족들의 적극적인 협조에 깊은 감사인사 올립니다

2025년 5월에

제**1**장

동·서양 도자기술 흐름과 그 문화

제1장
동·서양 도자기술 흐름과 그 문화

21서기 인간생활은 산업사회에서 정보사회로, 고도산업사회로 진전됨에 따라 농경사회의 첨단 기술이었던 도자 생산기술이 평준화되고 지식. 정보사회에선 문화가 상품이 된다. 도자문화도 산업기술에서 문화산업으로, 기술추구에서 생활문화화. 체험산업, 문화원화하고 있다

21서기 문화정책방향, 지난 20세기의 흐름을 경제와 과학기술의 대대적인 혁신과 보급으로 요약할수 있다면 21세기는 초고속 정보화와 소프트웨어를 중심으로 한 문화적 변화가 대대적으로 진행되고있어 문화정책적 접근이 매우 중요시된다.글로벌 초고속정보망 확산과 멀티미디어 시대가 도래하면서 국가경쟁력에서 문화와 경제의 비중이 급상승하고 범세계적 문화식민주의 경쟁이 심화되는 한편,문화관련 직종이 다변화하고 소프트웨어 산업의 급성장과 더불어 문화적 창의성에대한 수요가 급속히 증대되고 있다.

새시대의 국가경쟁력이 제조업 위주의 생산과 자원이 아니라 창의적이고 혁신적인 과학기술과 이를 유발하는 다양한 창의적아이디어의 창출에 있다고 볼 때 문화는 단순히 소모적이고 오락적인 기능에 그치는 것이 아니라 창의적인 경제사회를 조성하고 무한한 생산성을 유발하는 시너지효과를 발휘한다. 정보산업시대에 정보산업은 일자리를 급격하게 줄이고 노동의 양식도 바꾸어 간다. 회사는 갈수록 튼튼한 체력을 가진 노동력을 원하는 것이 아니라 창의력과 통찰력을 가진 고급 두뇌의 근로자를 바라고 있다.

문화는 '인간의 총체적 생활 방식'이라는 광의의 개념이 사회적으로 확산되고 강조되어 왔지만 우리의 문화개념은 예술적 창조활동이라는 편협한 시각에 국한되어 왔다. 문민정부 이후 문화더중화 현상이 가속화되고 대중예술과 고급예술간의 구분이 약화되고 문화진흥정책방향을 공글자 중심에서 수요자중심으로 전환해 왔지만 문화를 향유함으로써 창조적 상상력과 풍요한 감수성을 연마할 수 있는 문화 애호가층을 넓혀 문화저변을 확대하려는 큰 가시적 성과는 거두지 못한 것 같다. 새세기에는 오랜 역사를 통해 각 국가와 민족이 지닌 문화의 전통성과 고유성이 무너지고 획일적인 문화적 흐름이 세계를 휩쓸 전망이다.

문화의 정체성은 단순히 옛것을 보존하는 것만이 아니라 고유의 전통에 현대적인 정제가 부단히 이루어질 때 가치를 발한다..~미래의 국가 경쟁력은 국민의 창의성이 좌우하게 되는데 창의성은 크게 볼 때 예술분야와 과학기술 분야에서 가장 두드러지게 나타난다. 예술과 과학 분야에서 종전보다 새롭거나 다른 창의성이 결여되어 있다면 이미 그것은 예술이나 과학으로서의 생명을 잃은 것이나 다름없다.

문화와 첨단 산업은 긴밀한 연관을 가지고 서로 상승 작용을 해야 하며 모든 상품은 문화적 특질을 갖추지 않고서는 고부가가치를 실현할 수 없다. 따라서 산업전반의 문화화도 문화정책에서 광범위하게 고려되어야 할 것이다.[1]

1. 도자문화의 패러다임 시프트 현상 [사진a1-1]

인류는 선사시대부터 흙 위에서 살면서 모든 장소에서 흙을 이용하여 생활도구를 빚어왔다. 특히 식생활도구는 필수(사진a.1-1), 도자문화는 인류 존재 역사와 긴밀하게 연결, 창조성과 진화의 상징이며 풍속, 사상, 종교의 증언이라 할 수 있다.

a1-1 좌식 옹기부엌용구, 민속촌, 2008

a1-2 입식 현대부엌용구, 킨텍스리빙페어, 2007

a1-3 좌식, 야외,바닥에서 티타임,
킨텍스리빙페어, 2007

a1-4 입식, 식탁에서 식사용 식기,
킨텍스리빙페어, 2007

---

1) 안병선, 21c 황금시장 문화산업>, 매일경제신문사,2000,1 p166~p168

앨틴.토플러는 "제3의 파도"에서 인류 문명의 역사를 3단계로 나누어 제1의 파도는 지금으로부터 1만년 전에 시작한 신석기혁명- 농업 혁명 시대, 제2의 파도는 근대의 산업혁명이 가져온 대변혁의 시대, 그리고 제3의 파도를 제2차대전 후의 과학기술 혁명의 시대로 나누었다. 제1의 파도가 약 일만년이라는 장기간이었던 것에 비하여 제2의 파도는 약2 ~3백년, 그리고 제3의 시대는 겨우 최근의 3 ~50년에 지나지 않는다.제1의 파도 주요역할은 토기! 흙으로 빚어 불에 구운 토기, 도자문화는 신석기혁명의 주요 산물, 자급자족형태 수공예 품(a-3)이었고, 제2의 파도인 근대 산업혁명 이후 기계적 대량생산(a-4) 산업체 등장으로 일부 지배계급과 부유층 이외 사용할 수 없었던 생활도구가 일반 가정에 보급, 생활의 민주화와 예술화, 동·서양의 생활양식 차이(좌식과 입식, 사진 a1-1~4)) 그리고 제3의 파도 속 현대는 지구촌 온라인화로 동. 서양의 융합적 생활양식 (동·서양 좌식, 입식 융합적 생활패턴 변화), 생활문화가 상품인 시대, 체험산업, 문화교육 아이템 등장은 새로운 패러다임 시프트 현상으로 꼽을 수 있다.

a-2 동양 좌식생활과 서양 입식생활 융합한 부엌모델, 킨텍스리빙페어,2007

a2-1 식탁에 개인용 의자와 여러명이 함께 앉거나 물건을 올려놓고 작업도 할 수 있는 다용도 벤치를 식탁용 의자로 사용, 좁은 부엌의 활용도 높인 신세대 감각의 니즈에 따라 제작, 현재 유행중

(a-3,4, 음료를 마시는 컵의 기능은 2천년전이나 현재도 동일, 기능과 관련없는 표면 장식은 시대성 반영)

a-3. 으리장식컵, 가야시대(42~562), 동아대학교박물관

a-4. 로젠탈컵, 1880~1938, Darmslandsmuseum,2004

넓게 예술이라는 것은 인간이 그 미의식을 어떤 물질을 빌려서 표현하는 것으로 다른 목적은 없으나 도자 공예를 포함하는 도자문화 가치는 인간의 생활영속을 위하여 이루어지기 때문에 식생활과 관련된 부분, 유물 a-3과 a-4처럼 2천년 전이나 현대 음료를 마시는 컵의 기능은

불변, 패러다임이 바뀐다하여도 도자문화의 식기부분 가치는 불변, 지속성을 가질 것으로 예측가능하다.

21세기 인간생활은 산업사회에서 정보사회로 옮겨지면서 공예. 산업의 생산품인 생활도구에 큰 변화가 생겼다. 고도산업사회로 진전됨에 따라 첨단 기술이었던 세계 도자 생산기술이 평준화되고 지식. 정보사회에선 문화가 상품이 된다. 지난2~30여년간 도자 산업기술에서 문화산업으로 패러다임이 변하고 있음을 필자의 현장조사 결과 확인할 수 있었다. 즉 도자산지의 문화산업이란 생활과 연결한 역사성과 기술 문화 등을 상품화, 산업은 생산중심에서 문화체험중심으로, 교육은 학문 지식중심에서 예술과 과학 기술의 융합화, 지역과 국가, 개인과 대중문화를 연결하는 글로벌 문화 교육, 글로벌 문화 관광자원으로 확산, 보급되고 있다.

본 서에서 동.서양 도자기술 흐름 중 자기(磁器, pdrcelain)제작 기술을 목표로 각국, 지역의 노력, 경쟁으로 발전해 온 동. 서양의 도자역사를 토기, 도기, 석기, 자기, 파인세라믹스 로 분류, 성공 사례를 개관, 동.서양 자기 기술 흐름의 큰 사건을 2장과 3장에서 도자산업 기술개발의 패러다임 시프트현상으로 파악, 4장에서 20세기 도자가술 산업이 21세기 도자체험 문화산업으로, 패러다임 시프트 한 예로 도자문화와 사회적 역할에 대한 필자의 제안을 피력하며 마무리하고자한다

다음은 우리나라에서 통용되는 도자 명칭과 도자 분류 기준

<흙의 성분에 따른 분류>

백 자(기)	흰색 소지에 고화도 투명유 시유, 산화, 환원 소성결과 백색,푸른기도는 백색
청 자(기)	철분 함유한 소지에 고화도 재유시유,, 환원소성에서만 푸른색, 비취색
옹 기	소성온도 낮은(철분 함유한 옹기토에 저화도 재유 시유

<장식기법에 따른 분류>

분청사기	고유섭의 분장회청사기(紛粧灰靑沙器)에서 연유, 화장토로 분장후 장식처리후 투명유 시유
사기(沙器)	우리나라에서만 쓰는 용어로 토기와달리 소성 온도가 높고 유약이 입혀진 것을 말한다
청화백자	코발트 안료로 그림을 그린 백자
철화백자	산화철 안료로 그림을 그린 백자

<소성온도에 따른 분류>

토기, Teracota	소지불투명	무유(유약이안입혀진 것)	소성온도℃, 800 ~ 1000
도기, earthen ware, pottery	소지불투명	시유(유약이 입혀진 것)	소성온도℃, 1000 ~1230
석기, stoneware	소지불투명	시유 (무유인 경우도 있다)	소성온도℃, 1200~ 1250
자기, china, porcelain	소지 투명	시유	소성온도℃, 1250 ~1300

2. 서양의 도기와 동양의 자기

"도자기"의 "기(器)"란 주로 용기로써의 "그릇"의 의미와 지붕의 기와나 벽 타일 등을 포함한 "도구"의 의미가 있다. 도자기를 영어로 ceramic이라하며 프랑스어인 ce'ramicque라는 말은 그리이스어인 "ke'ramos"에서 유래된 것으로 1768년 고고학자 파세리에 의해서 근대어 (近代語)로 도입되어 "점토를 빚어 구운 작품의 모든 것"을 나타내는 용어가 되었다.

한편 영어의 Pottery란 도기라는 말인데 역시 "점토를 구워서 만들어진 도자기 용기 일반"을 가리킨다. 이때 도자기를 만드는 흙을 전문 용어로 태토(胎土), 또는 소지(素地)라 하고, 흙으로 빚는 것을 성형(成形), 유약을 입히는 것을 시유(施釉), 굽는 것을 소성(燒成)이라 한다

세계 도자 역사상 자기(磁器)의 원조는 중국인데 중국에서 발생한 청자(참조사진 a-5)나 백자 (참조사진 a-6)의 고도 소성 방법, 소지와 유약의 비법, 기술은 우리나라를 통해 일본에 파급되었고 유럽에선 그 차이나(자기) 기술을 익히기에 각고의 노력을 경주한 인류 역사상 가장 오란 과학기술 중 최고 기술이라 할 수 있다.

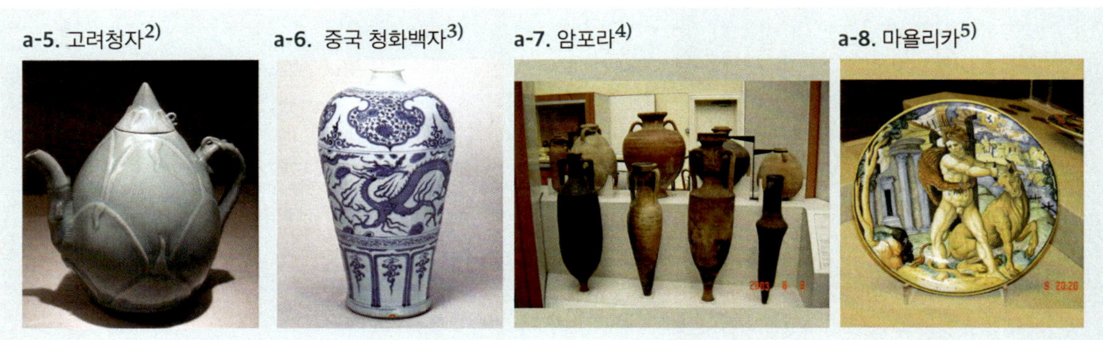

자기보다 낮은 소성 온도의 도기(1,000 ~ 1,230℃)는 세계각지에서 만들어졌는데 특히 유럽에서는 18세기까지 그리이스의 암포라(사진 a-7)나 페르시아도기(이슬람도기)에 영향받은 마욜리카 (사진 a-8) 전통 기술 중심으로 제작, 도기만을 생산했기 때문에 서양의 전통 도자는 도기라고 할 수 있다. 따라서 도자기의 의미는 서양의 대표적인 도기(陶器)와 동양의 대표적인 자기(磁器)를 합친 뜻에서 "도+자기"=도자기로 풀이할 수 있다.

---

2) 청자양각죽순형주자,고려시대, 12C, 일본 오사카 동양도자미술관 소장, 2005. 6. 필자 촬영

3) 청화백자운룡문매병, 원시대, h41.4,d.6.0,d.14.2,(b), 세계도자재단 동북아도자교류전,26-1

4) 지중해 주변의 보존. 저장용기로써 대표적인 것이다.가늘고 긴 몸통과 긴목에 양쪽 손잡이가 있고 항아리바닥이 뽀족하게 돌출되어 있다. 이것은 주로 포도주, 올리브유, 곡물 등을 담기 위한 저장 용이다. 런던 대영박물관소장, 2C03.8 필자 촬영

5) 런던 빅토리아앨버트미술관 소장, 2003. 8 필자 촬영

1) 토기(土器, Terre Cuite, 테라코타)

점토로 성형해서 800 ~ 1000℃에서 소성, 유약을 입히지 않은 것을 말한다.

엘빈. 토플러가 논한 "농업 혁명 시기", 즉 인류가 수렵, 채취 생활의 유랑 이동 생활에서 벗어나 농업 생활을 시작한 신석기시대의 특징은 정착생활을 시작하는 인류역사상 큰 변화의 시기이다. 그 커다란 변화의 주역은 바로 수확한 곡물을 저장할 수 있는 "토기의 발명"이다. 즉 농경이나 목축을 하며, 식량이나 의복, 주거 공간 등을 흙을 이용하여 필요한 것을 만들게 된다. 벽돌을 만들어 벽을 쌓고 흙바닥에 구멍을 뚫어 저장용 토기를 끼워 고정시키거나 흙으로 화덕을 만들어 취사 용구를 설치하거나 자연의 재료인 흙으로 생활 공간을 만들고 생활 환경을 꾸몄다. 인류 역사의 시작은 이렇게 흙으로 부터 시작되었다.

토기(참조사진 b-1~4)의 발명으로 인류는 이동하지 않고 한 곳에서 생활하며 원시 부족 사회를 형성, 인류 정착 생활 시작은 민족, 국가 형성의 시작이라고도 할 수 있다. 그에 따라 토기는 도구로써 의식(儀式)용구나 부장용품(b-1~4) 및 실생활 용품인 용기, 식기 등으로 발달되었다. 고대 유적의 주거지에 가면 문양없는 단순한 형태의 일상생활 도자기 이외에 제단이나 능묘 등의 제기용품이 출토되는데 고대 생활에선 귀중한 도구였다. 토기나 도기위의 문양은 의미가 있었고 고대인의 신에 대한 통신문이자 언어였다. 항아리, 주기(酒器,b.1~3) 등에 장식된 인물이나 동물문(b-4), 추상문(b-14) 등은 눈에 보이지 않는 세계에 대한 커뮤니케이션의 의미가 있었다.

엘빈토플러의 제1의 파도, 즉 인류역사 첫번째 커다란 혁명은 토기 발명이다. 인류가 수렵 채취 생활에서 농경 정착 생활을 시작하게 된 것은 토기의 발명으로 농산물 저장이 가능해졌기 때문이다. 토기란 기본적으로 화성암계 입자인 점토를 성형, 가열, 100 ℃를 넘으면 점토 중의 장석계가 녹기 시작하여 입자와 입자사이를 연결하여 고형화 시킨다. 이 때 약 800℃

b-1.神龜形주전자,고신라시대,대구영남대학교박물관

b-2.기마인물형토기,고신라시대,서울국립중앙박물관

b-3. 오리모양토기,가야시대,서울국립중앙박물관

b-4. 말그림목긴항아리,고신라시대,국립경주박물관

b-5. 인도 아그라호텔 도자벽화 , 2007

b-6. 나이지리아 사일로, 2011

b-7. 인도 델리 국립크라프트 뮤지움, 2007

b-8. 파키스탄토기, BC2000~2700, 델리국립박물관소장, 2007

정도의 열이 필요하며 600℃ 이하에서 가열된 것은 물에 젖으면 원래의 상태 입자로 돌아가 분리, 파열된다.

제1 혁명의 주요 도구였던 토기는 인류 식생활과 깊은 관련을 맺어왔으며 과학기술 혁명으로 도태된 현재도 생활도구로 토기를 계속 생산, 사용하는 곳이 있다. (사진b-1, b-2 : 사일로와 테라코타)[6]

특히 덥고 건조한 지역인 아프리카, 중근동이나 인도에서는 냉장고 등이 보급되었어도 토기 물 항아리는 생활필수품이라 한다. 이유는 토기의 다공질(多孔質)성 때문에 물이 밖으로 새어나와 기물 외부가 젖어 있어도 급속히 말라가면서 기화열(氣化熱)을 뺏기 때문에 아무리 외부 기온이 50℃가 되어도 항아리 속의 물은 차갑다. 실제로 1998년 이집트 룩소 여행중 길거리 음수대에 토기물병들이 주렁주렁 걸려있고 지나가는 사람들이 토기 물병의 물을 마시고 걸어두는 광경을 목격했었다. 2007년도 인도전시 여행 중에 사진b-5처럼 여인들의 물항아리 운반행렬 목격, 수돗물이 일반화 되어 있는 현대 사회에서 아직도 지구촌엔 일만년 전 생활과 동일한 세계가 존재함을 알 수 있었다.

우리나라에서 토기 명칭은 와기(瓦器), 옹기, 질그릇 등으로 불리어 왔기 때문에 혼동하기 쉬우나 고대 신라의 와(瓦)박사가 일본에 넘어가 도자기법을 전수해 주었다는 기록과 우리나라 조선시대 관요(官窯)인 와서(瓦署)에서 기와나 벽돌, 화로류를 중심으로 취급했다는 기록을 보면 우리나라에선 흙으로 빚은 기물 대부분을 와기(瓦器)로 총칭했음을 알 수 있다. 와기는 질그릇이라고도 했는데 질은 도토(도자기용 흙)를 말하며 질그릇이란 인공적 유약을 입히지 않고 소성하기 때문에 그 질(흙의 성질)은 산지 이름을 붙여 구별했다.

---

6) http://blog.daum.net/ykpark1976/15850576, 2009. 나이지리아 사일로(음식을 저장하는 토기)

b-9
신석기시대 덧무늬토기
(隆起文), 부산김해중심
출토,일본규슈,혼슈에서도출
토,당시양국문화교류,
가장오래된 토기

b-10
신석기시대, 빗살문토기
(繩文),우리나라북방 만주,
시베리아지역과 핀란드에
까지 분포되어 북방문화권,
우리나라 각지역 문화형태에
따라 차이

b-11-1
청동기시대 민무늬토기,적갈색
색조,무늬없는 납작바닥,일상용
(저장용, 취사용, 배선용),
껴묻거리(뼈항아리),청천강
이남(팽이형),이하(공귀리형),
압록강하류(미송리형) 등
지역별구분.

b-11-2
흑도장경호
(청동기,국립중앙박물관)

출처: 김명란 생활도자공예디자인

b-12
와질토기,원삼국시대,
회도(灰陶)일종,
영남지역유행,
민무늬토기보다 높은
900℃소성

b-13
백제시대 연질토기,,
와질토기에 비해 다양한종류,
일상용기, 경질토기 확대
4세기 이후 연질토기는
조리용으로만 제작량 감소

b-14
인화문 완,경질토기,
통일신라시대, 3세기후반
굴가마(登窯)개발,
1000℃이상 회청색경질토기
제작 성행

녹유인화문골호
(통일신라,국립중앙박물관)

한국민족문화대백과사전   사진출처:秦弘燮,韓國美術全集3,土器.土偶.瓦塼

b-15
Lidded bowl with griffins' heads,
supported on a tall stand, faliscan,BC
675~625, 프랑크푸르트 장식미술관,
probably from tomb M103, Monte
Cerreto necropolis, Civita Castellana

b-16
김해 대성동 1호고분 부곽,
높이 62cm, 김해국립박물관

b-17
부산복천동32호분,
높이57.5cm,부산대박물관

토기는 선사시대부터 사람이 살고 있는 어디에서나 만들어져 온 기물이나 지역적 문화특성을 보인다, 그런데 이번 원고 정리 중에 우리나라 고대 삼한, 삼국시대, 특히 가야지역에서 뛰어난 조형미를 갖춘 것들이 많이 제작되어 세계에서 독특한 것으로 인정받는 "굽다리 그릇받침(器臺)"[7] 형태와 유사한 북유럽의 사례를 발견했다. 프랑크푸르트장식미술관에서 우리와 멀리 떨어져있는 지역, 북유럽 에트루리아 남부에 살던 고대인이 만든 토기 그릇받침(b-15)이다. 예의 우리나라 고대 삼한, 삼국시대 토기그릇받침은 둥근 바닥의 그릇을 받쳐두기 위한 용도로 만든 것으로 둥근 바닥항아리가 유행한 백제.신라.가야에서 주로 발견된다. 기능성과 실용성에서 보다 효율적인 납작바닥 토기(고구려에선 납작바닥토기, 기대가 없다)를 만들지않고 둥근 바닥 항아리. 그릇받침.굽다리토기를 만들어 쓴 것은 토기제작의 고유한 전통, 문화적 공통성이 있었음을 나타낸다.[8] 그릇받침 활용은 화로형 일반 용기로서의 그릇받침(b-16)과, 굽다리가 높아지는 의례용기(b-17)로 추정되는데 세계적으로 유일한 것으로 알려진 우리나라 굽다리토기와 유사한 형태(둥근바닥의 그릇 받침 용도?)가 신석기시대, 빗살문토기(繩文土器 b-10)가 우리나라북방 만주, 시베리아지역과 핀란드에까지 분포되어 있는 것처럼 고삼국시대 유행한 독특한 기형(器形)이 북유럽에서도 만들어졌다는 사실이 매우 흥미롭고 고대인의 문화교류, 이동경로를 추측케 하는 이 기물에 대한 향후 학계 관심과 연구를 기대해본다.

---

7) 우리나라 고대 토기중 형태가 독특한 그릇받침, 삼한시기부터 둥근 바닥항아리가 유행한 백제.신라.가야에서 주로 발견, 의례용으로 추정된다.. 납작바닥토기가 널리쓰인 고구려에서는 발견례가 없다

8) 가야의 그릇받침,p7, 국립김해박물관, 1999

토기 일종인 테라코타는 별도 의미로 쓰여진다. 이탈리아어로는 "젖은 점토를 구운 것". 즉 토기나 초벌 구이(사진 b-18[9])된 것, 그러나 통상적으로는 생활용품이 아닌 조각적인 인물상, 동물상을 지칭한다. 중국의 인물상이나 동물상, 일본의 하니와(埴輪, l-2) 인물상 등을 일본에서는 "토우(土偶)"나 "용(俑)"이라고 하지만 영문 서적에서는 테라코타라고 한다. 이탈리아의 테라.시길라타 역시 테라코타로써 토기에 속한다.

b-18. 이태리Boboli 정원,
테라코타 동물상

b-19. 이태리 테라코타 마을,
임푸루네타

b-20. 이태리볼로냐 체르싸이에 전시장,
테라코타항아리

현대 테라코타 작품

b-21. 테라코타 작가 임일택
선생님 작품, 네이버 블로그

b-22. 인물상 테라코타

b-23. 베트남 대형테라코타화분

현대 도자산업에서 테라코타기법은 프라스틱 등 대체재료가 많아져 고급 건축용자재 건물 외벽 타일재료나 화분(b-23)등에 쓰여지며 예술 소조분야(b-21, 22)에서 활용된다.

---

9) 이태리 데루타 도기공방,시유전에 약 800℃에서 일차로 굽는 것,
   2004. 9. 필자 촬영

한편 세계적으로 잘 알려져있는 그리이스 그림도기는 소성온도가 낮아서 토기류로 분류된다. 적갈색 소지위에 흑색 안료로 그림을 그리거나(흑회식도기), 그림부분을 적갈색 소지로 남기고 나머지 부분을 흑색안료로 채색(적회식도기), 등 전설이나 상징적 종교적 이야기를 그림으로 표현, 서양 도자기 장식표현의 원류이다.

b 21.
黑人頭部象주전자,
Oinochoe onfigurata
atesta di negro,
시칠리아제 BC3c,
stanconelli 소유묘지유
적 제11묘 출토,

b-22
The black figure(黑繪
式陶器),

b-23-1
The Red Figure
(赤繪式陶器),'테세우스와 스
파르타의 헬렌' 전설의 그림
항아리(와인, 물, 기름 저장용)
BC480~460,
아테네 國立考古박물관 소장,

b-24
The white ground style(白地
多彩 陶器), BC 450, 아테네
國立考古박물관 소장,

시칠리아 고대그리이스전,1984,
Tokyo Fuji Art Museum

출처 京都書院, '陶藝의 美'28

b.23-2, 흑도(黑陶)[10], 백제시대,
서울 고려대학교 박물관소장,

사진출처:秦弘燮,韓國美術全集3,土器.土偶.瓦塼

"이 토기는 1969년 서울 성북구 가락동 백제 초기 고분에서 발견,아름다운 색조와 독특한 문양은 처음 보는 형식으로 학계 큰주목을 끌고있다 백제초기 토기로서 고도로 발달된 기술과 세련된 표현수법을 보여주는 걸작이다"는 진홍섭교수 해설처럼 이 토기는 그리이스그림도기(b-21~24)처럼 당시 시대상을 담은 많은 이야기가 있다.당시 흑도 꺼먹이구이와 달리 태토색과 다른 검정색 분장토를 바른 후 예리한 도구로 아름답게 시문(施文)된 이 토기야말로 이후 고려상감기법 발상과 연결되는 소중한 증거가 아닐까 생각, 이후 학계 관심이 요구된다

---

10) 중국과 한국 선사시대~신라시대까지 이어여 만들어진 검정색의 광택이 있는 토기.양질의 태토사용, 도차(물레) 성형, 환원염소성후 가마입구를 막아 연기중 탄소가 기물에 스며들어 검정색을 띤다

2) 도기(陶器, Poterie, Pottery, earhenware)

점토로 빚어 유약을 입혀 1000~1230℃에서 소성한 일반적인 생활 용기를 말한다. 이는 유럽, 일본등지에선 각각 중국과 우리나라의 자기(磁器) 기술을 배워 성공하기 이전까지 오랜 동안 도기 생산 기술밖에 없었기 때문에 일반 생활용품 전반에 사용된 도기는 도자기를 대표하는 개념이었다. 지금도 영어권에서는 우리나라에서 도자 그릇을 사기그릇이라고 하는 것처럼 일반 생활 용기를 파터리(Pottery) 즉 도기라 부른다.

학술적인 구분은 인공적인 유약이 입혀진 것은 도기이고 입혀지지 않은 것은 토기이다. 그 기준으로 상기 그리이스 도기(참고사진: 사진2-10~13)는 유약이 입혀지지 않은 토기에 속한다. 또 한 예로 페르시아 흙은 소성온도 800℃를 넘으면 쓰러져 버린다. 이는 내화도가 낮은 저화도의 토기류 소지는 고온소성에서 형태변형, 내려 앉아버리기 때문에 도. 석기, 자기류는 만들 수 없다.

따라서 도자산업에서 가장 중요한 것은 흙(소지, 태토)!

본서의 주제이기도한 "도기에서 자기로 발전~" 주인공인 일본, 독일에서 백토광산 발견으로 국가적 부흥을 이룬 극비적 사실은 흰색 자기 제작 목표.

우리나라 옹기토 소성온도 1000~1100℃ 이하, 이러한 점토의 성질에 따라 소성온도가 달라지고 도자재질도 다르다. 1300℃의 고열을 이겨내는 자토(磁土)가 유리화(琉璃化)[11] 한 자기(磁器)와 도, 토기(earthen ware)는 확실한 차이점이 있으나 석기(stone ware)와는 구별이 어렵다. 그러나 중국에서는 유약이 입혀지지 않은 토기를 도기라 하기도 하며 우리나라에서는 소성온도 1200도℃ 전후반에 구워진 강도가 약한 그릇을 도기라 하고 일반적으로 초벌구이 강하게 유약구이 약하게 하는 기법은 주로 위생도기 제작에 활용된다.

---

11) 유리질화: 석영.탄산나트륨.석회암울 원료로 하여 높은 온도에서 녹였다가 급냉시켜 만든 물질, 단단하고 잘 깨지며 투명함, 초자, 글라스등으로도 불린다

c-1 그리이스 적회식 도기, BC525, 아테네 고대 그리이스 예술박물관, 2004.

.c1-1.陶器皿,1511년,세브르국립도자박물관

c1-2.이태리 마욜리카,뮌헨 레지덴스 박물관 2007.

c1-3.스페인 마니세스제작 라스터채 도기 "이스파노 모레스크"

도기 분류 방법은 독일, 영국, 프랑스, 그리고 미국, 일본 등 각 나라마다 조금씩 다르다. 미국에서는 "시유 또는 무유의 용화되지 않은 흰 그릇(white ware), 일반적으로 흡수율이 10%이상인 것을 말한다."고 정의한다. 독일식 분류는 도기를 크게 연질도기(軟質도기: 점토질 드기, 석회질 도기)와 경질도기(硬質도기: 장석질 도기, 위생 도기)로 나눈다. 영국에서는 소지(素地, 태토) 조직의 차이로 *조도기(粗陶器)와 정도기(精陶器)로 크게 나누고 소지 석회질 도기(celareous earthenware), 장석질 도기(feldspathic earthenware), 규산질 도기(siliceous earthenware), 점토질 도기(pipeclay faience)로 분류한다.

유럽도기 원형, 이슬람 석유(錫釉)도기

AD 8~ 18세기에 아랍인, 이슬람국가에게 점령당한 페르시아, 메소포타미아, 소아시아, 북아프리카, 스페인 등지에서 만들어진 도기를 이슬람 도기(c2-1)라고 부른다. 이슬람 도기는 다종다양한 스타일이지만 공통된 것은 유리질화된 선명한 채색, 라스타, 환상적인 장식 등에 의하여 진중시 된다.

이슬람문화는 641년에 네하반드 전투에서 사산왕조 궤멸후 시작, 광대한 지역으로 확산, 현재에 이르고 있다. 따라서 그 문화에서 만들어진 도자 또한 7세기부터 오늘날까지 지역적으로 이라크, 이란, 아프가니스탄, 파키스탄, 터키, 시리아, 레바논, 요르단, 아라비아반도, 이집트, 리비아, 튜니지아, 알제리아, 모로코, 스페인 등 광범위한 지역에 걸쳐있다. 이 이슬람세계에서 관들어진 도기는 동.서양 세계 도자에 큰 영향을 주었으며 이슬람 세계에서도 독자적인 발전을 이루어 세계도자역사에서 중요한 위치를 차지하고 있다. 특히 마욜리카[12]로 일컬어지는 유럽 대표격 도자의 원조가 되는 세계 도자사상 중요한 존재이기도 하다.

유(釉)의 발명은 메소포타미아나 이집트에선 매우 오래되었지만 유럽에선 로마도자기에 처음 사용도었고 훌륭한 발전을 보인 그리이스도기에서도 유약 사용법을 몰랐다

유약은 어느 나라에서든 처음 사용될 땐 가장 쉽게 유약화되는 연(鉛)을 매체로 한 연유였다. 유럽경우도 예외가 아니었는데 유약 조성도 동분(銅分,구리)나 철분,코발트분을 넣은 녹유~갈색유약, 코발트유와 같은 단순한 것들이 그후 수백년간 지속, 주로 민속도자분야에서 사용, 오늘날까지 이어지고 있다.

유럽도기의 3대흐름으로 民藝의 鉛釉, 독일의 염유(鹽釉), 주류인 錫白釉를 꼽는데 로마의 아레타인도기(양각부조도기, 테라시길라타)의 흐름은 라인강 유역의 독일 중,근세도자에 그

---

12) Majolica(마욜리카),1850년경 영국 민튼窯에서 부조문 장식의 도기에 透明色鉛釉를 입힌 상품명으로 쓰였던 것이 시작 영국 각 지역의 동일계통 色釉도기도 마죠리카라고 불렀는데 현재는 영국도 이탈리아나 스페인의 錫白釉色繪陶器를 지칭하는 용어로 일반화

전통을 남겨 소성시 소금을 뿌리는 염유약을 입히는 석기(stoneware)로 전개되었다. 또한 스페인을 통해 유럽에 소개된 이슬람도기의 각종 기법은 주로 주석백유약을 입힌 마욜리카나 파이앙스 형태로 유럽 전역에 퍼져나갔다. 자기와 유사한 이미지나 그림넣기에 적합한 흰색바탕과 그위에 입혀진 투명유의 아름다움이 사람들의 마음을 사로잡았다. 이것이 유럽 도자의 주류가 되었다. 물론 그 도기그림은 이국적인 중국, 일본 자기 문양이 큰 영향을 미쳤다.

이슬람교도는 도자기를 묘(墓)에 부장하는 관습이 없기 때문에 과학적 발굴 기회가 적고 이 슬람세계 각 시대. 각 지역에 수많은 왕조 흥망, 천도(遷都)와 함께 상인, 장인, 일반주민 모 두 함께 이동, 동일형식의 도기가 이슬람세계 각지로 전파, 이슬람도기 문화유산 대부분이 제작지, 제작년도 등 미상(未詳)인 경우가 많은데 도기유물중 작자나 제작지 명칭을 기록한 것도 있어서 도자사 해명에 중요 단서를 제공한다.[13]

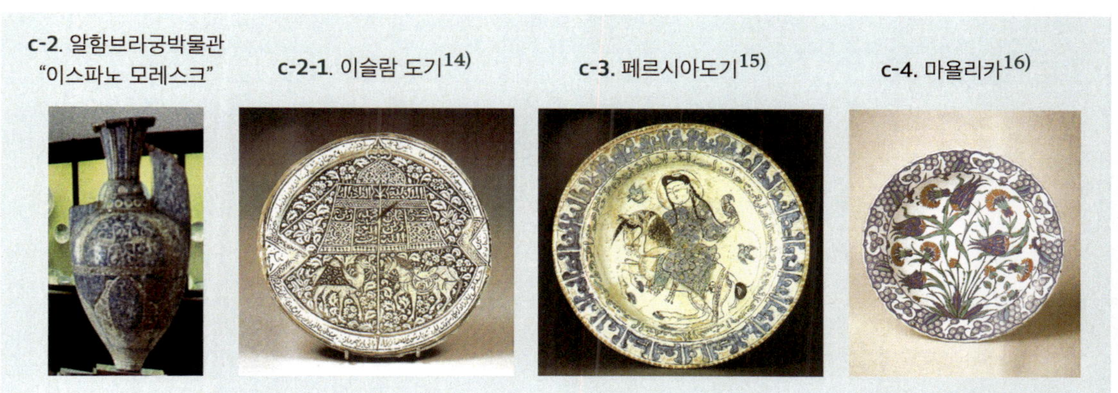

c-2. 알함브라궁박물관 "이스파노 모레스크"   c-2-1. 이슬람 도기[14]   c-3. 페르시아도기[15]   c-4. 마욜리카[16]

아라베스크 문양[17]의 취미는 이슬람 고유의 것이고, 페르시아를 빼고 인물상 표현은 거의 없는데 이유는 인물상 표현을 금지한 코란 때문이다. 연대 측정은 곤란하고 고고학자는 작 품이 발견된 장소와 기법에 의하여 분류하고 있다. 화장토 위에 조각한 장식을 하거나 투명

---

13) 由水常雄, 西洋陶磁史, ブレーン美術選書,1977

14) 라스터채타일,이란,가샨,1312년d32,세브르국립도자박물관소장,알리의 발자국성전에서 출토된 러스터기법의 타일, 출처: 세계도자재단법인, 세계도자문명전, p44

15) 미나이로 장식된 접시, 이란, 1200년경, d22, 루브르박물관소장, 미나이웨어: 흰색의 사발과 잔.병,탕카르트를 미나이(에나멜)와 금으로 장식한 이슬람도기 장식도기. 이 작품엔 미나이와 라스터채와 함께 채색된 희귀한 예. 출처: 세계도자재단법인, 세계도자문명전, p42

16) 이즈닉접시,터키,이즈닉,1570,d34,세브르국립도자박물관소장.접시 가장자리가 납작하거나 물결무늬장식한 것 은 중국영향받은 것.가장 흔한 기형. 출처: 세계도자재단법인, 세계도자문명전, p52

17) 아라베스크(Arabesque): 아라비아풍이란 뜻으로 이슬람교 사원의 벽면장식이나 공예품장식의 문자.식물.기하 학문양으로 기본형을 조합한 복잡하고 추상적인, 리드미컬한 연속문양.

유 길에 갈색, 황색, 녹색의 하회(下繪)장식을 한다. 혹은 석(錫[18])의 불투명유 위에 붉은 라스타-나 금 또는 올리브색 등 다양한 황색으로 채색된 장식이 특징이다.

c-5. 다채러스터로장식된 불투명유 사발,이라크, 아바시드,860년경, 루브르박물관소장

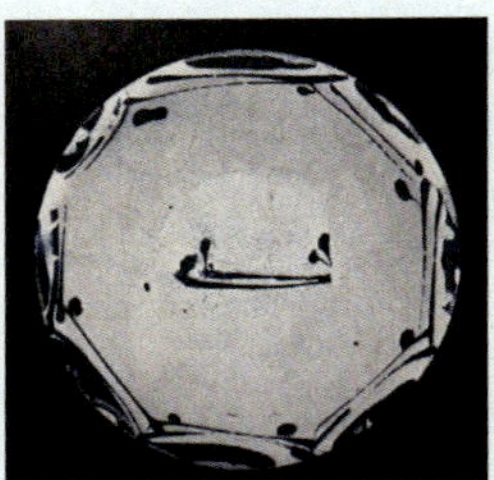

c5-1.청색장식의 흰불투명유 사발, 이라크,아바시드, 860년경, 루브르박물관소장

c5-2.다채색음각문슬립웨어 사발,이란,1000년경, 아리아나미술관소장

c5-3.다양한문양의다채 슬립웨어사발,이란, 니샤푸르,1000년경, 세브르도자박물관

아랍문헌에 800년에 대량의 당(唐)대 자기(磁器,c5-4)가 카리프, 하룬 앗라시에게 상납되었다는 기록처럼 당. 송(宋)대 발달한 백자. 청자. 당삼채의 기법과 형식이 압바스도기에 나타나는데 중앙아시아와 메소포타미아에 걸쳐 출토되는 백유도기(c5-5)는 중국백자 영향을 받은 것으로 三上次男中近東컬렉션의 白地藍彩花鳥文皿(c5-6.7)은 중국청화백자 영향을 받은 고화도의 자기처럼 보이지만 도기(陶胎)이다.

c5-4.白磁稜花鉢,9c, 이슬람지역 출토 중국제, 三上次男中近東コレクシヨン

c5-5.白釉鉢, 이란or이라크, 9~10c, 三上次男中近東コレクシヨン

c5-6.白地藍彩花鳥文皿, 이란,18c, 三上次男中近東コレクシヨン

c5-7.白地藍彩花文皿, 이집트,18~19c, 白地藍彩花鳥文皿

---

18) 석유(錫釉, Tin- glaze),산화석(酸化錫)이 섞인 鉛釉, 흰색또는 유백색, 혼합비는 규사3,소다灰1,酸化鉛3,酸化錫1 일반적 비율, 이 유약은 기원전17,8세기 메소포타미아에서 사용, 페르시아도기에도 쓰였고 유럽에는 11세기경 스페인의 이슬람도공을 통해 도입된 것이 시작이라고 하며 이후 유럽도기에는 불가결한 화장유약이 되어 현재까지 0름

이렇게 중국영향을 강하게 받으면서 메소포타미아 지역 중심으로 9세기경 완전히 새로운 독자적인 스타일의 라스터채(c-5,c5-10,11,12)[19] 라고 불리는 도기 제작, 10세기말에 메소포타미아지역에선 쇠퇴, 단절되지만 그 후 이집트에서 제작, 압바스朝의 라스터채 도기는 각지로 수출, 특히 9~10세기에 걸쳐 스페인에 수출성행, 코르도바 근교 메디나 아자히라 궁전(937년 창건) 유물 출토. 또한 그 영향은 그 후 이스파노.모레스크(c-1-3,c-2) 양식으로 스페인 도자의 꽃을 피우게 된다.[20]

c5-8. 靑釉色繪騎馬人物文鉢, 이란,12~13c, 三上次男中近東コレクション

c5-9.多彩釉花文鉢,이집트 三彩,9~10c, 三上次男中近東コレクション

c5-10.라스터彩鳥文壺, 이집트,10~11c, 三上次男中近東コレクション

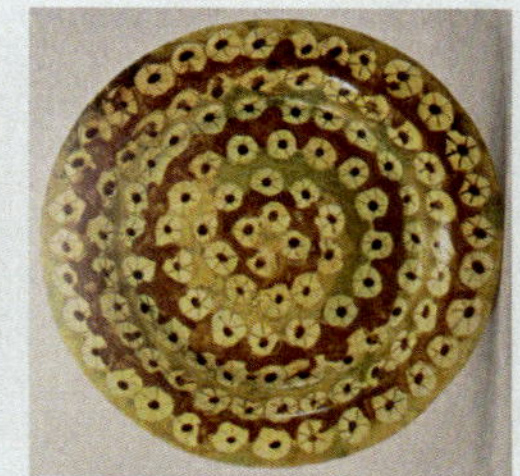

c5-11.多色라스터彩丸繁文皿, 이란or이집트,9~10c, 三上次男中近東コレクション

이슬람에서 푸른색, 라피스라즐리는 종교적 신념, 예술적 가치, 실용적 이유가 얽힌, "신성함과 권위", "순수함과 시원함"의 상징적 존재, 라피스라즐리에서 추출한 울트라마린은 이슬람문화에서 악의 눈으로부터 보호하고 신성한 기운을 불러온다고 여겨 이슬람사원(a-2), 궁전, 예술품 등에 푸른색을 선호, 울트라마린은 과거엔 금값보다 비 으며 이슬람뿐 아니라 유럽, 중국에서도 귀하게 여겨진 색으로 사진 c5-8과 청유도기(左), 청색칼리안(上) 유물은 이슬람문화 상징, 라피스라즐리(울트라마린)색 도기 대표적 사례로 인공보석이라 불림

청색칼리안, 이란,키르만, 1660년경, 세브르국립도자박물관

청유접시, 이란 쿠바치, 1600년경, 세브르국립도자박물관소장

---

19) 라스터-(Lustre),금속산화물을 주체로하는 유약을 엷게 채색, 문양을 표현한 것으로 이 기법은 7~8세기경 이집트 유리에 쓰여진 것이 도입된 것으로 추정, 이집트에선 기원전후에 화려한 다색의 모자이크 유리가 발달, 이러한 기법과 라스터채기법이 금속산화물을 사용하는 점에서 관련있다고 학자들 추측,이 러스터 기법은 초벌한 도기에 석유(鉛釉)를 시유, 재벌소성후 그 위에 산화금.은이나 산화동 등 여러 가지 안료로 문양을 그려 다시 3차 소성을 하는데 소성후 문양이 금속빛을 띤다

20) 由水常雄,圖說西洋陶磁史,ブレーン出版,1977

750년 압바스 왕조가 제국의 중심지를 메소포타미아로 이전, 바그다드, 바스라는 전세계 도자 기법이 모이는 집결지 같은 곳, 인간이 흙으로 빚어졌고 토기가 인간을 상징한다는 인식이 퍼지면서 그릇표면에 유약을 입히는 새로운 기술, 불투명한 산화주석이 첨가된 유약에 러스터(c-5,c5-4). 청색(c5-1). 녹색. 황색으로 장식된 파이앙스(c5-2)가 처음으로 제작, 비슷한 시기 이란 동부지역에 백색과 채색화장토를 표면에 입히는 기법(c5-3)이 소개, 두 기법 모두 이슬람지역에서 발전, 이후 기독교권 유럽에 전해져 다양하게 발전한다.

c5-12. 라스터彩人物文鉢, 이란,카샨,12~13c, 三上次男中近東コレクション

c5-13. 꽃그림이 있는 다채접시, 터키,이즈닉,1550년경 세브르국립도자박물관

c5-14.黃綠釉型文皿, 이라크,9c,鉛釉陶, 三上次男中近東コレクション

c5-15.多彩釉壺, 이란,니샤풀,9~10c, 三上次男中近東コレクション

1220년 징기스칸과 1400년 티무르몽골의 두차례 침입으로 큰 피해, 결과 이슬람도자는 동아시아 지역 영향으로 용(龍)과 봉황(鳳凰) 문양은 이슬람도자의 주요 모티브가 되었고 청색(c5-8)과 백색(c5-1)은 15세기를 대표하는 색상이 되었다. 16세기경 터키는 슐레이만1세 치하에서 도자 전성기, 터키 주요 도자 중심지인 이즈닉(c5-13)은 최고급 도자 생산지로 특히 화려한 다채색 꽃무늬 장식은 세계적으로 명성이 높았다.[21]

유럽 최초 도기 발생지역인 스페인 도기 탄생은 이베리아반도의 지역 특성상 이슬람세계에서 유행한 중국도자기와 이슬람 도기문화가 유입되었는데 이슬람도기는 8~ 9세기경 중국 백색자기에 영향받은 백색유약과 석유(錫釉)도기 기법 토대로 이슬람 특유의 러스터 웨어(c-5,c5-4) 탄생, 이 이슬람 도기 기법은 스페인에서 "이스파노. 모레스크 도기(Hispano. Moresque)[22]로 제작, 14세기말부터 이탈리아에 다량 수출, 당시 이탈리아인들은 이 스페인도기가 마요리카섬을 통해서 수출되었기 때문에 '마욜리카도기(사진c-2,3)'라고 불렀다.

---

21) 글과 사진 출처: 루돌프슈니더,세계도자문명전/서양,세계도자기엑스포2001경기도

22) 이스파노 모레스크(Hispano moresque ware),스페인의 라스터채도기,초기 12세기경엔 이슬람도공이 관계되어 장식문양으로 아라비아문자 또는 아라베스크가 쓰였지만 15세기경부터 당초문 또는 유럽귀족 가문의 紋章 넣는 것이 많아지면서 아라비아문자장식 붕괴,일종의 기하학문양화 되었다. 주요생산지는 마라가 와 발렌시아 지방의 마니세스, 라스터는 황갈색에서 홍차색까지 코발트채, 각종류가 있으며 주로 이탈리아, 프랑스, 영국 등지로 수출

이후 이탈리아에서도 중국 자기와 같은 도자기를 만들기 위해 노력, 실패하던 중 백자와 비슷한 색상인 마욜리카도기를 모방, 이스파노. 모레스크를 능가하는 기술로 발전, 이탈리아 마욜리카는 16세기 전성, 17세기엔 쇠퇴기를 맞는다

유럽의 도기는 중국 자기 기술적 재현은 실패했지만 이슬람도기의 직접적인 영향과 자기와 유사한 이슬람의 석유(錫釉)도기 기법을 중심으로 유럽 각 지역 특성을 살린 도기들이 제작되었다. 17세기초 네델란드 동인도회사가 설립되면서 유럽에 중국 청화자기[23]가 대량 수입, 마욜리카도기보다 단단하고 얇으며 흰색 표면에 그려진 청색문양의 이국적인 정취에 크게 매료, 도자기 무역이 성행하였다. 이러한 동양 수입자기 영향으로 델프트 도기(Delft ware)가 생산, 발전하였다. 델프트도기 종류로 블루델프트, 색회(色繪)델프트, 적(赤)델프트, 백(白)델프트가 있다.

• 페르시아 도기

페르시아는 항상 도기제작에 특권적인 중심지였다. 페르시아 도기(c-3)는 그 발생을 이란보다 오히려 이라크의 메소포타미아나 바빌로니아에서 비롯된 것으로 본다. 그곳에서 색채적인 유약(라스터유)의 발생이나 붓으로 그린 문양 기법이 발생했기 때문이다. 그후 국가권력이 강대해 짐에따라 페르시아 문화는 중근동을 중심으로 동서로 퍼져갔다. 그후 이슬람문화로써 곳곳에 페르시아문화를 대표하는 청(靑)색 중심의 타일이나 모자이크를 붙인 이슬람교사원(a-2)이나 미나렛트라고 부르는 첨탑에서 그 모습을 볼 수 있고 이슬람도기의 상징이 되어왔다.

"미나이웨어"(c-3)[24]라고 불리우는 장식은 페르시아도기의 전형적인 것이다. 그것은 인물의 표현과 데상의 섬세함으로 세밀화에 유사한 것이다. 이 양식의 작품은 12- 13세기에 레이, 카샨, 사베-에서 제작되었다. 이집트와 중국을 제외하고 페르시아만큼 다른 나라의 도기에 커다란 영향을 미친 나라도 없다.

중국당삼채(唐三彩) 영향을 받은 사진c5-9는 『이집트三彩』, 사진c5-15는 『페르시아三彩』라고 불리며 사진c5-14 황녹유형문접시(黃綠釉型文皿)는 연유도, 서아시아 연유도(鉛釉陶)는 로마제국 영내에서 성행, 비잔틴시대를 거쳐 이슬람시대 초기까지 계승되었다. 압바스시대 기표면에 형(型)틀로 눌러 기하문을 표현한 것이 사맛라 또는 스사 등지 유적에서 발견

---

23) 산화 코발트 안료로 문양, 그림을 그린 후 청화가 그려진 백자, 유리질의 투명유로 시유, 1300~1350 ℃로 소성, Blue and white ware, 유럽에서는 중국 청화백자를 모방한 도기제작, 그 중에서 네델란드의 델프트 도기가 유명, 우리나라에서는 안료 회청이 금값과 맞먹을 만큼 고가였기 때문에 국법으로 서민들은 사용을 금할 정도였다

24) 미나이도기(Minai pottery), 이란의 레이,카샨, 사붸 등에서 출토되는 白釉多彩文色繪陶器, 인물또는 동물이 세밀화 기법으로 그려지고 금박이들어간 것도 있는 페르시아도기중에 가장 화려한 도기

되지만 생산지는 미상, 소지는 철분함유 붉은색 태토에 白화장을 하고 황유, 갈색, 녹유, 투명우로 시유한 이 기법은 다채도기(c5-18) 통례이다.[25]

좌: 白地藍彩象形水注,이란,17~18c,出光美術館
우: 染付象形水注,중국明,景德鎭,出光美術館

c-5-0. 중국 청화자기(우) 모조품,
　　　　이란 석유(錫釉) 도기(좌)
사진 출처: 陶磁の東西交流,1984,出光美術館 소장전시

사진 c5-16~19는 이집트(Fustat)출토 중국 당삼채, 청자, 백자를 모방한 이집트제작 도기 파편[25]을 보면 동양(중국) 도자 무역 운송 규모가 상상이상, 그 모조품의 퀄리티도 진품 못지않은 수준, 당시 동양도자 동경과 그 기술 발전위한 도자업계 당사자, 상인들의 각고의 노력이 눈앞에 파노라마처럼 펼쳐진다.

c5-16.이집트
靑釉.藍釉陶器파편

c5-17.이집트,
白釉.白地藍彩陶器파편

c5-18.이집트
三彩파편

c5-19.이집트
白地藍彩陶器파편

• 이즈니크도기 - 터어키도기

비잔틴제국을 멸망시키고 적극적으로 이스탄불에 수도를 건설한 오스만. 튀르키예는 건축용의 타일이나 램프의 수요가 높아져서 초기에는 페르시아로부터 도공을 불러 타일등을 만들게했다. 그러나 곧 오랜 도요지에서 도토를 채취하고 이스탄불에서 가까운 이즈니크에 공

---

25) 遙かなる陶磁の道, 三上次男中近東コレクシヨン,中近東文化センタ,1997
26) 陶磁の東西交流,1984,出光美術館 소장전시

장을 열고 중국의 청화풍의 도기를 만들었다. 17세기가 되면 이즈니크도기(c5-13,c5-20)는 쇠퇴하여 1800년경 폐절된다. 또한 크다히야나 다마스커스에서도 똑같은 것이 만들어졌지만 이즈니크만큼 화려하지 않았다. 이러한 튀르키예 도기는 유럽에도 수출되어 이탈리아 마욜리카, 영국, 프랑스의 연도기(연질도기), 자기 또는 19세기의 아르누보(c5-23)에도 영향을 미쳤다.

c5-20. Iznik tile panel in the Harem, Topkapi palace

c5-21. The hearth of the Sweetmears Room, A view of the Topkapi palace,1705

c5-22. 스페인광장 아즐레호타일 벤치 2024.

c5-23. 카사바틀료, 가우디,1904_06, 스페인바르셀로나 2024

중국 당삼채(唐三彩)

19세기에서 20세기에 걸친 중국 산업철도 공사중 서안, 낙양중심으로 당(唐,617~900)시대 분묘(墳墓)에서 8세기 명기(明器) 당삼채(c6~ c6-3)가 막대한 양의 유물이 대량 출토, 그 찬란한 아름다움에 세계를 놀라게 했다., 당시대 도자를 대표하는 당삼채가 두도시에서만 출토되는 이유는 그곳이 귀족계급 본거지였기 때문, 안사(安史)의 난으로 귀족계급 몰락과 함께 당삼채 명맥도 끊긴다.

연(鉛)투명유를 입힌 당삼채는 저화도유(800℃), 중국에선 BC천년 은주시대부터 고화도유(1100~1400℃)였는데 저화도유는 오히려 늦게 북조(北朝)말 녹.갈색유(綠.褐色釉) 도기(陶器, 저화도유)에서 기원, 그 기술은 저화도유의 오랜 역사를 갖는 근동지역에서 유래된 것으로 여겨진다.또한 인근제국이 이 호화찬란한 당문화영향으로 북만주 발해에서 당삼채와 유사한 渤海三彩가 만들어졌고, 통일신라에선 삼채는 아니지만 녹유도(綠釉陶), 일본에선 나라삼채(奈良三彩), 곧 소멸되었다.[27] 태토와 유색이 맑아지고 무색투명유를 먼저 입힌 후에 다른 색유를 입히는데 하나의 색이 다른 색으로 흘러들어 서로 섞이며 몽환적인 색상의 조화를 이루는 것이 특색이다. 당삼채는 유리의 원료이기도 한 규사(珪砂)를 녹이는 매용재로써 연분

---

27) 水野淸一,唐三彩, 陶器全集25, 평범사1970

(鉛粉, 납성분)을 사용한 유약을 주성분으로 산화철이나 산화동을 첨가하면 적갈색이나 녹색이 되고 때로 코발트나 망간을 첨가하여 남(藍)색이나 자(紫)색 등 구사, 측천무후나 양귀비와 같은 화려한 현세 꿈속에서 피어난 호화롭고 화려한 불꽃놀이처럼 현대인에게 강렬한 인상을 남긴[28] 이 유약을 연유(鉛釉)라고 부르며 중국의 선구적인 존재는 서역(西域, 近東)에서 전파된 한(漢)대 녹유, 그러나 연(鉛)의 성질이나 효과는 이미 은(殷 ,BC1300~1030)시대부터 즉지되어 청동기 치금기술(治金技術)속에 동(銅), 석(錫)과 함께 활용되었다.

c-6. 犬と立女俑,
중국唐三彩, 8c
前期MIHOMuseum

c6-1. 三彩寶相華文三足盤,
唐(618~907),
上海博物館藏

c6-2. 三彩騎馬女子俑,
唐(618~907),
上海博物館藏

c6-3. 唐三彩貼花文龍耳瓶,
東京國立博物館藏

일본 도기그릇

일본에선 도자기를 크게 『쯔찌모노(土物, 참고사진c-4,5)』와 『이시모노(炻物)』로 분류, "쯔찌모노"는 토기. 석기. 도기 모두 포함하고 "이시모노"는 자기를 가리킨다. 특히 일본 일상식기는 흡수율 있는 도기를 선호, 음식 담기 전에 도기 그릇을 물에 잠깐 담구어 물기 머금은 그릇이 음식을 담으면 따뜻한 맛 느낌이고 자연미가 있다고 느껴진다는 것이다(北大路魯山人식기사용 사례 참조).

·北大路魯山人 그릇

현대 "눈으로 먹는다"는 일본 도자식기 미의식에 큰 영향을 끼친 인물은 北大路魯山人(기타오지로산진)이 아닐까 싶다. 불우했던 유년기거쳐 다방면에 천재성을 보인 그는 서화가로 시작 전각사, 등 여러직업을 거쳐 1921년 회원제식당"미식구락부(美食俱樂部)"발족, 직접 주방에서 요리도하며 고객이 늘고 식기가 부족해지자 식기도 제작, " 魯山人窯藝연구소, 星岡窯" 설립, 이후 다수 도자전시, 그의 도자제작은 자신이 추구하는 음식 미각을 살려주는 각도자 산지(주로 미노, 오리베, 비젠)를 찾아 본인 작품 디자인 성형을 도공들에게 의뢰하

---

28) 脇田宗孝, 世界やきもの紀行,1996, 藝艸堂

고 시유, 그림그리기 등 마무리는 직접하는 방식으로 제작된 그의 그릇은, 고가, 작품가격으로 판매, 성형은 다른 사람이 했는데 로산진 작품이라고 할 수 있느냐는 비판도 받았지만 그 작품을 성형해주었던 도공들이 똑같이 만들어도 그의 작품과 천양지차라고 그의 예술성 인정, 그의 사후 로산진 그릇의 가치는 크게 높아짐. 그의 도기작품과 그 그릇에 음식을 담은 사진을 소개한다.

c-.7. 左:黃瀨戶(기세도).織部(오리베),中:도기그릇에진미, 右: 일본전통적산업품전시장,도기그릇 ,2006

c-8. 도기그릇에 담긴 메인디쉬 사례, 美しい和食器の本,暮らしの 燒物大圖鑑

c-9. 사진출처: 魯山人の世界, 新潮社,1989)

이처럼 각 나라마다 도기 사용 방법이 다르지만 일반적으로 소지(태토)가 치밀하나 강도가 자기코다 약하고 흡수율이 있는 것, 무유의 토기와 비교하여 유약이 입혀진 것을 도기류로 본다.

<표2. 도기와 자기 구분법>

분류명	소지 색상	흡수성	투과성	열전도	구분법
도기류	유색태토	있다	없다	느리다	두드리면 둔한 소리가 난다
자기	백색태토	없다	있다	좋다	두드리면 맑은 소리가 난다

3) 석기(火石器, Gre's, stoneware)

장석질의 태토를 1200~1300℃로 소성하여 불투명, 무흡수성인 도자기를 말한다. 중국(참조사진 4- 2)은 기원전부터 만들어져 한국을 거쳐 일본에 전달되어 土師器, 스에끼(須惠器)가 되었다. 현재 일본 6곳의 오랜 도자 산지(6古窯)중 스에끼 전통을 전승하는 곳이 많다(단바 도자, 참조사진4- 3). 유럽은 도기 보다 늦게 소금을 뿌려 유약(식염유약)화 된 것이 14세기경 발견되었고 망간유약, 불투명 브리스톨유약 등을 시유한 것이 많다. 유럽석기는 독일의 석기가 유명하다.

독일의 석기

독일어서는 라인강의 하류에 대단히 가소성이 풍부한 내화점토가 다량으로 산출되어서 12세기경에 석기가 제조되기 시작했다. 소지는 치밀하고 단단한 황색끼가 있는 흑갈색 또는 청색유가 입혀졌다. 당시 에 .라.샤벨과 코로뉴 부근에서 소금유(食鹽釉)가 쓰여졌지만 누가 발명했는지는 확실치 않다. 영국에서는 1671년에 죤드와이드가 처음으로 소금유를 썼다.

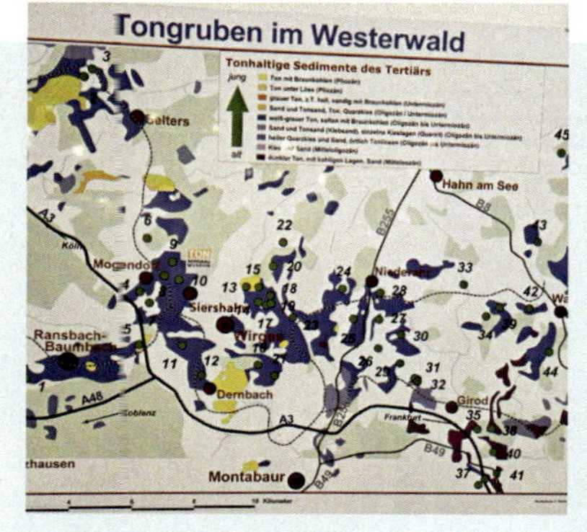

c-10.베스터발트지역의점토광산,keramikmuseum Westerwald(독일),2025

c-10-1.베스터발트점토광산의점토채굴,keramikmuseum Westerwald(독일),2025

c-10-1.베스터발트점토광산의점토채굴 방법, keramikmuseum Westerwald (독일, Hohr Grenzhausen),2025

c-10-2.베스터발트점토광산의채굴황토 점토, keramikmuseum Westerwald (독일, Hohr Grenzhausen),2025

c-10-3. 베스터발트점토광산의 희고 회색점토, keramikmuseum Westerwald (독일, Hohr Grenzhausen),2025

베스터발트지역과 인접한 쾰른의 석기는 대단히 유명했다. 회색 또는 청색 및 갈색의 상회 (上繪)가 그려져 영국으로 다량 수출되었다. 쾰른은 네델란드, 영국, 프랑스에 수출하는 중심지였지만 장식모티브는 판화, 식물, 괴인면(怪人面), 문장(紋章) 등이었다. 쾰른의 석기는 18세기까지 만들어졌지만 가장 아름다운 것은 16세기 것이다.

c-11 고대야적소성재현, keramikmuseum Westerwald (독일, Hohr Grenzhausen),2025

c-12 원시밀폐식가마형 태재현, keramikmuseum Westerwald(독일, Hohr Grenzhausen),2025

c-13.중세밀폐식소금유 가마형태재현, keramikmuseum Westerwald(독일, Hohr Grenzhausen),2025

c-14.현대산업용도자가마, Sayner Hutte, 독일 Bendorf

c-15. 소금유가마 소성과정 영상,출처:keramikmuseum Westerwald(독일, Hohr Grenzhausen),2025

c-16. Keramik Museum Westerwald[29] ,2005

c-17. 독일 베스터발트 지역의 거대한 점토 매장지와 광범위한 목재 자원은 이 지역이 "항아리굽는 땅"으로 알려지게 된 계기, 유럽의 주요 교통 동맥 중 하나인 소금길(Salzstraße)과 라인강(Rhein)과 같은 통행이 잦은 원거리 무역로는 베스터발트 석기류의 전세계적 성공 요인, c-16의 석기병(약병)들은 독일 반대편, 남미까지 수출되었다.

자료출처: keramikmuseum Westerwald (독일, Hohr Grenzhausen),2025 , 필자 촬영

독일에서 마욜리카와 유사한 도기가 만들어진 것은 중세기로 특히 뉘른베르크에서 생산되었다. 16세기 뉘른베르크는 가정용 도제(陶製)스토브 (사진 d-1.)제조로 유명해졌다. 이외에 안스바하,헤티스트.암.마인,프랑켄탈도 도기의 유명한 산지였다. 독일의 도자에서는 석기가 우위를 점하고 있는 점이 특히 흥미 깊다. 이미 중세에 규사토를 고화도 소성하여 야성적인 아름다운 솔직한 포름으로 장식없이 제작했다. 라인란트와 베스터발트의 소금유 석기는 세계 전역으로 수출되었다. 영국에서도 모방되고 16세기초에는 미주지역으로, 동아시아 지역으로까지 전해졌다.

---

29) Keramik Museum Westerwald(베스터발트도자박물관), 독일 회르-그렌츠하우젠(Uohr-Grenzhausen)에 있는 독일 3대도자박물관중 하나, 베스터발트지역 점토제품 역사 소개, 현대도자 전시장, 체험공방, 카페 시설, 주변 지역 도자공방 등 현대도자예술직 중심, 발신지 역할

c-18. krug(주전자),독일 베스트발트 지역 소금유 석기,16세기, keramikmuseum Westerwald,2025

d-1 독일도제(陶製)스토브. DarmLandsmuseum 소장

d-2. 뉘른베르그 공예거리,2007.8

d-3. 뉘른베르그 술병(석기) 2007.8

d-4 독일 석기[30]

한편 유럽 마이센에서 동양의 경질자기를 재현시켰던 연금술사 요한 프레드릭 뵈트거는 도기의 온도보다 높은 온도의 자기를 실험하는 도중에 1715년 적색 석기(사진 d-5[31])를 발명했는데 그것은 석기의 온도가 도기보다 높은 소성과정, 즉 고온소성의 기술이 필요한 것임을 증명해주는 역사적 사실이다. 세계적으로 유명한 중국 이싱다기(宜興茶器,d-6) 또한 석기에 속한다.

d-5. 마이센제작 석기

d-6. 중국 이싱(宜興)[32]

d-7. 프랑스 버터항아리[33]

d-8. 일본 이가伊賀燒[34]

---

30) 바르트만스크뤼거(목이 달린 병으로 배부분에 수염이 난 얼굴이 부조로 장식),푸른색 점이 있는 주전자, 독일, 쾰른, ...

31) 독일 마이센도자미술관에서 2007.8.

32) 중국이싱 자사 다기(紫砂茶器) ,독일 뮌헨레지덴스박물관 소장. 2007.8

33) 일본 오사카민속박물관소장, 프랑스중부,도기온도보다 높으나 자화되지않은 석기류, 2005.8.

34) 伊賀燒、水指,谷本光生作,陶工陶談,光藝出版

c-19. 현대 독일 소금유 석기와 도자조형 작품, keramikmuseum Westerwald 2025, 2025

현대 한국의 옹기

우리나라 석기는 "옹기"류라 할 수 있으며 물(水), 곡물, 종자의 보존용기로 사용되어 왔으며 일본의 석기가 차 도구 등 감상용(사진d-8)으로 변화하여 발달한 것에 비하여 우리의 옹기는 실생활용품으로 식생활의 가장 중요한 된장, 간장의 보존용기로써 오랜 세월 생산, 사용되어 왔음에도 불구하고 그 가치는 낮게 평가되어 옹기를 도자기 범주에 넣고 연구된 것도 최근에 불과하다.

우리나라 옹기는 약토[35]로 시유, 1100~1200℃ 고온 소성, 석기(stoneware)로 구분할 수 있으며, 1485(성종16년)년 공포된 경국대전에 경공장(京工匠) 옹장(甕匠)의 기록, 국책으로 옹기장이 있었음을 추측할 수 있다. 조선조 대부분 가정에서 사용한 옹기는 지역적 특성에 따라 형태가 다르다.[36] 예를들어 발효저장식품에 중요한 일조량과 관계가 있는데 북부지역으로 갈수록 배가 좁아지고 입(구연부)가 넓어지며 남부지방은 배가 풍만해지고 입이 작아진다 이는 일조량이 많은 남부지방은 김치, 간장 등 저장음식 발효를 늦추기 위해 입이 좁고 일조량이 적은 북부지역은 발효를 빨리 시키기 위해 입을 넓게 만든다는 것, 중부지역은 중간형, 그러고보니 오랜기간 숙성시키는 우리나라 발효 저장 식품이 옹기독 속에서 변함없이 우리나라 국민 건강을 지탱해올 수 있었다는 사실, 옹기의 중요성을 새삼 확인, 앞으로 현대적 활용 재해석, 연구 계획해본다.

현재 한국의 옹기는 아파트가 들어서고 서구식 식문화의 영향으로 발효식품이 줄어들었으며 각종 스테인레스 제품과 플라스틱에 밀려 많이 사라졌다. 또한 가스가마의 보급과 기계

---

35) 옹기유약용 재료, 약토는 대부분 소나무가 많은 산에 나뭇잎이나 풀뿌리 등 오랜세월 쌓여썩은 흙, 산활등 여러 성분의 화합물질이 섞여있다.약토는 화도가 낮은 편으로 약토50~60%, 잡재 30~40%, 옹기토10% 정도 혼합하겨 사용하기도하고 약토와 잡재를 50%씩 혼합하여 사용하기도 한다. 약토는 전국 곳곳에 분포, 약간씩 성분 차기가 있어서 옹기공방마다 조합비율 등 각 다르다. 양산(陽山), 진천(鎭川) 약토가 화도가 높아져도 휘발되거나 흐르지않고 검정색을 띠어 유명하다

36) 정동훈, 도자예술용어사전,월간세라믹스,1996

식 생산방식의 도입으로 전통적인 생산 방식은 거의 사라졌다. 그러나 아직도 전통적인 발물레와 장작가마를 이용해서 옹기를 만들고 있는 오부자 옹기와 옹기를 현대적으로 재해석, 창작품을 제작하는 박동엽작가 작품을 소개한다.

d-9. 오줌장군,
옹기장 6대 김일만 작

d-10. 장독,
옹기장 6대 김일만 작

d-11. 옹기합,테이블웨어,
이수자 김창호

오부자옹기(국가무형유산 제 9c-10.6호 옹기장), 김창호명장 노트

"오부자옹기"는 경기도 여주시 금사면 이포리에 위치해 있다. 이포라는 지명은 배나무가 있는 포구라는 뜻으로 조선말기에는 남한강 "천양나루터로 불렸다. 경기 동부와 강원도의 접견지역으로 남한강 수로를 이용한 충주일대와 양수리를 지나 팔당, 서울마포, 영등포로 지나는 수로로 이곳을 이용해 옹기와 각종 토산품을 실어날랐다.

산의 경사면을 따라서 3기의 전통가마가 있는데 "경기도 유형문화재 민속자료 제 11호"로 지정되어 있다. 이 가마는 19세기 후반에 지어진 것으로 현재까지 이 가마를 이용하여 옹기를 생산하고 있다.

오부자옹기의 김일만 장인은 천주교 박해를 피해서 산 속에 숨어서 옹기를 만들던 선대로부터 6대에 걸쳐 옹기를 제작해 왔으며 네 아들과 며느리, 손자까지 3대가 함께 옹기를 함께 만들고 있다.

2010년 국가무형문화재 제 96호 옹기장으로 지정되었다.

d-12 박동엽, 뿔달린 주전자,
소금번조(1300℃),
2005~2008제작

4) 자기(磁器,China, Porcelain)

자기는 카오린, 장석, 석영(규석)으로 조성된 자토(磁土)로 성형, 초벌 후에 같은 성분의 자기 유약을 입혀 1250 ~1300℃에서 소성한 것을 말한다. 도기. 석기보다 소성온도가 높은 것을 학술적으로 분류, 청자류[37]도 자기에 속한다. 일반적으로 백자토(磁土)로 성형하여 투명유약으로 소성한 중국 청화백자를 차이나(chaina)라고 불렀고 17세기말경부터 유럽 왕가나 귀족계급의 자기 수집이 대유행, 저택마다 자기 진열실을 설계해야할 정도였다고 한다.

자기란 용어는 영어로 포-스린(porcelain)이라 부르는데 본래 뜻은 폴투갈인이 동양인과 물물교환시 화폐로 사용했던 고가의 "작은조개껍질(porcella)"에서 비롯된 폴투갈어"porcellana"가 프랑스어인 "porcelaine(磁器)"으로 되었다.

일반격으로 백토소지로 성형, 고온소성, 자화(磁化)된 것을 자기(磁器)라 한다.

e-1.靑砡鳳凰耳花生,
龍泉窯,兩宋,
安宅コレクシヨン

e-2.白磁水注,景德鎭窯,
明(永樂/1403~1424),
上海博物館

e-3.靑花花果折枝文瓶,
景德鎭窯,明(永樂1403~1424)
上海博物館

e-4.紅釉盤,
明(宣德/1426~1435) 景德鎭窯,
上海博物館

중국의 고화도 도자, 청자시대와 백자시대, 유상채화기술

• 청자의 출현 - 중국 한 육조시대

동양의 미술은 종교적으로 인도불교와 서역의 회교 그리고 중국의 유교의 힘이 컸으나 미술 표현의 양식상으로는 항상 중국이 주도적 역할을 해왔다.

중국의 도자 역사는 세계도자역사의 가장 큰 부분을 차지한다고 하여도 과언이 아니다. 신석기시대 중국토기는 황하유역에서 기원전 3천년경에 제작, 채도, 흑도 등 세계각지에서 볼 수 있는 토기들이 고화도의 고급기술로 발전한다. BC206~220 한(漢) 또는 그 이전의 전국시대

---

37) 청자: 토기의 태토를 더욱 정선하여 그 위에 고화도 회유(灰)를 입혀 소성, 청자 비취색은 유약에 함유된 미량의 제2산화철이 환원소성시 제1산화철로 환원되어 나타나는 색으로 중국 옛기록에 중국청자를 秘色,고려청자는 翡色 으로 표현

(BC403~221)에 유리질화한 유약(녹유, 갈색유)이 제작되었는데 가장 많이 알려진 것은 '고월자(古越磁), 초기청자이다. 중국 고화도 자기 번조기술은 서양보다 2천여년 앞서 제작되다.
『일반적으로 자기의 성공적인 번조 조건 1. 자토를 사용, 2. 소성온도 1200℃ 이상, 3.고온유 시유, 1980년대 중국 자기 발명시기에 대한 의견 분분한 가운데 현대과학의 힘을 빌어 고고학자들은 자기(청자)가 발명된 시기를 동한(後漢,25~220)으로 결론지었다[38].
청자는 동한 남방지방에서 나타난 이래 삼국, 양진, 남북조 시기까지 많은 발전, 자기생산지역은 남방에서 북방까지 확대, 품질향상, 조형, 장식기법, 번조기술 성숙, 주요 생활용품으로 자리잡으며 청자는 14세기 중엽까지 약 7백년간 세계도자 중심으로 『청자중심시대』, 이후 현재까지 품질 높아진 백자의 『백자중심시대 』라고 한다[39].
송시대 청자의 발전시대를 거쳐 원(元)말까지 유럽에서 오랜세월 동경했던 자기(사진 e-1~4) 완성시대를 거치면서 유명 산지들은 명시대 이후 거의 자취를 감추고 오로지 중국자기는 경덕진을 중심으로 발달한다. 원말까지 경덕진요의 주제품은 청백자였지만 원후반기부터 백자, 유리홍(사진e-4)과 함께 청화기법(사진 e-1)을 개발하고 완성시킨다. 특히 청화기법은 경덕진의 주요 제품이 되고 청화자기 생산 성공으로 이후 중국 및 세계 최대 자기요(磁器窯)로 자리를 굳혔다.
세계대전이후 현재 경덕진은 중국수출산업의 주요품목으로 다뤄지고 있다, 1995년 경덕진 도자대학을 방문했을 때 대학장의 『서양에서 도자기를 부를 때 차이나 또는 차이나 웨어(china ware)라고 하는 것처럼 도자의 원조는 중국이라는 자부심으로 연구한다 중국전국에서 손꼽히는 인재들이 모여 공학적인 도자재료에서부터 미술회화, 도자상업까지 총망라한 연구, 주요 국가산업으로 육성시킨다』는 도자 융합교육에 대한 의지가 필자 기억에 남아있다.

• 초기청자 - 한시대(漢 BC202~AD220)) 월주요(越州窯) 고월자(古越磁)

고월자의 시초는 한시대 번성한 회유도(灰釉陶,e3-1), 초기청자, 청자요로 이름 높은 월주요이다. 후한 말을 지나 삼국, 진 등 시대를 거쳐 생산지역이 점차 확대된다. 월주요의 청자(e3-3,4)라고 불리는 것처럼 고월자의 특색은 토질의 점도가 높고 세밀하고 내화도(耐火度)가 높다. 다소의 철분 함유로 환원염소성에 의해 태토색은 회청색이 되고, 유약은 회유(灰釉), 재는 강남지역의 철분이 많은 잡목을 태운 것으로 장석과 석회를 섞어서 썻다. 고월자의 우수성은 당시 다른 회유도에 비하여 소지, 유약의 정련방법, 조합이 진보된 결과 유면이 균질, 환원정도에 따라 청색조의 올리브그린부터 초록색조까지 송시대 청자에 비하면 부족하지만 초기 환원회유로써 높은 완성도를 보여준다.

---

38) 뤼청롱(呂成龍, 중국 북경고궁박물관 고기물부 도자과 과장), 중국도자사 개설, 세계도자문명전,동양, " 세계도자기엑스포2001

39) 정양모,동아시아도자기, 세계도자문명전,동양, " 세계도자기엑스포2001

e1-1.靑磁双耳壺,後漢(25~220),
회유도(灰釉陶),
上海博物館

e1-2.靑磁陰刻蓮瓣文鷄頭壺,
南北朝,
北京故宮博物館所藏

e1-3.越州窯靑磁多嘴壺,
箱根美術館

e1-4.靑磁八稜瓶,
唐,越州窯,
北京故宮博物館所藏

• 청자발전시대 - 송(宋,960~1279), 도자 황금기

도자기술의 성장과 문화예술 전반의 발전에 힘입어 송대(宋代)에는 도자의 황금기를 맞게 된다. 각 지역에서 특색을 살린 유명한 가마들이 생겨나고,독특한 청자와 백자를 생산하였다. 대표적인 가마로 북방의 요주요(耀州窯e3-5), 균요(鈞窯e3-8),여요(汝窯e3-6), 용천요(龍泉窯e3-12), 관요(官窯e3-7), 남방의 정요(定窯), 경덕진요(景德鎭窯) 등이 있다. 남송대에는 도자생산지와 가까운 광동성(廣東省), 절강성(浙江省)에 해외무역을 담당하는 기구인 시박사(市舶司)를 설치해 도자무역에 힘썼다.

사진e1-5~12는 송대(북송~남송) 각 지역 관요, 민요의 다양한 청자 색상, 과학발달한 현대에도 재현하기 어렵다는 비색청자 발전, 청자이외에 정요(定窯)[40]와 경덕진의 백자, 건요, 길주요의 천목(天目,덴모쿠,e2-3.[41] 자주요(磁州窯)의 에고라이(繪高麗, e2-4[42]) 등, 요업 기술적 다양성으로 세계 제일, 송시대를 도자 황금기라고 한다.

---

40) 정요(定窯)는 北宋의 名窯로 동서고금 정요만큼 훌륭한 백자는 없다고 평가, 북송시대 황제 御器를 만들던 곳으로 유명, 정요의 유품은 상당히 많다. 출토지 명확한 정요 유품중 가장 유명한 것은 우리나라 황해도용매도에서 날견된 白定金花碗, 송문화 최고조에 달한 政和.宣化기 제작추정, 金彩定碗은 간결, 기품있는 특히 고귀한 느낌, 이 기법 유품 수는 총12점(일본6점,한국5점,미국1점) 출처: 小山富士夫, 陶器講座 第6卷 中國 宋,1973,雄山閣出版株式會社

41) 천목(天目),덴모쿠란 명칭은 일본에서 붙인 명칭, 현재는 중국포함 세계적으로 통용, 천목다완은 浙江省天目山에 있는 불교 절(寺)에서 사용하던 불기,일본 유학 禪僧들이 귀국시 가져간 "천목산에서 전래된 흑색다완"이란 의미, 천목은 원래 建盞(건요 제작 흑유자기)을 의미했지만 요즘은 흑유도자를 천목이라 함. 흑유도자 기원은 극히 오래되고 동양最古유약의 하나이며 동양전역에서 가장 많이 만들어진 것도 흑유도자, 2천년 흑유도자(천목)역사 중 가장 훌륭한 것이 만들어진 시기는 송시대, 특히 남송(南宋)시대 건요(建窯)와 길주요(吉州窯) 천목에 일본그래 다도 세계에서 진중시되는 名器, 본고장인 중국에도 세계 어디에도 없는 천목 중 일본국보(e2-3) 窯變천목, 油滴천목 중요문화재 천목중 木葉천목은 재현사례가 있다. 출처:小山富士夫, 天目,陶磁大系38,1979, 平凡社

42) 자주요(磁州窯)는 河北省彭城鎭에 있는 ,수.당이래 지금까지 雜器생산, 남쪽 경덕진과 대치되는 華北최대 도자산지, 자주요는 定窯나 汝窯와 달리 시종 일반서민용 일용잡기 생산한 民窯, 자주요에서는 북송이래 속칭 에고라이(繪高麗)라 부르는 백화장 위에 鐵繪具(철안료)로 흑색문양을 그린 완, 발, 접시 종류를 주로 대량생산, 여러 기법 여러종류를 제작, 시대에따라 기형, 문양,작풍이 다른데 특히 훌륭한 것은 북송시대, 백화장도 순백에 가깝고 금시대 이후엔 황색기미,북송시대 자주요 및 그 계통의 가마에서 만든 것은 백색無地, 백지鐵繪文 백 堆線文 등은 우리나라 분청사기 기법과 유사, 우리나라 분청사기 기법이 자주요에서 영향 받았다는 학설, 고려 상감청자 기법에서 이어진 분청사기 경로에 중국과의 문화교류 관계상 추측가능. 출처: 小山富士夫, 陶器講座 第6卷 中國 宋,1973,雄山閣出版株式會社

e1-5.北方青磁牧丹文皿, 梅澤記念館

e1-6. 汝官窯鉢 台北. 故宮博物院

e1-7.郊壇官窯青磁大壺, 箱根美術館

e1-8.澱青釉紅斑盤,宋代, 鈞窯 故宮博物院

e1-9.青磁漁龍蝕花瓶,南宋~元, 국립중앙박물관

e1-10.青磁大瓶,宋, 官窯, 北京故宮博物院

e1-11. 雙耳三足爐,宋,哥窯, 北京故宮博物院

e1-12.青磁多口瓶,南宋~ 元,龍泉窯,국립중앙박물관

e2-1 백자양인각화조문반(白磁 陽印刻花鳥文盤),북송12c,定窯, 大阪市立東洋陶磁美術館

e2-2 景德鎭窯青白瓷水注.承盤, 北宋(960~1127), 上海博物館

e2-3 建窯 窯變天目茶碗, 名稻葉天目, 南宋,靜嘉堂

e2-4 白釉黑花牧丹文瓶, 북송11~12세기,자주요, 국립중앙박물관

• 기술혁신과 변화 - 원(元)시대

원대(元代)는 전국의 도공들이 경덕진(景德鎭)에 모여들면서 도자의 기술이 급성장하였던 시기이다. 상업적인 기업체의 재정지원과 대량생산을 위한 제작의 분업화(分業化), 요장(窯 場)의 대규모화를 배경으로 다양한 종류의 자기가 등장하게 되었다. 소성온도를 높여 더욱 단단한 도자를 생산하였으며, 특히 청화백자(青花白瓷e3-16)와 유리홍(釉裏紅,辰砂,e3-13)이 제작되기 시작하였다. 이와함께 우리나라, 일본, 동남아, 이슬람 등과의 해외무역이 활발히 이루어졌다.

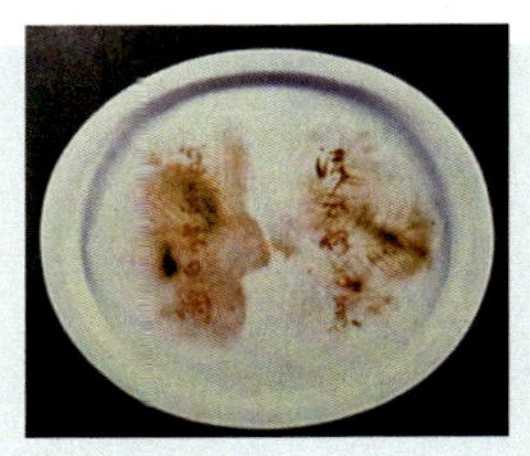

e3-13 靑白磁辰砂彩陽印刻
雙葉文施銘楪匙,元,
국립중앙박물관

e3-14 청자철반문편구발,
원14세기,용천요(龍泉窯)
국립중앙박물관(신안해저유물)

e3-15 백자양각연어문은구완,
원,경덕진요(景德鎭窯),
국립중앙박물관(신안해저유물)

e3-16 청화백자모란쌍용
문관(靑畫白磁牡丹雙龍文
罐),元,北京故宮博物院

• 채색백자의 개막- 명(明,1368~1644)시대

원나라 이후 다시 중국인, 한족에 의해 명나라가 세워졌다. 명대에는 경덕진(景德鎭)에 황실
용 자기를 담당하는 어기창(御器廠)의 관요(官窯)와 일반자기를 제작하는 수많은 민요(民
窯)들이 청화백자와 유리홍(釉裏紅, 辰砂)[43]을 주로 제작하는 한편 경덕진을 중심으로 채색
자기라는 새로운 기법의 도자기를 제작하게 되었다. 명대도자 대부분은 경덕진, 그 외 용천
요(龍泉窯), 덕화요(德化窯), 의흥요(宜興窯)가 알려져 있을 정도,명대작품에는 황제 통치
연호를 기록하는 습관이 있었고 명대부터 동인도회사를 통해 유럽, 이슬람권 교역 통해 전
세계에 자기 수출이 활성화되었다. 특히 가장 잘 알려진 것은 자기유약을 입히기 전에 산화
코발트 안료로 문양을 그리는 청화백자 기법이다. 청화기법과 동일한 진사(辰砂, 산화동의
환원소성)의 홍색으로 장식한 유리홍도 보급되었다.

명초~선덕(宣德) 시대, 1369년 경덕진에 관요가 생기고 특별히 보호, 장려되면서 급속히 청화
자기, 유리홍의 기술 신장, 절묘한 청화자기(e4-2) 탄생, 청화의 양질 원료인 蘇麻離靑(스몰트)
이 페르시아로부터 수입, 청화 색상이 치밀하고 선명한, 아름다워 선덕시대를 청화자기 황금
시대라고 부를만큼 발달한다. 청화와 함께 유리홍(e4-1)도 최성기, 홍보석에 비교할 만큼 광채
풍부한 홍색은 선덕관요 명성을 더 높였다. 오채(五彩,色繪,e4-3.)는 백자유로 재벌후 적, 녹,
황, 흑 등의 안료(上繪具)로 채색후 저화도 소성을 하는 기법, 일본에서는 아까에(赤繪),또는 이
로에(色繪)라 부르는 상회(上繪)기법, 송적회(宋 赤繪)에서 비롯, 또한 명초 도자중에 페르시아
계 기술 이입으로 보이는 '법화(法花)[44]라는 특수한 채유자(彩釉磁, e4-4)가 있다.

---

43) 유리홍(釉裏紅), 송대 鈞窯의 기술을 기초로 유리홍 제작, 銅紅釉를 진전, 소지위에 동홍료로 문양을 그리고 투명
유를 입혀 소성한 것, 초기는 동 함유량이나 환원소성법이 부족, 회흑색을 띠는데 사진 e4-1은 초기 대작, 환원
소성시 산화동유의 두께나 가마위치에 따라 휘발되는 경우가 많아 銅의 물色불안정, 비록 선홍색은 아니어도 진
사로 기면 전체에 그림을 꽉차게 넣을 정도로 진사채 기술 우수.

44) 법화(法花), 성형 소지위에 문양의 윤곽을 볼록하게 하고 초벌후 황, 녹, 자색 등 색유로 문양과 배경을 칠하고 재
벌한 것을 말한다. 명대 山西省 일대에서 성행한 독특한 시문법의 도기,경덕진에서 이것을 따서 자기로 법화기를
만들었다,

e4-1 釉裏紅雲龍文双耳瓶,
景德鎭窯,明(1368~1398),
上海博物館

e4-2 청화백자송죽매문로
(靑華白磁松竹梅文爐), 명 선덕
(明宣德),北京故宮博物院

e4-3 靑花紅彩海獸波濤文高
足碗,景德鎭窯,明,宣德,
上海博物館,

e4-4 법화화조문호(法花花鳥文壺),
명초(明 初)15세기, 일본중요문화재,
大阪市立東洋陶磁美術館

성화(成化,1465~1487)시대, 청화 성행에 이어 오채의 성공은 경덕진을 한층 더 유명하게
했다. 백색의 자기에 아름다운 다채색의 그림을 그리는 오채는 성화시대 이후 가정, 만력에
걸쳐 전성기를 이룬다, 성화의 오채는 선덕의 청화에 비견할 만큼 명성이 높았지만 관요명
품 유품은 극히 적다. 또한 청화기법과 오채기법이 합쳐진 두채(豆彩,e4-7.8)라는 기법이
있다 콩색과 같은 밝은 녹유가 특징이기 때문에 부쳐진 명칭이라하며 여러 가지색이 서로
다툰다는 의미에서 '투채,鬪彩'라고도 한다.

e4-5 靑花龍蓮華文盤,
景德鎭窯, 明 成化,
上海博物館

e4-6 白磁綠彩龍文盤,
景德鎭窯,明(正德1506~1521),
上海博物館

e4-7 鬪彩葡萄高足盃,
明成化,
上海博物館

e4-8 두채보상화문개관
(豆彩寶相華文蓋),明 成化,
北京故宮博物院

가정(嘉靖, 1522~1566)은 치세 45년간 평온,경덕진은 인구50만 넘은 어기창(御器廠)의 가
마도 58좌(座)에 달할 만큼 번성, 경덕진의 최성기, 청화, 오채뿐만 아니라 금채의 '금란수
(金欄手)'는 가정시대 특별 기법, 가정 오채의 풍부한 의장력도 현대 디자인 연구주제로 나
올 만큼 훌륭한 배색처리 등 유명하다.

e4-9 赤地金彩蓮唐草文高足碗,
景德鎭窯,明(嘉靖),
上海博物館

e4-10 오채운룡문방개관(五彩
雲龍文方蓋罐), 명가정明(嘉靖),
北京故宮博物院

e4-11 靑花黃彩花果文盤,
景德鎭窯,明(弘治1488~1505),
上海博物館

e4-12 藍地金彩雲龍
文貫耳甁,明(嘉靖),
上海博物館

만력(萬曆 1573~1620) 역시 치세 48년간 명의 문화는 최고조에 달해 점점 말기적인 징후가 각 방면에서 나타난다. 청화 양질 원료인 회청(回靑)은 이미 희귀해져, 훌륭한 청화유품은 없으나 만력의 오채자기는 명시대 대표격이라 할 수 있다. 가정이후 경덕진 어기창에선 궁중 주문을 다 할 수 없어 그 생산의 태반을 민요에 위탁, 드디어 관요조직은 쇠퇴하며 만력말 부터 그 생산을 멈추고 청조까지 약 반세기동안 동면상태였다.

e4-13 五彩雲龍文有蓋壺,
景德鎭窯,明萬曆,
上海博物館

e4-14 鬪彩花果文碗,
景德鎭窯,明萬曆,
上海博物館

e4-15 청화백자영희문합
(靑畫白磁嬰戲文盒),명,만력
(明,萬曆),北京故宮博物院

e4-16 五彩花蝶文菊花盤,
景德鎭窯,明,萬曆,
上海博物館

• 색채와 조형의 화려함- 청(淸代,1644~1912)

만주족인 청대의 강희제(康熙帝)19년,1680년 경덕진 관요 부활, 청조 어기창의 활동은 중앙에서 파견된 감독관 지시에 따라 명대의 전통을 살려 새로운 자기 생산, 옹정(雍正), 건륭(乾隆)연간의 부흥기를 맞으며 도자기의 기술적인 변화와 발전을 거듭하였다. 청조 전기에는 명대의 청화, 오채 등의 부활과 함께 궁정자기의 주류인 단색유(單色釉)자기 재현에 힘을 쏟았다. 전통적인 단색유자기(e4-17, 21, 25)는 홍유(e4-17), 황유(e4-25), 남유(藍釉,e4-20) 등이고 새로운 산호유, 공작유(e4-19), 자금유 등 채색자기(彩色瓷器)는 그 기술이 현저하게 향상되어 색상 수가 많아지고,특히 강희기 진사 홍유가 아름답고 유명하다. 한편 여관요(汝官窯), 남송관요, 정요, 등 송대 관요청자 재현도 이루어졌다. 유물 e4-19는 비취유(翡

翠釉[45]), e4-20은 유리유(琉璃釉,남유[46]) 같은 청색이나 발색제가 전자는 공작석(탄산동 주성분), 후자는 코발트, 동을 발색제로 한 청유보다 색이 한결 진하다.

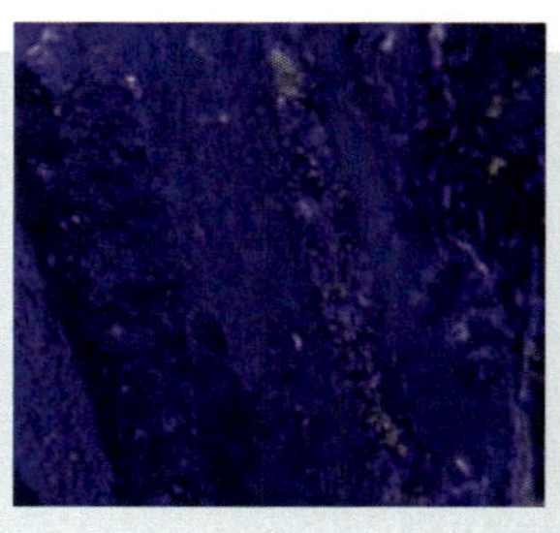

라피스라즐리원석, 중세 라틴어로 "하늘의돌", 예부터 푸른색 염료를 만드는 고급원료로 유명, 이슬람 지역에선귀한 보석

공작석(malachite)원석, 녹색 구리 광물 ,고대 이집트,그리스,로마인 보석과 부적으로 사용, 녹색페인트 안료로도 사용

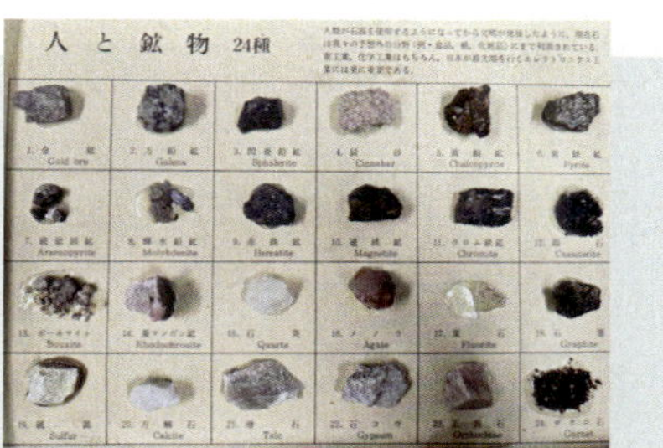

돌과 도자원료: 금광, 가레나 진사, 황동, 황철, 망간,석영, 형석, 활석, 석, 정장석, 등 광물 24종 대부분 도자 유약 발색제, 태토에 혼합해 쓰여진다

중국에서 유리유(琉璃釉)의 유리란 원래 라피스라즐리[47], 에메랄드 등 보석을 뜻했으나 비슷한 외관의 구슬, 등에도 적용, 남색 자기의 색유를 유리유라 한다. 소량의 산화코발트에 장석유를 더하면 선명한 남색으로 발색, 이 유약은 점성이 약하므로 거듭 칠하거나 점착제를 혼합하여 발색 깊이를 증가시킨다. 이 기법은 원대 경덕진요에서 시작, 명대 선덕(1426-35) 관요에서 제작된 것이 유명하다.

e4-17 康熙,紅釉觀音尊, 1981,臺北國立故宮博物院

e4-18 紅地五彩花卉文碗,景德 鎭窯,淸(康熙/1662-1722), 上海博物館

e4-19 翡翠釉壺, 청(乾隆/1736-1795), 臺北國立故宮博物院

e4-20 琉璃釉瓶,淸 (雍正/1723-1735), 臺北國立故宮博物院

---

45) 비취유(翡翠釉): 공작유라고도 한다.밝은 청록색 저화도 투명유,발색제는 공작석(탄산동cuco3주성분), 이슬람 도기 유약 영향, 금, 원대부터 제작,삼채유에도 사용, 명대이후는 경덕진에서 자기유약으로 사용, 수출자기로 서양에선 킹 피셔불루(kingfisher blue)라 불렸다

46) 유리유(琉璃釉):남유 발색제는 코발트(co), 서아시아에서 소다유계통의 남유가 일찍부터 사용되었다 당시대 삼채에 채료로 연유계 남유 사용, 원대이후는 자기유로 사용했다

47) 라피스 라즐리(lapis lazuli): 청금석(靑金石), 심청색을 띠며 터키석, 수정, 마노, 녹주석(綠柱石)과 함께 서아시아 지역에서 예부터 장신구 등의 원료로써 애용된 광석, 원산지는 아프가니스탄 동북부의 바다크산 지역, BC3500 년 경부터 서방으로 운반되었다. 메소포타미아에서 가장 오래된 스탬프인장예

청조에 탄생한 새로운 자기는 오채자기 일종인 분채(粉彩), 재벌된 유리질 위에 안료로 채색, 색상의 미묘한 변화를 주는 것이 어려웠던 명대 오채와 달리 분채는 불투명한 법랑질 채료로 다양한 채식을 할 수 있도록 고안된 새로운 기법, 연(鉛)을 포함한 유리질속에 비소(砒素)를 추가, 부드러운 느낌의 기법을 발명, 채료에 분(粉)을 섞은 것 같은 불투명한 분위기 때문에 부쳐진 명칭으로 하나의 색상을 여러단계로 표현할 수 있게 되었다. 분채기술은 옹정(雍正,e4-22, 26, 28)기에 정교한 기술이 극에 달하고 건륭(乾隆)기에 유행, 법랑채(琺瑯彩,e4-24.), 만화채(万花彩), 흑채(黑彩) 등 화려한 다채화(多彩畵) 자기 범람과 함께 단색유 자기도 크게 성행했다.

e4-21 五彩花鳥圖瓶,景德鎭窯, 清(康熙/1662-1722), 上海博物館

e4-22 동청유분채절지화접문존 (銅靑釉粉彩折枝花蝶文尊), 청,옹정(淸,雍正), 北京故宮博物院

e4-23 청화백자해수백룡문 천구병(靑畫白磁海水白龍文 天口瓶),청,옹정(淸,雍正), 北京故宮博物院

e4-24 법랑채매화문완 (琺瑯彩梅花文碗,청,옹정 (淸,雍正), 北京故宮博物院

청나라 시기 도자제작, 특히 강희康熙, 옹정雍正, 건륭乾隆 삼대황제 시기는 기술적인 면에서 중국도자 제작 역사의 최고봉, 그 극에 달했다 단색유약 만으로도 수십가지가 넘었고 옛것을 모방한 유사품과 혁신적인 변화가 있었다. 만약 당시 재력 풍부한 어요창(御窯廠) 지원이 없었다면 일반 도공의 능력으로는 불가능했을 것이며 진정 화려하게 빛났다고 할 수 있다[48].

e4-25 清 乾隆 黃釉獸耳罐, 臺北國立故宮博物院

e4-26 분채개광영희문편호 (粉彩開光嬰戲文扁壺),淸,乾隆, 北京故宮博物院

e4-27 황유청화운룡문편호 (黃釉靑華雲龍文扁壺),청 건륭 (淸,乾隆),北京故宮博物院

e4-28 粉彩龍透彫文壺, 景德鎭窯,淸(乾隆/1736- 1795), 上海博物館

---

48) 童依華, 淸代單色釉瓷特展目錄,台北國立故宮博物館,1981

17세기에는 중국도자 수출이 활발해져 유럽에서까지 생활용기로 쓰이게 되었다. 또한 역으로 중국 도자기 문양에 서양모티브, 서양화풍이 나타나기도 하였다. 한편 "청대 민간요는 고대 우수한 전통을 계승, 적지않은 훌륭한 작품을 만들어냈다 그중에서도 강희연간에는 새로운 창작이 이뤄졌으나 중후기에 들어서면서 조정 부패, 열강 침입으로 국가는 활기를 잃었고 지배자들은 권세와 부를 자랑하며 특히 공예분야에 돈을 아끼지 않고 화려함을 추구하여 나약하고 어색함, 이전과 같은 웅혼, 질박, 생동감있는 풍격은 거의 찾아볼 수 없게 되었다. 이러한 풍조는 당시 민요자기에 나쁜 영향을 주었고 청대후기 민요 청화백자는 내리막길, 이전 각 시대에서 보여주었던 찬란한 그림, 문양은 다시는 볼 수 없었다 매우 유감스럽게도 청대 중후기 중국자기 폐해는 현대 중국자기 예술수준에 영향을 미치고 있다고 생각한다"[49]는 중국내 평론가 의견처럼 도자예술은 사회문화와 밀접한 관계에서 생멸, 발전, 쇠퇴를 반복하는 듯하다.

• 1995년도 징더전(景德鎭)대학과 민간요장, 이싱(宜興) 紫砂壺요장방문

1995년도 중국 경덕진

---

49) 畢克官,現代陶磁藝術 江西省陶磁研究所作品選,江西美術出版社,1992

의흥(宜興:이싱)도자(紫砂) 제작과정, 1995년도

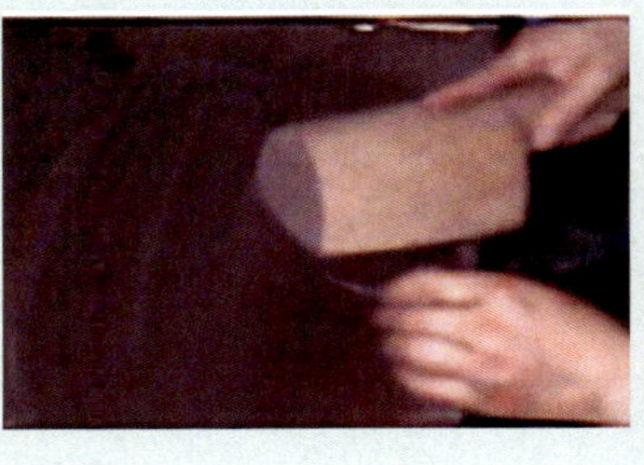 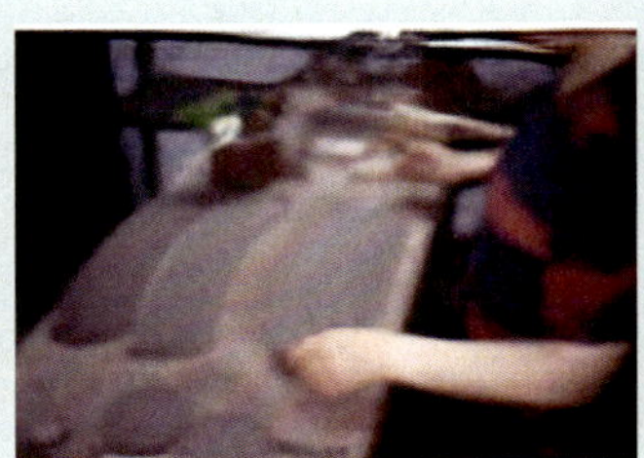 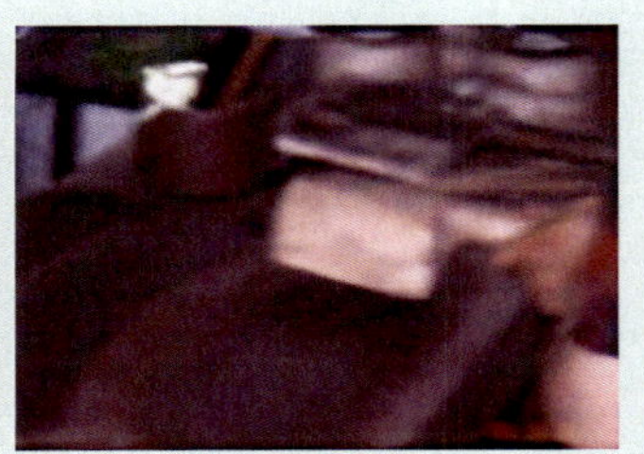

 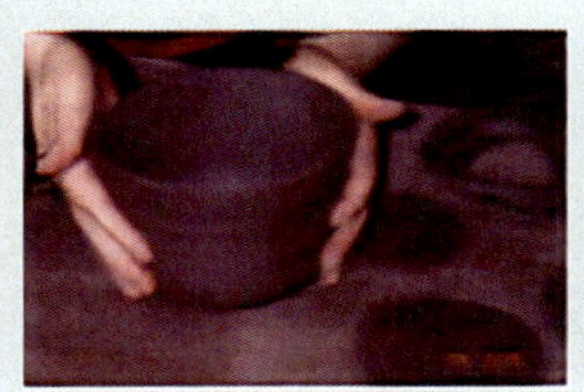 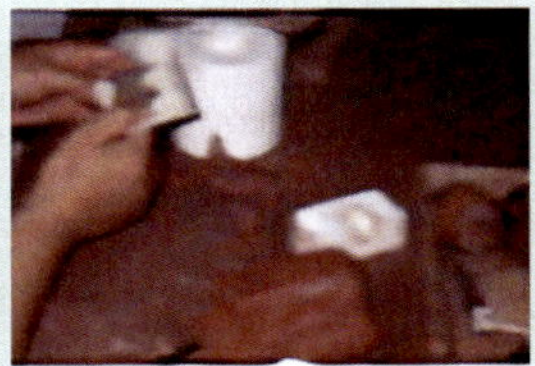 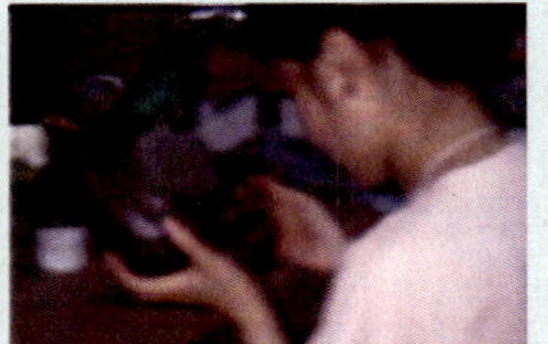

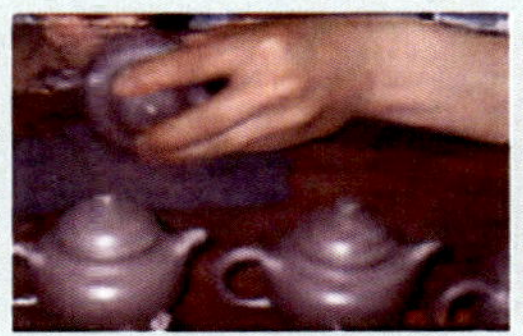 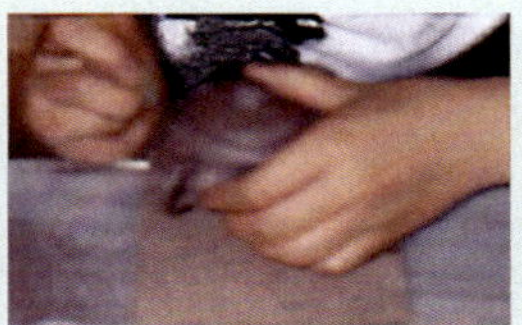

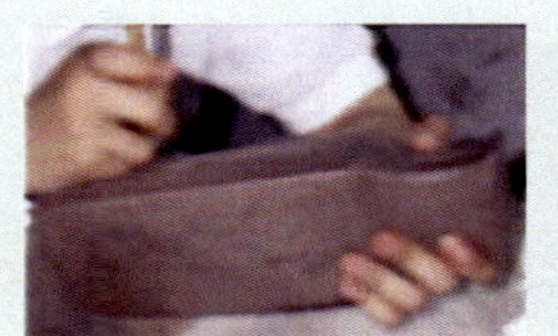 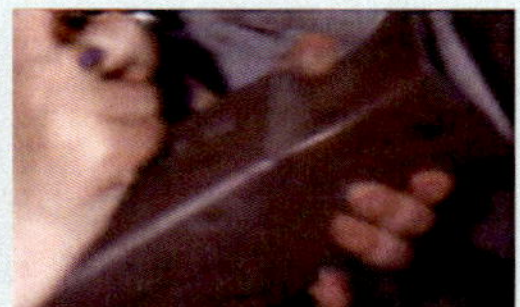 

陳先水,芙蓉花薄胎梅瓶

施于人, 蝶戀花盤

周國楨, 霧氣圖

呂品昌, 胖人家族系列 阿福

荷花翠鳥 稀土粉彩密瓜瓶,
江聯

林中小鳥 靑花釉裏紅円盤,
秦錫麟

聊齋人物 靑花烽火瓶,
沈 浮

風 釉上裝飾豊華瓶,
唐德貴

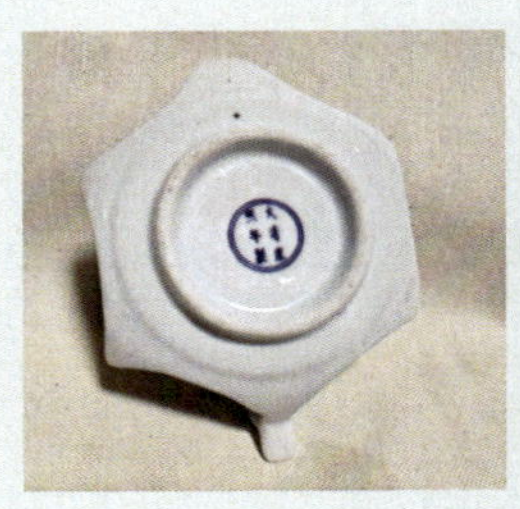

e-5 995년도 경덕진 방문시 구입한 명.청시대명 기물과 명대 경덕진 청화자기,주병과 색회자기 잔, 주병이외 그릇두께 종잇장처럼 얇다

---

50) 첫째줄, 中國景德鎭陶磁名家精品選,人民美術出版社, 中國景德鎭陶磁名家精品選編輯委員會, 1994

51) 둘째줄, 現代陶磁藝術 江西省陶磁硏究所作品選,江西美術出版社,1992

• 고려시대 - 청자문화시대

   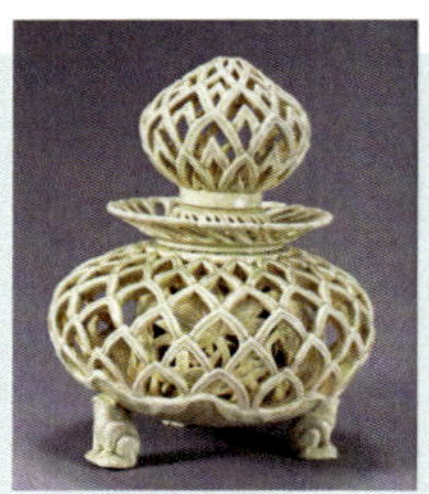

f-1 청자음각원앙문대접 (고려11세기,김낙준소장) **f-2** 청자상감국화무늬표주박형 주전자, 고려13c, 부안청자박물관, 2013. **f-3** 청자진사연판문표형주자, 호암미술관 **f-4** 고려백자투각연당초문향로 (고려12세기,이대우 소장)

고려청자는 통일 신라 시대 토기 제작 기술 축적과 중국 도자기 영향을 받아 9세기 말, 10세기 초 부터 제작되었다. 청자는 토기 태토를 더욱 정선하고, 고화도 회유(高火度灰釉)를 입혀 소성한 것이다. 청자가 지니는 비취색은 유약에 함유된 미량의 제2 산화철이 환원 소성될 때 제1 산화철로 환원되면서 나는 색이다. 고려 상감(象嵌)청자나 진사(辰砂)청자와 같은 독창적 의지가 필요한 새로운 발명이 가능했던 이유는 탁하고 불투명한 중국청자유약과 달리 점차 맑고 투명한 비색(翡色) 청자유약으로 발전, 중국 기법에대한 응용과 끊임없는 새로운 시도와 탐구정신에서 비롯된 것.[52]

고려시대 청자는 순청자(f-1), 상감청자(f-2)가 주류를 이루고 있으며, 그외에도 철회(鐵繪)청자, 진사청자, 그리고 퇴화청자(f-3)가 있다. 한편 아주 소량의 백자(f-4)도 생산되었는데 철채(鐵彩), 철유(鐵釉), 연리문(練理文)등 기법이 다양하게 발전 하였다.

문양 소재로는 당초문이 가장 많은데 연당초(蓮唐草), 목단당초(牧丹唐草), 국당초(菊唐草)가 대표적이다. 그리고 운학문(雲鶴紋), 동자문(童子文), 포류수금문(蒲柳水禽文)등의 소재들도 흔히 사용되었다.

고려시대 청자 요지는 경기도, 경상도, 충청도, 전라도, 황해도, 평안도 등지에 분포되어 있으나 특히 전라도에 밀집되어 있으며 그 중심지는 전북 부안과 전남 강진 일대이다. 이 두 지역의 청자가마에선 중국 절강성 월주요(浙江省 越州窯)의 영향으로 우수한 청자들이 만들어졌다. 그외 거친 청자는 인천 경서동과 경주 월성군 견곡면 내대리 그리고 부산지역 등지에서 변조되었다. 이 거친 청자를 녹청자라고도 부르며 태토와 유약에 불순물이 많이 섞여

---

52) 정양모, 최건, 한국도자사 개설,세계도자문명전, 세계도자기엑스포2001경기도,2001

있다. 그리고 필자가 조사, 기획한 고양시 원홍동 고려시대 청자가마터, 이외 용인 등지에서도 고려시대 청자터가 확인되고 있다.

전북 부안군 모안면 유천리 요지에서 고려시대 자기로서 귀한 존재가 되어온 백자, 상감백자 파편이 청자 파편과 함께 발견되어 청자와 때를 같이하여 만들어 졌음을 확실하게 했다. 전남 강진군 대구면 사당리 요지에서 발견된 청자 기와는 고려 의종때 양이정을 짓고 청자 기와를 덮었다는 역사적 기록과 일치한다.

• 고려청자의 종류

청자 제작 기법중, 문양표현 방법에따라 청자 종류를 분류한 것이 표3이다. 그 외에 청자 소성 기법으로 제작했으나 유약 차이에 따라 외견상 색상이 다른 고려 철유자기, 흑유자기 와 청자 소지와 전혀 다른 순백자와 여러 가지 흙의 색상이 소성후 달라지는 것을 이용한 연리문 자기 등이 소량이지만 응용된 예를 볼 수 있다. 고려시대 도자는 청자 외에 서민 생활용기는 경질토기, 즉 석기류(옹기류)가 대부분이고 청자 사용은 왕후, 귀족, 관청에서만 사용하고 껴묻거리로 사용하였기 때문에 전세 되는 것이 없어서 조선의 고종 황제조차 고려청자의 존재를 몰랐다고 한다. 이토히로부미가 고려 왕족 묘에서 도굴한 청자를 가져다가 고려시대 그릇이라고 전한 사람이라는 설이 있다.

< 표3: 청자 제작기법 분류별 명칭>

우리에게 알려져 있는 고려시대 청자는 그 유물의 형태나 문양, 표현기법에따라 표3과 같이 명칭이 붙여져 분류된다. 예를들어 f-1의 경우 '청자음각원앙문대접"의 경우 원앙문양을 음각으로 표현한 대접으로 순청자에 속한다.

청자 명	형태, 문양 표현 기법
순(純)청자, 소문(素紋)청자 (f-1)	양각, 음각, 투각, 상형청자
상감청자(象嵌靑磁) (f-2)	포류수금문, 운학문, 야국, 인물, 동물, 식물, 단순한 무늬 등을 인화문과 음각 병행하여 백토, 흑토로 상감표현(별도 설명란)
진사청자(辰砂靑磁) (f-3)	산화동(酸化銅)이 환원소성으로 붉은색(辰砂)을 내는 것으로 그릇표면에 무늬, 점을 찍은다음 청자유를 입힌 것, 산화동이 녹는과정에서 휘발되는 경우가 많아 그 예가 귀하다
퇴화문청자(堆花文靑磁)	백토 또는 흑토로 그릇 표면에 점(点) 또는 그림으로 무늬를 두드러지게 그려 놓은 다음 청자유를 입힌것, 퇴문의 효과는 필요한 위치에 작은 점을 연속하여 찍어 나타내었다. 이 기법이 건조과정에서 탈락발생, 보완책으로 상감기법이 발생햇다는 학설도 있다
화청자(畵靑磁)	백, 흑색 채료를 붓으로 그린 다음 청자유를 입힌 것, 산화철로 문양표현한 철화청자가 대표적
화금청자(畵金靑磁)	상감된 무늬 일부에 금을 칠한 것으로 그 예가 귀하다
철채청자(鐵彩靑磁)	표면전체에 산화철(酸化鐵)인 철사물감을 바르고 그위에 청자유를 입힌 것으로 흑,초록색을띤 흑색으로 광택이 있고 무문이나 음각철채, 퇴문철채가 있다.
자기	납입소 명(名), 연호(年號), 간지명(干支名: 60년후 다시되풀이 되므로 정확한 것을 알수없다)

• 고려청자만의 독특한 비색청자, 상형청자와 상감기법

1123년 고려에 왔던 송나라 사신, 서긍은 고려 청자를 보고 중국 청자와 비슷하면서도 특이한 것이 있어 그 기술이 매우 발달하였다고 칭찬하였는데 그의 보고서인 "고려도경"에 고려도자기에 대한 기록이 있다 "陶器色之靑者 麗人謂之翡色" 중국에선 청자를 秘色이라 부른다. 비색은 신비스러운 빛깔이라는 뜻으로 산에 우거진 나무의 푸른 색, 연잎의 푸른색, 또는 얼음의 푸른색, 등에 비한 것으로 그 빛깔에 대한 개념을 짐작 할 수 있다.

f1-1 청자과형화병,
12C 초,사실적인 참외형태,
고려 독자의 비색(翡色)청자,
국립중앙박물관

f1-2 청자양각목단문화형대접,
고려12세기,h5.9,
호림박물관

f1-3 청자상감위압문용두주자
고려12세기,
김낙준 소장

f1-4 청자상감국화문표형주자,
고려13C,h29,
호림박물관

【 아름다운 고려 비색청자 (翡色靑磁, f-1~f1-2) 】

고려 청자가 본격적인 비색(翡色)을 띠기 시작한 것은 11세기 부터이며, 다양한 동. 식물 혹은 인물 형태의 상형청자(象形靑磁)가 제작되었다. 11세기 말 12세기 전반기에 비취색의 순청자가 절정기에 달하게 되고 이때 새로운 기법으로서 상감청자(象嵌靑磁)가 창안되었다. 12세기 중엽부터 1231년 몽고 침입이 일어나기 전까지 상감청자의 전성시대였다. 그러나 1231년 이후 청자는 형태가 흐트러지고 문양이 도식화 되는 등 쇠퇴하기 시작하였다. 그러나 이러한 청자의 쇠퇴는 조선 시대 분청사기 발생의 모태가 되고 있다.

【 고려 독특한 기형, 상형청자(象形靑磁 f2~f2-4) 】

청자의 독특한 기형(상형청자)에는 과형병(瓜形瓶 f1-1), 탁잔(托盞), 매병(梅瓶), 표주박형 주전자(瓢形注子,f2), 편호(編戶) 등이 있다.

고려청자는 우리나라 도자역사 중 가장 우수한 작품들이 많다.12c초 송나라 사신 서긍이 주목한 고려청자 형태의 묘(妙)함과 가(佳)함에 있다 .고려 전시기에 제작된 상형청자는 순청자(純靑磁)에서 가장 많이 볼 수 있고 상감청자에서는 거의 없다 색조와 형태를 가장 중요시하던 순청자 시대적 배경을 짐작해본다. 우리나라에서는 古신라시대래 통일신라시대에 이르기까지 놀라운 솜씨의 상형토기(b-1,2)들을 만들어왔다. 그 중에 예컨대 오리형(鴨形, b-3)토기류들은 고려상형청자 오리형 연적(f2-1)등의 선구가 되었다고 생각해서 무방할 것 이니 고려청자에서 나타나는 오리형(鴨形) 혹은 참외형(瓜形, f1-1)그릇이 고려초기 토기에서 나타나고 있음을 보아 상형청자 발생은 삼국시대 상형토기에 있다고 할 수 있을 것이다[53].

f2-1 청자鴨形香爐,
12c초, 우수한 조형,
최전성기유색(비색),강진군
사당리요지에동형도편 발견

f2-2 청자童女形연적,
12c초, 이규보시에 등장하는
상형청자,
당시문인들 애장품

f2-3 청자陽刻筍形注子,
12c초,h23.5cm,
上質고려청자최성기작,
강진사당리 유사 도편 출토,
서울국립중앙박물관장

f2-4 청자堆花點石榴形注子,
12c초,h19.3cm,
서울국립중앙박물관

일본大阪東洋陶磁미술관상설전시,2007	崔淳雨, 한국미술전집9,고려청자, 同和出版公社

고려 문종(1047-1082) 11세기 중엽부터 고려 특이한 상형청자 제작이 시작되었을 것으로 추정된다. 고려 문종 당시는 고려 문물 교류가 성행한 때로 고려, 송, 요, 3국이 서로 평화 유 지, 고려는 요의 책봉을 받으며, 송나라의 발달된 문화를 받아 들이고 있었다. 정치적으로나, 백성의 생활도 안정되고 문물이 발달했다. 문종의 아들 대각국사는 송나라를 건너가 수천권 의 불경을 가져 올만큼 송과 교역이 성행했다. 이때 송나라에선 고려 문종 즉위 40여년 전 요주(饒州)에 관요(官窯)를 설치, 정요(定窯), 여요(汝窯), 자주요(磁州窯), 가요(哥窯), 용천 요(龍川窯) 등 송시대 대표적인 도자 가마 축조가 성행시기, 송나라를 통해 청자 기술이 전 래되어 고려만의 독특한 형태, 비색, 상형 고려청자 기술이 크게 발달했을 것으로 생각된다.

【 고려 독자기법, 상감청자(象嵌靑磁, f2-4,f5~f5-2) 】

고려 상감청자는 고려시대 독자적인 기법으로 유명하다. 즉 세계 어디에서도 도자기에 상감 기법을 장식한 곳이 없기 때문이다. 초기 상감청자는 고려 명종(1171-1197) 지릉(智陵)의 유물과 의종13년(1159)에 죽은 문공유의 묘에서 상감청자의 대접 유물. 이 대접의 발견으 로 상감청자가 생산되었을 가능성이 있는 기간은 곧 고려도경이 쓰여진 때(1123)부터 문공 이 죽은 (1159)사이의 36년간으로 압축, 이렇게 유물발굴 상황으로 추측, 상감청자는 13세

---

53) 황종구논문집,고려시대의象形靑磁考, 75p~84p, 1975

기말가지 성행했고, 상감청자 초기엔 무늬, 빛깔이 모두 우수하나 차제에 통일신라시대 인화문토기의 인화문(印花紋) 수법이 고안되어 문양이 형식화된다. 고 알려져 있다.

f-5 청자상감운학문매병,
고려12C,,h33.1,호림박물관,1999

f5-1 청자상감국화折枝紋화형탁잔,
12~13C ,h11.8,해강도자미술관,1990

f5-2 청자상감菊蝶文병,
고려12C,,h36.8,호림박물관,1999

1975년도 출판된 "朝鮮陶磁"에서 久志卓眞[54]은 『상감청자가 고려 독자적인 것인지에 대해서는 논란여지가 있다. 오대, 송초기의 중국제 상감청자 유물이 조선에 존재하며 이는 상감청자가 반드시 고려만의 산물이 아님을 시사한다.하지만 중국에서 해당시기 가마터가 발견되지않아 단정하기 어렵지만 백토상감기법은 당나라 시대 중국 본토에 존재했고 신라시대에도 존재, 따라서 백토상감은 고려청자에서 특별히 고안된 것이 아니라 이미 당과 신라시대에 준비되어 있던 기법임을 알 수 있다. 북송(北宋) 이전의 도자기는 청동기를 모방, 상감기법 역시 청동기모방 양식 계승, 발전한 것이라는 견해를 밝히고 있다. . . 또한 상감청자 발생시기를 최고조 유색, 비색청자 전성기 이후 퇴화시기에 발생한 것이 아님이 분명하다고 단호하게 주장, ...요컨대 상감청자의 장식취미는 불교문화 유래로 보인다』고 하였다. 그는 조선도자를 마음깊이 사모한다는 수집가로써 일본의 민예운동가들이 조선의 일상잡기가 최고 조선의 미라고하는 것은 오히려 그 외의 다른 훌륭한 고품격의 고려청자 등 다른 취향의 도자들을 낮게 평가, 상대적 가치 폄하에 반대 견해,... .1975년도 출판된 "조선의 도자" 제목으로 5백페이지 걸쳐 각 시대, 사례별 해설, 각 도자의 시대성과 조선의 입장에서 조선도자를 감상해야 한다는, 일본도자수집가 특히 일본 다도인들의 조선도자에 대한 취미적 주관적 해설에 경계하는 글, .등, 일제 강점기 도굴을 통해 우리나라에 처음으로 알려진 고려청자 존재에 대한 진정한 이해는 송나라 청자에 통달해야만 알 수 있다는 중국, 일본 전세품도 다수 확보하고 있는 일본 열성적 도자 수집가의 의견은 50년 지난 현재도 상감기법 발생시기를 청자최고 전성기를 지나 사회혼란시기에 청자퇴화적 산물로 설명되기도하는데 필자가

---

54) 久志卓眞,朝鮮の陶磁,雄山閣,1974

상감기법 자료를 정리하면서보니 과연 12세기 순청자시기 비색청자와 함께 상감기법이 최고기술로 완성된 작품들을 확인할 수 있었다(f5~f5-2) 요즘 정보화시대와 달리 정보유통 어렵던 시절의 그의 넓고 깊이 있는 고려청자에 대한 탐구심에 경외심과 함께 국제 문화 교차 연구 중요성 재인식, 일본도자사에는 청자문화가 없다는 점도 흥미롭다.

세계적으로 유명한 고려청자 상감기법의 발생동기에 대한 여러 학설(금속장식기법,은입사 연계설, 퇴화문장식기법 연계설 등)이 존재하나 기록도 없는 과거1200년전 일을 단언할 수 없고 중요한 것은 불과 40여년전만해도 예상할 수 없었던 우리문화, K-culture(k팝,k푸드 등 korea+한국문화)가 요즘 우리문화 존재감 부상과 함께 선진국대열에 오르내리고 있다는 사실, 예컨대 전후 백여년전 한반도문화를 한(恨)의 문화, 와비(侘,단순,소박,불완전함)의 미로 예찬한 측과 久志卓眞처럼 고려상감청자를 화려한 불교문화 정수로 본 측, 의견이 다르지만, 어느 쪽이든 조선 장인의 우수한 예술가적 능력을 상찬한 일본 최고 지식인, 한국 예술을 아끼고 조선 예술 우수성을 기록, 세계에 알렸다는 사실, 비록 그들의 무인취미문화(茶文化)때문에 우리는 통한의 역사를 갖게 되었지만 그 역사 속에서 예술.사회.문화 연결고리에 대한 통찰력 중요성을 재확인하게 된다.

＊ 전통적 상감기법 (線彫, 印花) 시연

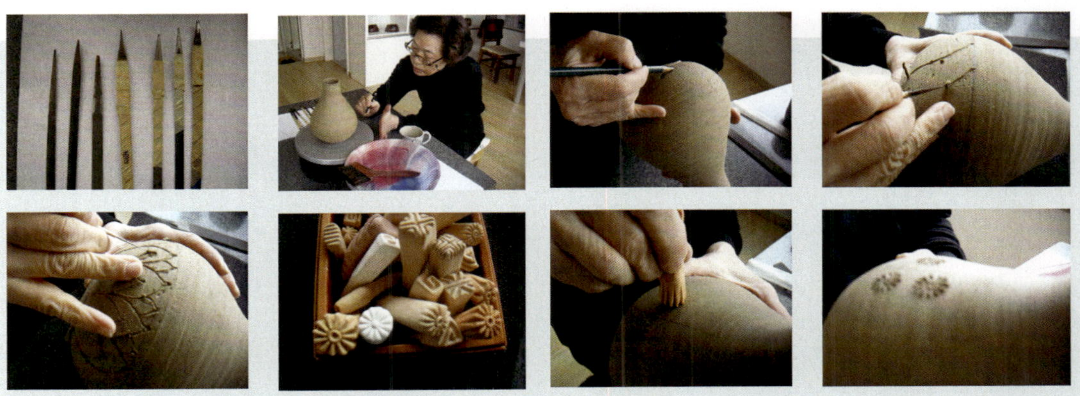

f-5-3 반건조된 기물에 조각도와 인화문용 도장으로 음각하거나 찍어서 무늬를 낸 후 백화장토 또는 색화장토로 그 속을 메꾸고 깍아내면 음각부분이 아래 사진(f-9-4) 오른쪽처럼 드러난다. (조각시연; 조정현 전 이화여대도예과교수)

f-5-4 상감청자 제작과정 모형, 오른쪽부터 상감, 초벌, 시유, 환원염소성, 강진청자박물관, 체험실 2017년

【 진사채청자(辰砂彩青磁,f6-1)와 퇴화문청자(堆花文青磁,f6-2) 】

"동아시아 도자의 흐름"에서 정양모는 『. ..불과 200년 남짓한 기간에 종주국인 중국을 제치고 천하제일의 경지에 도달했다는 사실은 정말 자랑이 아닐 수 없다. .. 청자는 유약과 태토 및 형태, 그리고 장식에서 완벽한 조화를 이루었으며 .. 또 이들을 응용한 소위 상감기법이 고려 청자의 중심으로 등장하면서 12세기에는 질과 조형, 기능등에서 높은 수준을 유지할 수 있었다. 이러한 새로운 탐구과정에서 12세기전반에 산화동(酸化銅)안료를 이용해 환원염에서 붉은색 진사채(辰砂彩, f6-1)를 개발한 것은 정말 뜻깊은 일이다. 아름다운 비색유태(翡色釉胎)의 완성, 상감기법의 창안, 붉은색 진사채의 발견으로 세계도자역사는 한층 더 다양해지고 풍요로울 수 있었다』고 진사청자의 개발에 대해 높이 평가 했다. 극동 아시아 한.중.일 삼국이 세계도자선진국이라는 평가를 받는 이유는 만년이 넘는 기나긴 세계도자 역사에서 중국과 우리나라는 천년전부터 고품질의 청자와 백자를 생산했기 때문, 14세기이후 백자중심의 "백자시대"에 뒤늦게 17세기 임란후 귀화 조선도공들에 의하여 일본도 백자제작 성공, 한.중.일이 도자기 선진국이 되었지만 유상채화개발로 유럽인기 수출품목인 화려한 중국.일본 도자와 달리 우리나라에선 색회자기 개발은 붉은색 진사채가 유일하다. 그런 의미에서 고려시대 진사청자는 귀한 존재이다.

f-6 청자퇴화능화여의두문매병
(고려12세기,김낙준 소장)

f6-1 청자상감辰砂彩목단문호~13c,
산화동 진사채,
부안군유천리청자요지 도편다수발굴

f6-2 青磁堆花芍藥文注子및받침,
고려11세기,h17.4,
호암미술관

【 철화청자(鐵畵靑磁) 철채청자(鐵彩靑磁) 】

f-7 청자철화목단문매병,
고려11세기,
호림박물관

f-7-1 청자상감철화목단문표형주자,
고려13세기,
호림박물관

f-7-2 청자철채퇴화운학문매병,
고려12세기, h29.5
호림박물관

f-7-3 靑磁鐵地象嵌如意頭文
瓶,高麗13c,住友グループ寄贈,
大阪東洋陶磁美術館

· 고려말 청자퇴화, 조선초 분청사기로

13세기 후반 원 세력이 고려에 미친 문화적 영향은 청자 원래의 색을 낼 수 있는 환원염 소성에서 산화염 소성으로 변했다는 것이다. 산화염 소성으로 아름다운 비색 청자의 빛깔은 산화되어 황갈색으로 퇴조되고 두껍고 투박한 형태와 장식무늬도 방법이 쉽고 편한 것을 택하게 된다. 청자 이외 유약은 흑유(겉표면은 흑유, 내면은 청자유를 입힌 예가 있다)자기가 발생하나 이는 청자의 퇴화 현상으로 본다.

이후 청자는 약화되고, 그릇모양, 유약, 무늬 등은 조선초기 분청사기로 넘어간다. 산화염 소성법이 새롭게 들어왔어도 청자 주류는 여전히 환원염 소성법, 다만 왕조의 쇠퇴와 함께 청자 자체가 퇴화 되어간 것이다.

· 현대 청자작품

해강유근형작,청자상감버들학무늬매병,
1989 해강고려청자연구소

유광열, 청자역상감모란문당초문호,
2012, 해강고려청자연구소

상감청자과형화병,고려청자모조품,
1980년대 일본수출성행, 이천 동곡요

f-10 황종구(전 이대도예과 교수)작, 윗줄 좌
1.靑磁象嵌鳳水形瓶, 2.靑磁陽刻線葉紋瓶, 3.靑磁象嵌辰砂點線紋瓶,
4.靑磁象嵌花紋長形瓶, 5.靑磁象嵌曲線紋瓶, 6.靑磁象嵌辰砂線紋,
작품사진출처: 황종구도예작품집,1992,

이화여대 도예연구소 창설, 아래 "이대청자"브랜드 인기 상품
(1960~1986년 도예연구소 제작품 도록,1986)

f-11 권지수 청자 차도구(완, 잔, 수반), 비색청자 현대적 시각으로 재해석, 2023

조선시대 도자는 고려시대 주류였던 고려청자가 자취를 감추고 국초부터 분청사기와 백자가 주류, 전자는 조선초부터 1592년 임진왜란이 일어나기 이전까지 약 200년간 만들어졌고 백자는 조선초부터 말까지 계속적으로 제작. 사용되었다. "세종실록.지리지(1454)"에는 당시 전국에 자기소(磁器所) 139개소와 도기소(陶器所) 185개소가 소개되어 있다. 이 가운데 백자는 분청사기와 함께 자기소에서 제작, 조선왕조 도자는 국초부터 경기도 광주 중앙관요를 비롯 지방관요 도자번조 총괄, 조선시대 백자번조의 중심지는 사옹원의 분원, 경기도 광주였다. 1467~8년사이 분원설치, 이전까지 중앙관청에서 필요한 도자는 전국각지에 분포하는 백여개소의 분청요에서 엄격한 생산관리를 통해 제작된 인화분청을 공물(貢物)로 사용했는데 이러한 공납체제 폐지, 중앙관청이 직접 백자생산을 하게 되자 분청사기 생산은 크게 타격받고 대폭 축소, 임진왜란 발발 수십년전 16세기 후기에 대부분 소멸되고 조선시대 도자는 초기부터 말기까지 백자 중심의 백자문화시대라고 한다[55].

• 분청사기 (조선시대 1393~ 1592)

분청사기는 고유섭이 명명한 "분장회청사기(粉粧灰靑沙器)"의 준말이며 고려 말의 청자가 퇴화된 것을 기원으로 본다. 분청사기 가마터는 내륙지방에 고루 분포되어 있으며 그 주변에는 청자 말기와 조선조 백자 가마들이 발견되는 경우가 많다. 즉 분청사기는 고려말기 상감청자 기형, 문양, 유색, 태토 등이 조선왕조 유교적 사회 기풍과 함께 새롭게 변모된 것이다. 유약의 색은 회색(灰色)이 기본이며 그 위에 약간의 청색이 감돌고 있는 것이 많으며 태토는 회색, 회흑색이 많고 기형은 대담한 곡선 변화를 주는 것이 있다.

회색과 회흑색의 태토위에 백토로 분장하고 이 분장한 백토를 긁어내거나 그 위에 철분으로 그림을 그리거나 백토를 입히는 방법에 따라 상감(象嵌), 인화(印花), 조화(彫花), 박지(剝地), 철화(鐵畵), 귀얄, 덤벙분청 등으로 나뉘어 진다. 상감. 조화. 박지분청은 세종시대에 발달하였으며 인화분청은 세조시기에 절정기를 맞았다. 그 외 철회. 덤벙. 귀얄분청은 성종기에 우수한 예가 많이 남아있고 성종이후는 백자의 양산과 함께 분청사기는 쇠퇴하게 되며 임진왜란 이후 완전히 그 자취가 사라졌다.

전체적으로 소박한 느낌을 주는 분청사기는 활달하며 치졸한 문양과 추상화된 문양으로 특히 한국적인 특징이 두드러져 세계적으로 한국도자기 일종을 지칭하는 학명이기도 하다. 그러나 조선 도공들을 끌고 간 일본에서 이 분청사기 기법을 발달시켜 세계적으로 "미시마데(三島手)"로 유명, 일본의 기법으로만 알려져 있었는데 2024년6월 규슈도자문화관내 설명서 중 분청사기가 원조라는 문구가 있어 반가웠다

---

55) 정양모, 최건, 한국도자사 개설,세계도자문명전, 세계도자기엑스포2001경기도,2001

f1-1 청자과형화병,
12C 초,사실적인 참외형태,
고려 독자의 비색(翡色)청자,
국립중앙박물관

f1-2 청자양각목단문화형대접,
고려12세기,h5.9,
호림박물관

f1-3 청자상감위압문용두주자
고려12세기,
김낙준 소장

f1-4 청자상감국화문표형주자,
고려13C,h29,
호림박물관

【 인화분청 】

 번잡함을 극복하여 청초하고 담백한 맛, 그러나 시간이 흐르면 형식화되어 난조를 보인다. 무늬는 국화, 簾,당초, 완자,連珠,연꽃,나비,학, 빗방울, 점선,외, 분청사기에 그릇을 납입한 곳 이름을 찍은 것이 많다. 조선 태종 17년(1417)부터 그릇에 관청 이름을 찍도록 했다. 관청 명이 있는 것은 .공안부(恭安府)명, 경승부(敬承府)명 접시, 인수부명(仁壽府,g1-3,4), 내섬시(內贍寺)명56), 내자시(內資寺)명57), 예빈시(禮賓寺)명58), 덕녕부(德寧府)명, 사옹원(司饔院)명59),장흥고명(長興庫,g1-2)60), 분실방지용으로 기물마다 관청명을 상감했다는 것,관요 소속 도공들의 인건비 문제가 없던 시대지만 상감기법의 수공문제는 심각했던 듯, 문양표현 이 거칠어지며 인화문에 분장 후 깍아내는 과정을 생략한 기물(g1-5)도 보인다.

---

56) 각 궁 또는 각 전(殿)에서 2품이상에게 올리는 술, 또는 왜인 혹은 야인에게 음식을 공궤하는일과 직조등의 일을 맡아 보던 관청. 내섬시는 '내섬시'보다 '내섬'이라고 찍은 것이 대부분이다. 전라도 지방에서 특히 많이 발견되며 때론 계룡산가마자리에서도 발견된다.태종3년 (1403)에 설치 ~ 고종19년(1882)까지 있었던 관청.

57) 내자시는 주로 궁안에서 소용되는 음식물을 맡던 관청으로 내자시는 내섬시와함께 설치(1403 ~ 1882)되었다가 폐지된 관청으로 그릇의 모양과 문양은 내섬시명과 거의 같다

58) 예빈시는 고려시대부터 예빈성, 전객성(典客省), 예빈사 등 이름 바꿔가면서 설치된 관청으로 손님을 접대하는 일을 맡았다. 계룡산 가마자리에서 '예빈'의 2자를 새긴 그릇파편이 '내자시'명이 있는 그릇파편과 함께 발견된 일이 있다.

59) 임금의 진지와 궐내의 음식에 관한 일을 맡음, 사옹원은 궐안의 모든 음식에 관한 일을 맡았고 겸해서 음식에 소용되는 그릇에 관한일도 관장. 따라서 사옹원에는 번조관을 특별히 두어 매년 가마에 파견하여 관청에서 필요한 그릇의 제작을 감독.동국여지승람에--'매년 사옹관이 화원을 인솔하고 어용의 그릇을 만드는 것을 감독하였다.' 는 기록이 있다.고려시대부터 사섬서가 하던것을 --조선시대 사옹원이라하였다가, --세조13년(1467)에 사옹원이라 고쳤다.사옹원 명으로 된 사발은 발견 된 것이 없고 '경주부 장흥고'의 명이 있는 분청사기와 함께 발견된' 사섬'의 명이 있다.'사섬'은 고려 충렬왕에서 이조 세조13년까지있었던 관청.

60) 장흥고는 돗자리, 유기, 종이 등 일반용품을 관장하던 관청으로 그릇들도 가마에서 구워지면 일단 이 관청에 납입 되었다가 필요한 관청에 분배. 경주장흥고, 경산장흥고, 성주장흥고, 군위장흥고, 선산장흥고, 밀양장흥고 등 지명을 붙이기도 했다.

【 상감 분청(象嵌靑磁, g2-1) 】

고려의 상감청자와 같은 기법으로 무늬를 새긴 분청. 회색의 분청유로 고려청자에서 보다 상감의 선은 매우 둔해지고 선 상감은 선의 관념에서 떠나 면만을 나타내고 ,면 상감은 조선 시대 분청사기에서만 볼 수 있는 특징을 갖는다. 시문된 문양은 버들, 학, 갈대, 풀, 모란, 연 꽃, 당초, 파초, 물고기, 파도, 용, 여의주무늬 등이 주된 문양이다.

g2-1 象嵌線紋瓶,h17.6cm,
陶磁大系,30, 三島,平凡社

g-2-2 박지분청사기모란어문편병
(조선15c ,한국 개인소장)

g2-3 박지분청사기초화문편병,
h23cm, 일본민예관

【 박지 분청(剝地粉靑 g2-2,3) 】

기면에 귀얄로 백토를 바르고 문양을 그린 후 여백의 백토를 긁어내면 문양은 백색이 되고 여백은 회색의 태토색으로 나타난다. 이때 백색과 회색의 대조를 더욱 선명히 하기 위하여 흑갈색의 철분을 여백의 회색부분에 칠하기도 한다. 문양은 모란, 당초, 연, 물고기등을 주문 양으로 연판, 국화판, 완자문 등이 함께 시문된다.

g3-1 彫三島漁文扁壺,
h24cm,韓國國立中央博物館

g3-2 彫三島茶碗, w13cm,陶磁大系,
30, 三島,平凡社,1979

g3-3 彫三島茶碗,w16.2cm,
국립중앙박물관

【 조화 분청(彫花粉靑) 】

기면에 귀얄로 빈틈없이 백토를 바르고 문양의 윤곽과 내부선을 선(線)으로 긁어내어 바탕색인 회색선으로 문양을 나타낸다.박지문과 다른것은 박지문은 면으로 긁어내는 것으로 선조(線彫)인 조화분청과는 구별된다.

【 철화 분청(鐵畵粉靑, g3-4,5,6) 】

기면에 귀얄로 백토를 바른 후 흑색이나 흑갈색 산화철 안료로 문양을 그린 것으로 계룡산 가마에서 생산 되었고, 15세기 후반에 많이 제작된 것으로 보인다. 계룡산 이외의 전라도 지역예서 제작된 것은 백토를 입힐 때 귀얄로 칠하지 않고 백토 물에 덤벙 담가 귀얄로 칠한 것과 달리 운동감은 없으나 단정한 느낌이 있다. 후자는 그 수효가 적으며 그 기형과 문양으로 보아 임진왜란 전후로 본다.

g-3-4 분청사기철화당초문귓대항아리
(조선16세기,이두원 소장)

g3-5 분청철화연화어문장군,조선13세기,
大阪동양도자미술관소장

g3-6 繪三島草茶碗,w15.5cm,
日本民藝館

【 귀얄 분청(g4-1) 】

기면에 귀얄 (넓고 거친 솔)로 백토분장을 하는데 귀얄을 그릴 때의 힘과 운동감에 따라 귀얄의 사이사이에 백토와 태토의 대조로 문양과 같은 효과를 나타낸다. 다른 장식처리 없이 귀얄의 자국 만을 선명하게 표현한 것이 심플하며 오히려 현대의 그래픽 처리와 같다.계룡산계의 그릇 일면에는 아주 얕게 인화문을 찍은 후 귀얄로 백토를 얇게 발라 문양을 나타낸 것도 있다.

g4-1 刷毛目茶碗,日本民藝館
귀얄문 선명하게 장식적 표현

g4-2 粉靑粉引鐵繪草花文甁,
16c,전남고흥군운대리요지,
大阪동양도자미술관소장

g4-3 粉靑粉引祭器,高10.7,
16世紀,유교제사용祭器,
大阪동양도자미술관소장

【 덤벙 분장 분청(g4-2,3) 】

백토물(화장토)에 기물을 덤벙 담갔다가 꺼내면 그릇 전면이 백토로 분장된다. 이 경우 굽 밑까지 백토를 입히기도 하지만 대부분 굽과 굽 위 부분에 백토를 입히지 않아 태토의 색과 백토(화장토)의 색이 대비, 배색 효과를 낸다(g4-1). 이 기법은 백자처럼 도자표면을 밝고 희게 하기 위하여 많이 제작(되었는데 일본에서 국보로 지정된 이도쟈왕(井戶茶碗, 사진 i-13)은 이 종류이다 일본에서 고히끼(粉引)는 덤벙 분장 기법, 쓸쓸한 초화표현도 ,일본다도의 와비(侘) 의식과 맞아 중요시,사진 g4-3은 고히끼(粉引)덤벙분장기법으로 전면에 백화장토로 덮혀 청동기보다 단순, 위엄있다.

g-5 분청사기발,황종례,
1995

g-6 분청목부용문원형접시17,
광주요

g-7 이천사기막골도예촌,
다인도예,2009

g-8 화문분청대심발,
김도영작,2009

• **백자(조선시대 15c ~19c)**

조선 초기에 고려백자의 전통을 이은 연질 백자(軟質白磁)와 원. 명초 경질백자 영향을 받은 백자 두 종류가 있었으나 15세기말경 중기이후 후자 경질백자(硬質白磁) 일색이 된다. 백자는 임진왜란의 큰 타격 후에도 계속 번조, 이조말까지 이조자기의 핵심, 조선왕조는 유교주의 체제에 중요한 왕실 및 관아와 향교, 私家用 의기(儀器)와 제기(祭器) 번조 등 관요(官窯)성격 뚜렷. 1460년대 후기 경기도 광주에 중앙관요 설치,본격적인 백자시대, 임진왜란

(1592)과 병자호란(1620) 이후 백자생산은 침체, 18세기 사회안정 후 검소.검약의 미의식이 간결.단아한 순백의 조형, 절제된 장식, 최소한의 표현으로 화려한 오채, 분채장식기법이 유행했던 중국과 일본 수출자기의 귀족취향과 확실하게 다르다. 18세기부터 일부 문방구류가 다양하게 발달했는데 1882년 광주관요 분원은 관영 폐지 민영화 운영까지 귀중한 유적이었으나 일제 강점기 바로 그 자리에 학교를 짓느라 크게 파괴, 지금은 흔적만 남았다.

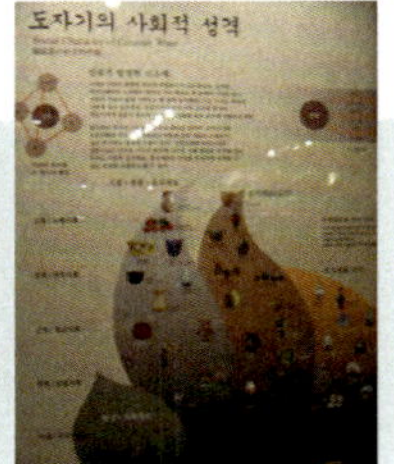

h-1 백토1차점토(1), 분원리출토 백자파편(2), 금사리출토,백자편(3),도자와 사회적성격 설명, 경기도자박물관(광주소재),2009

조선시대 백자 종류에는 순백자(純白磁 h-1), 상감백자(象嵌白磁), 철회백자(鐵繪白磁h-4), 진사백자(辰砂白磁), 청화백자(靑畵白磁h-2)등이 있다. 제작 시기와 제작지, 그리고 제품질에 따라 유백(乳白). 청백(靑白). 설백(雪白). 회백(灰白)등 각기 유색이 다르다.

h-1 순백자-백자병
(조선15세기,
국립중강박물관)

h-2 청화백자-청화백자운룡문병
(조선15세기,호암미술관)

h-3 李朝 英祖시대, 청화辰砂大壺,
鐵繪丸壺,淺川伯敎,陶器全集17,
李朝,平凡社,1966

h-4 철회백자-철회백자운룡문호
(조선17세기,김낙중 소장)

조선시대 백자는 전. 중. 후기 3기로 나뉘는데 전기는 조선 초에서 17세기 중엽까지이며 이 기간에 청화백자가 처음으로 제작, 초기 청화백자는 중국적인 양식을 띠다가 곧 한국적인 문양으로 변했다. 중기(17c 중엽~ 18c 전반) 백자 특징은 간결한 초화문 청화 백자나 단순한 용문(龍紋) 철화 백자에 있다.

후기는 분원이 경기도 광주의 분원리로 이전되는 영조28년(1752)부터 1884년 분원이 민영화되기까지, 청화백자와 진사백자 제작 증가, 제기와 문방구류가 대량생산, 사실적인 산수문(山水文)이나 민화(民畵)가 자주 등장한다.

【 순백자(純白磁,사진 h-1) 】

순백자(백자素紋)는 백색 이외의 다른 색으로 그린 장식문양이 없는 것을 말한다. 순백자에는 두가지 계통이 있는데 하나는 고려시대 백자의 계통을 이은 것으로 부드러운 곡선의 기형과 투명한 유약으로 이루어져 있으며 다른 하나는 중국의 원말(元末), 명초(明初)에 이르러 조선시대 자기에 영향을 끼친 것으로 유약은 대체로 얇게 입혀져서 백색으로 발색되며 때로 약간의 청색을 띠는 것도 있다.

백자는 15세기 초부터 상당히 세련되어졌는데 19세기에 이르기까지 사옹원(司饔院)의 분원요(分院窯)를 중심으로 광주 지방에서 제작, 발달되었다. 특히 생활용기인 제기(祭器), 문방구(文房具), 주기(酒器), 호(壺), 식기(食器)등 조선 왕조 특유의 서민적 생활 풍취를 느낄 수 있는 각종 생활용품이 제작되었다.

h1-1 이조中期,백자大壺,,淺川伯敎,
陶器全集17,李朝,平凡社,1966

h1-2 靑釉白磁鉢,16C,h12cm,w22cm,
현존사례적은白胎靑磁,해강도자미술관,1990

h1-3 백자素紋鉢,15세기, h10.7cm,
w18.5cm, 해강도자미술관 ,1990

【 청화 백자(靑畵白磁) 】

조선백자는 문양 안료 색에따라 청화 백자, 철화 백자, 진사 백자로 구분된다. 때로 철화와 청화를 같이 사용한 것과 철화, 청화, 진사, 세가지 안료를 같이 사용하여 문양을 표현 한 것(h2-1)도 있다.

h2-1 청화백자양각진사철채난국초충문병,
18세기초,보물241호,간송미술관

h2-2 청화백자산수문각병,
18C전반,홍두영소장

h2-3 백자청화목단문합,19세기분원특징담
청색맑은백색,h19cm,해강도자미술관

청화백자는 소지의 색이 흰 백토로 빚어 초벌 후에 코발트로 문양을 그린 다음 투명유로 입혀서 소성한 것으로 (투명유를 입힌 후에 코발트로 그리기도 한다) 맑은 푸른 색의 문양으로 발색하는 것을 말한다.

우리나라에서 청화백자를 처음 제작한 것은 조선 세조 시기이거나 조금 앞선 문종때 쯤으로 추정된다. 코발트는 당시 우리나라에서 채취하지 못하였으므로 페르시아 지방에서 아라비아 상인이 중국을 통해 들여 왔으므로 회청(回靑) 또는 회회청(回回靑)이라 불렀는데 귀한 만큼 그 사용을 제한했다.

초기 청화백자는 명대(明代) 청화백자 영향으로 그릇 전체에 여러가지 문양을 채우다가 회청의 사용 제한과 조선인의 생활 전통에 따라 점차 문양이 심플하게 그려졌다. 가장 세련된 청화 백자의 제작 시기는 18세기 전반으로 생각된다.(h2-2)

조선 시대 말 분원기 청화백자는 청(淸)나라 영향과 코발트 수입이 용이하여지자 조선후기 청화백자는 점차 회화적인 표현이 자유로워지고 조선적인 멋을 한껏 표현할 수 있게 되었다(h2-3).

h-2-4 양구백자박물관소장 청화백자 유물,조선후기, 전기(양구백자박물관 사진 제공)

산화동, 망간, 크롬등이 있는데 가장 안정적인 색을 내는 산화물이 코발트이다. 소성시 환원염, 산화염 관계없이 정해진 온도에서 예상대로 푸른 색을 내기 때문에 가격이 비싸도 많이 쓰여진다. 푸른색이 주는 청결, 순결한 이미지 때문에 식기류에 가장 많이 쓰이며 유럽 델프트. 파엔짜 등에선 중국 청화백자를 모방했던 예전의 모델이 계속 생산되기도 한다.

조선초기 청화백자 접시가 뉴욕 크리스티나 경매에서 세계도자 경매상 사상 최고가를 받아 화제를 일으켰는데 당시 똑같은 디자인의 중국 청화백자 접시 두 개가 있었는데 그들보다 훨씬 높게 호가된 이유는 중국 자기 보다 조선 자기 문양을 그린 솜씨가 훨씬 예술적 가치가 있다는 평가, 필자도 그 사진들을 보았는데 중국 자기 그림은 기계적이고 코발트색이 선명한 문양이었고 조선 자기는 약간 옅은 코발트 청색에 농담의 변화가 있었다. 코발트 안료가 귀했던 조선전기, 안료 사용에 얼마나 공을 들였을까 라는 생각과 당시 도자기위에 그림을 그리는 전문 화공(畵工)의 예술적 재능, 색상 농담차이와 무기교적인 자연스런 자유분방한 표현이 완벽한 만큼 권위적이고 정밀한 만큼 기계적인 중국 자기 보다 높은 평가를 받은 것 같다. 조선 자기 그림은 코발트 안료 하나로 옅은 청색이 주는 품위를, 아름다움을 표현할 수 있었던 우리 선조들에 경의를 표한다.

【 진사백자(辰砂白磁, h3~h3-4) 】

산화동(酸化銅)이 환원소성으로 붉은색(辰砂)을 내는 것으로 초벌기물 표면에 문자, 문양,, 점을 찍은다음 투명백자유를 입힌 것, 근세1392~1910, 500년간 단일왕조로 유교의 검소 질박을 숭상했던 조선시대 선비들이 과거를 거쳐 벼슬을 하거나 사림에 머물며 정치.교육의 근본 이념으로 유교적 소양과 함께 시(詩) 또는 부(賦)와 같은 예술적 소양을 갈고 다듬었는 데 그 영향은 조선시대 도자문화에도 여실하게 나타난다. 즉 주변국인 중국과 일본의 경우 『백자중심시대』에 화려한 유상채화, 색회자기(色繪磁器)가 개발, 성행하는데 조선시대는 훌 륭한 백자 제조기술이 있었음에도 화려한 색상의 도자 장식 사례가 없으나 유일하게 진사는 선비사회 문방구류에 귀하게 쓰였다(사진 h3-1~4).산화동에 의한 진사 발색은 환원소성시 유약 두께, 가마 여건에 따라 쉽게 휘발되어 원하는 붉은 색을 얻기가 어려웠기 때문에 진사 성공 사례는 특별한 존재로 진중시되었다 .

"玩物喪心"이라해서 값진 물건에 집착하면 평상심(平常心)"을 그르친다고 물욕을 경계했던 선비들도 좋은 문방구를 갖추고자했던 듯, 문방구류쪽에 붉은 색의 진사채 자기제 연적(h3-1~4)이 보배로 다루어져 제작, 사용되었음을 알 수 있다.

h3-1 辰砂雙鶴文水滴, 2002,일본민예관

h3-2 染付辰砂福字文合子, 2002,일본민예관

h3-3 청화백자辰砂山形연적, 이화여자대학교박물관

h3-4 백자청화진사채도형연적, 조선19C,호림박물관

【 철화백자(鐵畵白磁, 사진 참조) 】

백토로 성형, 초벌구이 위에 산화철의 안료로 문양을 그린 후 투명유약을 입혀 소성한 것으로 안료의 색은 철정색, 다갈색, 흑갈색 계통의 문양이 되는 것을 철화백자, 산화철은 흙속에 많이 함유, 자연에서 쉽게 구할 수 있고 소성후 발색도 가장 안정적으로 고대부터 착색제로 사용되어왔으나 붓으로 백자소지위에 그림을 그릴때는 흡수율이 높기 때문에 숙련도 요구, 청화백자만큼 인기가 없어 유물사례는 적다.

h4-1 이조중기, 鐵繪丸壺,淺川伯敎,陶器全集17, 李朝,平凡社,1966

h4-2 백자철채인물상,17C,명기(磁俑), h6.5~7.7cm, 海剛도자미술관,1990

h4-3 백자철화매죽문항아리, 16C, 서울국립중앙박물관

【 상감백자 】

우리나라에서 백자에 철분 안료로 문양을 나타낸 것은 고려 시대 부터로 12세기 중엽에 상감 기법이 세련되어 백자에 철분을 주 안료로 한 적토를 상감하여 문양을 나타내었고 조선 초기 다시 백자에 적토 상감하는 백자 흑상감이 조선적인 세련됨을 보여 15세기까지 존속한 것 같다. 그러나 백자 흑상감은 철분을 백토 슬립과 혼합한 검정슬립으로 상감하여 문양을 나타낸 것이고 철화백자는 순수하게 산화철 안료로 태토 표면이나 유약위에 직접 문양을 그리는 것이므로 같은 철분을 안료로 하였지만 표현기법과 결과가 차이가 있다.

h5-1 백자상감초화문편병, 1466, 국보172호,호암미술관,1982

h5-2 백자상감연당초문대접,15세기, h8cm,해강도자미술관 1990

h5-3 백자투조운룡문필통19세기, h12.2cm,wo.ocm,해강도자미술관 1990

・조선후기 백자그릇

h-6. 백자술병,
낙안읍성 자료관

h-7 백자술병,
강릉선교장,주기2016

h-8 사발접시류
낙안읍성 자료관

h-9 사발접시류,
강릉선교장

・현대 백자

h-10 어문백자주병,
원대정(전홍익대교수),1995

h-11 白磁黑葉紋鉢
사진출처;1992황종구도예작품집

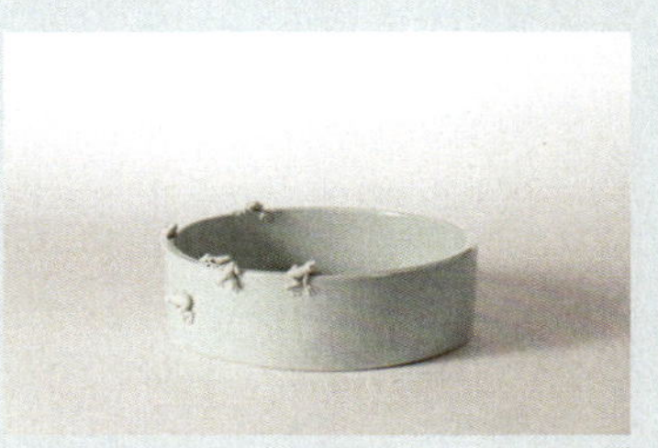

h-12 양구백자박물관장(정두섭)작,
양구백토,,2020

h-13 양구백자박물관,양구백토 제토시설, 등요 등 2014.,7

(5) 제3의 재료, 파인세라믹스

요즘 주목받고 있는 파인세라믹스(뉴-세라믹스)는 천연의 원료(점토, 규사등)를 단순하게 구워서 만든 것이 아니라 천연원료를 선택 정제한 알루미나, 지르코니아, 탄화규소, 질화(窒化)규소 등의 재료를 고온에서 소결 성형한 것으로 내화성이나 경도 등에서 다른 소재보다 우수한 특성을 갖고 있어서 금속, 프라스틱과 더불어 "제3의 재료"로써 신소재들 중에 주목받고 있다. 파인세라믹스에는 앞서 예를 들었듯이 반도체 기판(基板)으로 쓰여지는 알루미나, 온도 센서에 쓰여지는 지르코니아 등과 같이 고순도 산화물계와, 질화규소나 탄화물계가 종래의 세라믹스의 특성이었던 취약(脆弱)함을 극복했다는 점에서 최근 들어 비산화물계에 이목이 집중되고 있다.

❖ 전자재료, 기계공구분야 쎄라믹

세라믹스는 그 특성에 따라 여러가지로 분류된다. 전자재료나 기계공구등에 상당부분 쓰여지고 있다. 예를 들어 알루미나나 지르코니아를 사용하여 가위나 칼(표4 참조)등을 만들기도 하고 최근에는 볼펜의 볼(ball)부분에 세라믹스를 사용하여 내구성과 쓰기 쉬운 기능을 적용한 것도 있고 공기나 물을 정화시키는 여과재료, 각종 가전제품에 조립되어 있는 히터나 쎈서 등이 있다.

❖ 자동차 엔진, 발전용 가스터빈, 원자로 등 고온재료 응용분야

이처럼 파인세라믹스는 신소재 중에서도 대단히 널리 응용되고 있고 특별히 사용되는 분야로서 자동차 엔진이나 발전용 가스터빈 등의 고온에 견뎌낼 수 있는 소재 부품이다. 엔진, 가스터빈 등은 고온에서 가동 될수록 열효율이 좋아지는데 금속재료의 경우 1천℃ 정도가 한계인데 세라믹스를 사용하면 2천℃ 정도 고온까지도 견디어 낸다. 또한 가볍기 때문에 결과적으로 구동 및 회전 효율이 좋아진다. 그 외에도 내열 고온재료로써 원자로, MHD발전기용 절연재 등 극한환경을 견디는 여러 분야에 응용(표4)되고 있는데 이처럼 세라믹 소재 범위가 광범위해지고 있음을 알 수 있다.

❖ 화학 산업과 세라믹

화학 산업과 세라믹과 관련하여서는 역사적으로 이미 13세기부터 황산과 질산 제조, 그리고 모든 소성과 용융 과정에서 점토 용기가 사용되었다. 세라믹 용기와 장비 없이는 18세기 말 화학 산업의 발전은 불가능했을 것이다. 당시 대부분의 장비와 기기는 석기(stoneware) 또는 자기(porcelain)로 만들어졌는데, 세라믹은 온도 변화에 강하고, 화학 물질에 내성이 있으며, 기계적 강도가 높다는 장점을 갖고 있기 때문이었다.

화학 산업에서의 세라믹응용은 19세기말, 독일에서 화학 산업이 본격적으로 성장하기 시작하면서이고, 하이테크 세라믹 분야의 최초의 기업들은 약 1900년경 설립되었으며, 예를 들면 Hermosdorf-Schomburg GmbH (Hescho) 같은 회사들은 경질 자기(Hartporzellan)로 만든 장비 부품과 전체 플랜트 시스템을 화학 산업을 위해 제조하였다.

❖ 반도체, 의료용제품, 장치부품의 마모방지용 세라믹

분쇄기, 촉매제, 그리고 장치 부품용 세라믹들이 등장하여 1950년 이후, 화학 산업에서 플라스틱과 금속 복합재를 대체하기 시작했다. 이후 계속하여 현대 세라믹 소재(예: 산화알루미늄, 탄화규소 등)의 소재 기술이 발전하면서 오늘날 세라믹은 주로 마모 방지용으로 널리 사용되는데, 예를 들어 파이프 내부의 라이닝(내부 코팅), 실험실 기기, 밸브 구성품 등에 적용되고 있다. 또 다른 용도로서 세라믹 촉매제가 있고, 이들은 실험실 및 산업 분야의 다양한 가스 및 수질 정화 작업에서 세라믹 섬유 필터와 함께 사용된다. (사진 h-14, 로젠탈미술관)

파인세라믹스는 원료의 조합과 더불어 고순도 및 초미분(超微粉)과 소결 기술의 혁신에 의해 생긴 소재이다. 우수한 전기적(電氣的) 특성, 자기적(磁氣的) 특성을 갖고 고열에 견디며 단단하고 강하고 녹슬지 않는다. 이러한 특성을 갖는 뉴세라믹스는 이후로도 넓은 생활 분야에서 활약하게 될 것이다.

우리나라에선 공공기관인 한국세라믹기술원(www.kicet.re.kr)을 중심으로 한국재료연구원, 한국과학기술연구원, 한국에너지기술연구원, 한국원자력연구원 등에서 이 분야의 학술연구 용역 및 연구개발을 하고 있다.(이상 내용, KOCERA 김형태박사 자문)

<표4.kyocera 파인세라믹 제품>
(http://www.kyocera.co.jp/prdct/index_business.html)

스마트폰	태양전지발전시스템	부엌 나이프	의료용 제품	반도체부품

h-14 로젠탈박물관, 셀브 식기공장 폐업, 그 곳에 로젠탈미술관과 파인쎄라믹자료관설립

규슈지역에 이식된 조선조 자기기술, 일본 경제대국 기반

제2장
조선조 자기 제작 기술, 일본 경제대국 기반

1. 자기발생 이전 일본의 토. 도기시대

• 조몽토기(繩文土器, BC3000 ~2000)

일본 최초의 도자 역사는 조몽시대부터 시작하며 조몽시대 토기는 고고학 상으로는 복잡하게 분류되지만 대개 전기(前期)는 뾰족밑 형태의 토기시대이고 후기는 바닥이 편평한 안정된 형태로 된다. 뾰족밑 토기는 점토의 코일을 나선상으로 쌓아올려 만든 것이고 평편한 것은 점토대(코일)를 둥글게 차례차례 쌓아 올린 것(輪積法)으로 이러한 토기제작방법은 고대 문화어서 거의 공통된 것, 점토에는 섬유질의 꼰 실이나 작은 돌들을 섞어 강화시켰다.

표면장식으로는 조개껍질의 모서리를 눌러 문양을 내거나 (押文) 실을 나무막대기 등에 감아 그것을 굴려서 문양(繩文)을 만들었다. 특징적인 것은 점토를 붙이는 장식이 성행했던 점이다. 현재 일본에서는 규슈(九州)의 사세보(佐世保)시에서 발굴된 토기가 가장 오래된 것이라고 하며 이것은 일 만년전 세계 최고(最古)이기도 하다.(사진i-1) 조몽토기의 입체적, 운동감 있는 조형적 장식은 세계적으로 특이하다고 일컬어지며 그 뒤의 일본도자와의 연결관계를 볼 때 그 역사적 의미가 크다 할수있다.

i-1 토기손 발,조몽중기,
아이치현드자자료관

i-2 하니와,고분시대,
현대도예와원시토기

i-3 하지키호(土師器壺),
고분시대前期4c,
愛知縣陶磁資料館

i-4 스에키(須惠器,裝飾臺付壺,
고분시대후기6c,
愛知縣陶磁資料館

• 야요이식토기(弥生式土器, BC3000~ 5000)

조몽토기 다음은 야요이식 토기문화시대이다. 이때부터 일본인은 정착생활을 시작하여 금속기를 사용하고 논농사를 시작한다. 현대 일본인 생활의 원형이 시작된다. 이 시대 도자는 그 용도가 확실하게 분류되는데 인간 생활에서 여러 가지 역할과 요구에 따라 형태와 기능이 서로 대응되기 시작했기 때문이다. 성형은 손으로 윤적식(輪積法)으로 성형했고 표면을 두들기거나 헤라로 깎아내고 문양을 파거나 빗살무늬도 그렸다. 과잉 장식의 조몽토기에 비하여 야요이식 토기는 오히려 간소하고 대칭으로 기형을 정확하게 만들었다. 이 시대는 아직 회전대 정도의 물레이고 가마는 원통형의 가마나 노천에 쌓아 올린 기물위에 연료로 덮어 불을 피워 소성했다.

한편 고분시대에는 고대 토기인 하지기(土師器, i-3)가 등장하여 제사 중심의 전통 세계에 쓰였다. 고분의 앞에 놓였던 하니와(埴輪 사진 i-2)나 제사용 토기는 손으로 빚은 야요이적 전통을 갖는다.

• 신라 기술 전해진 스에끼(須惠器, 고분시대 AD3c~ 8c)

우리나라 옹기 일종인 스에끼(사진i-4)[61] 가 일본에 전해진 것은 3세기에서 5세기경이라 한다. 동시에 물레성형과 고온 소성을 위한 가마인 등요(登窯,일본명:노보리가마)가 전해졌다. 스에끼는 이전의 노천소성 토기와 전혀 다른 혁신적인 것으로 여기에서부터 일본의 본격적인 도자 역사가 시작된다고 할 수 있다.

스에끼 문화를 가져온 일본에 귀화한 신라 공인(工人)들은 도자 기술 중 중요한 기술을 갖고 있었는데 그것은 물레의 사용이었다. 이로 인하여 일본의 도자기술은 크게 변화하여 스에끼 기형은 다종다양하여졌다. 그것은 생활 깊은 곳에까지 도자기가 쓰여졌던 증거로써 편리하고 대량으로 생산된 스에끼가 일상생활에 쓰던 기물이 되었다.

한편, 새로운 종교인 불교가 대륙을 통해 전래되자 고분문화가 쇠퇴되는 가운데 생산 계급인 토사(土師)가 궁정을 중심으로 하는 공적인 제사의 세계로부터 몰락해갔다. 그리고 토기(야요이 전통)는 민간의 사적인 잡기로써 쓰여지게 된다.

필자가 1984년도 일본 유학시 각 지역미술관, 지역자료관, 전통공예 공방 등을 견학, 탐방수업 당시 일본 시골 작은 마을 어디를 가도 지역자료관, 향토관 등에서 볼 수 있었던 것이 바로 이 스에끼와 하지키였다. 일본은 16c말 임란후 규슈지역에 우리나라 자기(磁器) 기술이 전해지기 이전까지 이 하지키(도기). 스에키(석기) 기술만 지속, 아직도 전통 기술로 제품을 생산하는 일본 육고요(6古窯: 일본 전통 도자산지 6곳, 사진 i-6,7,8) 대부분이 바로 이 스에키 기술의 전통이라는 점은 특기할 만한 일이다.

---

61) 사진출처: 세계도자문명전,동양, 세계도자기엑스포2001경기도

• 삼채도(三彩陶)의 창시(아스까시대 ~나라시대, 7c후반~8c)

일본에서 인공적인 유약이 입혀진 도기가 만들어진 것은 아스까(飛鳥)시대의 7세기 후반이라고 추측된다.그중에서 녹유도기가 최초로써 고분에서 출토된 녹유관, 녹유도 파편에 의하면 연(鉛)을 매용제로 800-900도의 화도에 동을 첨가하여 녹색을 낸것이다. 연유는 이미 중국에서 BC 5세기 발명되고 한국에서는 AD 1-2세기에 생산되어 전달된 것이다.

그다음은 나라(奈良)시대에 들어서면 삼채도기가 등장한다. 1912년 신귀(神龜) 6년(729)명의 묘지가 있는 분묘가 발굴되어 삼채호의 파편이 출토되었다. 이들은 당삼채의 영향을 받아 녹유, 갈유, 백유의 3가지 유약을 입힌 것으로 일본에선 나라삼채도(奈良三彩陶,사진 i-5)라고 불리운다. 이처럼 일본 도자의 본격적인 시유도의 궤적을 남긴 나라삼채는 쇼소인(正倉院)에 있는 작품이외에도 후꾸시마현으로부터 후꾸오까현까지 13현에서 출토되고 있어 나라시대 중앙문화의 지방파급을 알 수 있는 자료로 인정된다.

• 중국 도자 수입과 청자 모방- 회유도(灰釉陶)

불교문화와 함께 들어온 당삼채는 연(鉛)을 매용재로 저온도에서 녹는 유약을 이용한 것인데 곧 일본에서도 모방되어 녹유로 장식한 기와 ,삼채유로 장식한 기물, 나라삼채라 불리는 이러한 것들은 나라시대에서 헤이안시대까지 각지에서 많이 만들어졌다. 같은 시기에 중국의 월주 청자기법이 일본에 수입, 규슈 후꾸오까에서 최근 많은 월주청자파편이 발견되고 있는 것이 그를 증명한다. 그러나 귀족들의 생활면에서 중심이 된 것은 칠기나 금속기였다.

수입된 청자를 모방하여 스에끼 기술도 상승했다. 아이찌껜(愛知縣)의 사나게요(猿投窯)남서쪽 고요지(古窯地)에서 대량으로 출토된 도편은 헤이안시대 9세기 중반에 회유도기(灰釉陶器)가 만들어졌던 것을 증명한다. 인공적인 회유(灰釉)를 사용하고 세밀하게 조각해 넣은 문양이나 기형 등은 거의 대부분 중국의 청자를 모방한 것이며 그 용도는 제기(祭器), 불기(佛器)이다. 이것은 유약이 입혀진 광택 있는 진보된 스에끼로써(시유도기의 초기적 존재) 서민용이 아니라 대부분 궁정 귀족용으로 서민은 토기류를 사용하였다.

i-5 나라삼채

i-6 시가라키

i-7 도코나메((常滑), 陶磁大系,7,1975,平凡社

i-8 비젠(備前), 陶磁大系, 10,1975,平凡社

・세도(瀬戸)- 회유(灰釉)의 사용 (鎌倉시대~ 室町시대,12c~14c)

가마꾸라(鎌倉)시대 중기,13세기 말경부터는 세도지역에서 본격적인 시유도기가 생산되기 시작했다. 아이찌껜의 세도(瀬戸)지역을 중심으로 도자기술에 커다란 변혁이 있었다 중국 송대(宋代)에 해당하는 이시기에 유명한 도지로(藤四郎)의 전설이 있다. 일본도조(陶祖)라 불리는 가또시로우에몽(加藤四郎左衛門) 게이세이(景正)는 선승인 도원을 따라 중국 절강성의 천룡산, 경산(徑山)에서 도자의 새로운 기술을 배워 귀국 했는데 세도에서 양질의 도토를 발견하고 도기를 굽기 시작했다는 전설, 확실한 사료는 없지만 중국도자를 하나의 이상 모델로 주목하고 추구했던 것이 이 상징적 인물을 만들어 내었을 것으로 추측된다.

무로마찌(室町)시대 후반인 15세기말에 다인(茶人) 무라다슈코우(村田珠光)의 출현으로 다도(茶道)문화가 확립, 유행함에 따라 찻그릇이 많이 만들어지게 되어 일본 전국에 유통된다. 다기 생산이 활발해짐에 따라 16세기후반 세도.미노지역에서 세도구로(瀬戸黒), 기세도(黄瀬戸), 시노(志野)등의 고급시유도기가 등장하고 그후 조금 늦게 오리베(織部)가 만들어졌다. (사진i-9~11.)

이 시대 가장 오래된 유약은 기세도(黄瀬戸 i-9)이다. 그렇지만 기술적으로 말하면 그것은 청자의 실패작으로 중국 청자를 이상으로 추구했던 도공은 이 실패과정에서 기세도를 만들어 내었다. 세도지역은 원료토와 연료도 풍부했다. 재유를 입혀 고온에서 단단하게 구워진 세도의 그릇은 제기(祭器), 불기(佛器), 다완(茶碗), 발(鉢) 등을 굽고 금속기, 칠기의 일용품 분야로 진출했다. 세도와 함께 도코나메 ,시가라키, 담바, 비젠, 에치젠 등도 당대의 중심도자 산지였다. 그렇지만 세도 이외의 다른 지역에서는 아직 인공유약이 사용되지 않은채 스에키전통을 계속 하는데 그쳤다.(i-8)

세도는 일본 제일의 도자생산지역으로 '세도모노(瀬戸物)'란 '도자그릇, 식기'를 뜻할 만큼 도자식기 대량 생산, 일본 각지에 보급했었다. 그러나 최근 세도에 가면 한산한 분위기이다. 더 이상 도자 식기를 대량생산, 소비 할 수 없어졌기 때문이다. 최근 동향은 후술하는 세도시 전체를 문화원화 하겠다는 정책으로 산책로 등 관광지화 되고 있다.

i-9 기세도(黄瀬戸),14세기, 일본가장오래된 회유도기,

i-10 세도(瀬戸),陶磁大系, 11,1975, 平凡社

i-11 織部松皮菱形手鉢, 北村美術館,16c

i-12 古清水,色繪秋草文德利 岩倉 印, 陶磁大系 26

2. 일본 차문화와 도자기전쟁

文祿.慶長役(1592~1598, 조선 임진왜란, 정유재란),豊臣秀吉(도요토미 히데요시)의 조선정벌 목적이 무엇이었는지 확실치 않지만 도예사가들 의견은 당시 일본에 유행한 와비다도(侘び茶)에 唐物(당나라, 중국제품), 高麗茶碗(고려, 조선제품)이 대단히 진중시되고 일본에는 좋은 도자기가 없었기 때문에 수많은 조선도공들을 납치, 규슈 각 영주들 영지에서 새로운 요업, 조선도자기를 제작, 크게 요업이 성행했다. 일본에선 이 전쟁을 『도자기전쟁』이라고 부른다.

무로과치(室町)시대 이후부터 일본 무사사회에 유행한 와비 차의식, 차문화 덕분에 임진.정유란에 끌려간 조선도공들은 융숭한 대접을 받으며 규슈 각 번에서 번주(藩主)의 요구에 따라 경쟁적으로 차별화된 찻그릇을 만들어 가라쯔(唐津)를 중심으로 조선조 전통적인 분청사기 기법(일본에서는 미시마: 三島,k-9,10,11)외에도 사쓰마(k-21,22,23) 도자처럼 화려한 중국풍의 도자 등 다양한 도자 기법이 제작, 생산되었다. 일본의 차문화는 조선 도자를 이식하고, 그 토대로 일본 각지에 다양한 도자 문화를 발전시켜, "근대세계도자왕국"으로, 일본 경제대국의 기틀을 이루었다고 할 수 있다.

• 세계 경제대국 기반이 된 일본 도자 문화

일본의 도자 발전은 13세기부터 중국과 조선에서 전래된 불교(禪宗)에 깊이 영향받은 와비(侘び) 다도(茶道)와 16세기말 조선 도공들의 기술적 기여와 깊은 관련이 있다. "일본의 유명한 제도지(製陶地), 록고요(六古窯)"인 常滑(도코나메, i-7), 信樂(시가라키, i-6), 丹波(단바), 備前(비젠, i-8), 越前(에치젠), 瀬戸(세도) 생산품은 "석기(stoneware)"로 분류, 이들 가마(窯)에서는 유약을 입히지 않은 소결(燒締)[62]된 항아리, 접시, 다완 등이 구워지고 있다. 원래는 물독,곡물, 종자의 보존용 항아리였으나 모모야마 시대(桃山:도요토미히데요시 집정기 문화) 이후 도자 감상(鑑賞,見立て)[63]이 주류를 이루는 차 문화 발달과 함께 가마속에서 우연히 발생하는 요변(窯變)과 연료인 소나무의 재(灰)가 기물에 앉아 고온에서 녹아 생기는 자연스런 문양의 꽃꽂이용 화기, 다완 등의 차 도구(茶道具)가 제작. 성행한다.

15세기말 다인 무라다슈코(村田珠光) 출현으로 와비(侘び)차 다도문화가 확립, 유행함에 따라 도자세계도 찻그릇이 많이 만들어지게 되고 16세기말 와비차 세계에서 중국다완을 제치고 이완되어온 고려다완(高麗茶碗,일본에 수입된 고려시대말기부터 이조시대 걸쳐서 제

---

62) 燒締め:,유약을 입히지않고 철분이 많은 소지토(태토)채로 혈요(穴窯)나 등요(登窯)에서 소성한 것을 지칭,연료의 나무재가 녹아붙은 것은 자연회유(自然灰釉)로 구별된다

63) 조선 막사발이 이도(井戸)차완으로 변신, 일본 와비(侘び)차 미학(美學)의 정점에 놓인 이유, 일본 최고 다인의 안목,원래 용도와 다른 말차(抹茶)용 다기로 이용, 다도 미의식과 見立て참조(出川直樹)

작된 다기)의 존재, 일본 다인들의 미의식, 일본 다도만의 특질로 이루어진 다기, 그것은 조선의 막사발(일본에선 高麗茶碗으로 분류, 특별히 주문 제작된 것이라고 주장하는 설도 있다)이 일본 최고다기, 이도(井戶)다완으로 격상, 현대까지 와비(侘び) 다기(茶器)계 특별한 존재, 최고 다완[64]으로 진중시 된다.

• 일본 국보 고려다완(高麗茶碗), 이도다완(井戶茶碗)

『고려다완, 고려에서 구워진 도자기가 오랜세월에 걸쳐 이민족(異民族)의 마음속에 이토록 깊이 파고들어 친숙하게 사랑받은 예는 없을 것, 조선반도 산야를 접하면 고려다완이란 역시 이 풍토가 아니면 태어날 수 없는 것임을, 같은 조선인의 손으로 만들어진 가라츠(唐津, 규슈 귀화도공 도자)등과 비교하며 확실히 느끼게 된다. 꾸밈없는 소박함, 무위(無爲)속에 있는 무언의 강인함, 게다가 어딘가 감도는 쓸쓸함, 그것은 조선반도의 풍토 그 자체라고 할 수 있다. 16세기말, 무로마치 시대 후기 이래 차의 세계에서 사랑받아온 고려다완은 적어도 그것을 만든 조선 사람들보다 그 다완을 사용하며 작품의 미를 깊이 탐구하고 더욱 높이 평가한 것은 사실일 것, 고려다완 이전에 중국대륙에서 송시대 덴모꾸(天目), 청자 등 가라모노(唐物,중국제품) 다완이 전래, 완상되고 있었으나 소박함을 좋아하는 와비다도(侘び茶道)가 시작되자 중국제품 대신 고려다완이 크게 완상(玩賞)되었다는 점은 일본인 미의식의 특성이다』[65]는 林屋晴三 표현처럼 고려다완, 이도다완 등 일본의 국보가 우리민족이 만든 그릇인지, 우리는 잘 알지 못한다, 그런데 일본에선 국보, 중요문화재 이도다완 존재에 대한 논쟁이 뜨겁다. 柳宗悅의 '조선에서 대량생산된 무가치한 잡기일 뿐이다",반대입장에선 " 4백여년간 수만명의 심미안(다인)으로 선택된 조선에서 만들어진 세계 유일 무이한 천하명물, 美의 최고봉, 전설적인 찻잔"[66] 등 등 본고장인 한국에선 무관심 내지 이해불가인 이도다완(井戶茶碗)[67]의 존재는 일본 다도 세계뿐만 아니라 세계 미술 역사학적으로 대단히 유명하다.

일본에서 고라이다완(高麗茶碗, i-13~ i13-3)이라고 불리는 그릇들은 대부분 미시마(三島)

---

64) 기자에몬 이도다완(喜左衛門 井戶茶碗)은 일본 고라이다완 중 유일하게 국보가 된 찻그릇, 제작자명은 물론, 장소, 목적등 미상, 慶長시대 오사카 상인 키자에몬 소유 연유로 붙여진 명칭, 후에 그가 몰락했어도 몸에 지니고 있을 만큼 매력있는 그릇인데 그 다기 소유자에게는 종기의 저주가 있다고 전해지며 여러 소유자를 거쳐 1780년경 "천하명물"이라고 구입한 마츠다이라 후마이도 종기를 앓게 되었는데도 아깝다고 내놓지않았고 후마이 사후에도 아들이 종기를 앓게되자 1822년 大德寺孤蓬庵에 기증, 특별전 통해 일반공개, 필자도 교토국립박물관에서 엄청난 인파에 줄서서 관람, 여러 전설때문인지, 그 특별한 존재가 조선 막사발이라는 이유때문인지 감동받았던 기억이 있다.

65) 林屋晴三,陶磁大系 第32券高麗茶碗,1979, 平凡社

66) https://note.com/nakaderagama/n/n240269d99d65 , 柳宗悅 이도다완에대한 "民藝이론"반박글

67) 이도다완은 특히 형태가 큰 大井戶(i-13)는 최고로 인정, 철분함유한 태토에 백색 화장토로 분장 또는 귀얄처리 한 것으로, 굽이 검고, 굽받침이 대나무마디 모양이며, 카이라기(유약이 벗겨진 부분)가 있는 것이 조건,(쇼와60년 이시카와현문화재 발췌)

기법[68], 　그중에서 와비다기로써 국보인 기자에몬 이도다완(大井戶 銘喜左衛門, i-13)은 2017년 교토국립박물관 "국보전"에서 다도 문외한인 필자보기에도 특별했다. 같은 분장기법의 도기들 중 와비다기로써 진중시된 이유, 조선 민요(民窯,경상도 김해,고령등에서 비슷한 파편 발견, 단정 어렵고 북쪽이라는 설 등 인정된 정설은 없고 窯地는 미궁) 도공이 만든 그릇 중 선별, 철학적 의미를 만들어 낸 일본인의 예리한 미의식, 그들에 의해 높은 평가 받는 우리 민족 도자, 그들 기록을 통해 우리도자를 알게 되는 현실은 우울하지만 흥미롭기도 하다.

i-13 大井戶 銘喜左衛門,16c,
일본 극보 大德寺孤蓬庵

i13-1 靑井戶 銘紫田,16c,
根津美術館

i13-2 彫三島 16~17c 畠山記念館

일본의 다도는 일본후기(815년 기록)에 당(唐)유학승이 차 종자, 재배시작, 말차(抹茶)는 에이사이(榮西, 禪宗승려)가 송(宋)유학 귀국시 가져온 종자를 재배, 당시엔 선승(禪僧)졸음 방지 등 약으로 사용(방법 등 서적 남김)했는데, 15세기 무로마치 시대 중기에 확실한 미의식을 가지고 다도가 시작, 일정한 작법으로 주인과 손님이 공감하면서 차를 마시는 교양으로서 16세기 후반 다성(茶聖) '센노리큐'에 의해 완성되었다. 예의 바르고 섬세한 미의식을 지닌 일본인들에게 차는 예(禮)가 되고 미학이 되어 마침내 심미적 종교 '도(道)'가 된다. 일본의 다도는 '화경청적(和敬淸寂)[69]으로 표현된다.

일본에선 차와 향의 발달로 차도(茶陶)라는 새로운 장르 도자 출현과 함께 세도(瀨戶,i-10), 오리베(織部, i-11), 고교도자(古京燒 i-12) 등 도자색채에 변화, 16세기 납치된 귀화조선도공들의 규슈지역 조선계 요업 발달과 함께 일본은 제2차 세계대전 패전 이후 세계도자기 수출 제1우로 일본경제대국의 자리를 굳힐 수 있는 기반을 다졌다고 할 만큼 19세기까지 도자기 대량생산과 수출에 의한 국가 경제력이 높아져 일본 도자산업의 사회적 역할은 지대했다.

---

68) 일본에서 미시마(三島)로 불리는 도기는 고려말기 상감청자를 기반으로 생긴 조선초기15,6세기에 만들어진 것을 정설(田中豊太郎, 陶磁大系 第30卷 三島,1979), 우리나라에선 분청사기에 속하는 도기류
69) 주인과 손님이 서로의 마음을 온화하게 하고 겸손하게 존경하며 다실의 비품이나 다회의 분위기를 청정하게 하는 것

• 일본 차 문화, 센노리큐(千利休)와 라쿠도자(樂茶碗)

12세기 중국선종사찰에서 공부하고 돌아온 승려들에의해 가루차(抹茶)음용이 일본에 처음 전해졌고 승려들에게 차는 선(禪)을 전파하는 도구였지만 부유층에는 성대한 중국식 다회(茶會)를 벌이는 구실이 되었다. 이러한 요란한 연회에는 도박, 대중목욕, 대량의 술과 고기, 그리고 중국에서 수입한 값비싼 차도구의 과시가 섞여있었다.

15세기말, 선승 무라타주고(村田珠光,1422~1503)는 차와 그 의례, 차음용을 "일상의 모든 행위가 깨달음으로 이어질 수 있다"는 선(禪)의 맥락에서 수입된 과도한 중국 도구들을 배제하고 일본 다구의 투박함과 불완전함 속에 아름다움과 빛나는 가치를 보았다. 그의 사상은 상인계층 다인(茶人)들에 의해 이어졌고 그들의 세속적 철학을 발전시켜 "차도(茶道)"라고 불렀다. 이들 가운데 일본 최초의 다성(茶聖) 다케노 조오(武野紹鷗,1502~1555)가 등장하여 차의식인"차노유(茶の湯, 문자그대로는 뜨거운 물에 차를 우려내기)"를 도입했다. 이는 소박함과 일상의 찬미였다 그러나 그의 제자 센노리큐(千利休,1522~1591)가 의식을 정리하고 4가지 원칙- 화(和), 경(敬),청(淸), 적(寂)-을 확립했다. 리큐는 차노유가 겸손과 검소함을 드러내기위해 보통재료로 지은 별도의 다실(i-18, 겸손예로 몸을 굽혀 들어가야하는 니지리구치 등)에서 행해져야 한다고 했다. 전용의 작은 다실은 비록 규모가 작지만 극도의 장인정신과 세밀한 주의를 기울여 지어졌기 때문에 오히려 건축비가 많이 들었다. 이러한 전용 다실은 차의식의 미학적성격을 가장 잘 표현 한 것으로 "와비(侘び)"라 불렸다. 와비를 직역하면 "소박함"이지만 와비는 다인의 행동, 다구의 선택, 담론의 수준을 통해 고요하고 사색적인 절제와 겸허의 마음 상태에 도달하려는 복합적인 정신세계를 뜻한다. 리큐의 가르침은 일본 모모야마시대 인문학의 눈부신 발전에 크게 기여했다.

일본을 세계 도자 왕국으로 만들게 된 주요 요인 중 하나는 불교와 차(茶)문화이다. 일본인의 정신 생활에 커다란 영향을 미치고 세계적으로 유명한 일본 차 의식(茶の湯)을 형성시킨 역사적 인물 센노리큐의 심미적 영향력, 그는 일본에서 위대한 인물로 숭배된다. 그는 차 의식뿐 아니라 차 의식을 위한 공간. 즉 다실(茶室)과 관련된 건축, 정원, 도자, 물 끓이는 솥 등 모든 도구

하나하나 정비, 그의 후손들이 현재도 센계(千系: 오모데센계,우라센계,무샤코지센케)[70]로서 전통을 이어가고 있으며, 차 문화, 차도자계의 지도적 역할을 한다. 이러한 다인들이 도자 발전에 지대한 영향력이 있음은 말할 나위도 없다. 그러나 한편, 왜곡된 도자문화형성이란 비판도 받는다. 전쟁이 끊이질 않던 무인시대 찻그릇 ,다기(茶器) 한 개와 일국(一國), 일성(一城)을 바꾸던 시대처럼 요즘도 다기 한 개에 수억을 헤아리는 가격이 형성되기도 하는 일본만의 특별한 차문화 세계가 존속되고 있기 때문이다.

500년 전의 일본은 우리나라 도자기를 세계에서 가장 가치 있는 『찻그릇 아이템 신화』로 창조한 다인 센노리큐(千利休)가 도요도미히데요시(豊臣秀吉)의 차 스승을 하면서 정책에도 관여, 와비(侘び) 차 다기로써 조선 도자 최고 가치를 설명, 임진왜란을 일으켰다는 속설[71]이 있다.

리큐는 몸과 마음마저 얼어붙을 듯한 메마른 세상 속에 숨어있는 무위무정(無爲無情)속에서 정신의 심오함을 탐구하려는 혁신적인 미의식, 세속적인 상식세계가 극락을 추구하는 미의식과 반대로 자신의 정신 속에 '무(無)'의 경지를 구축하려는 노력, 확고한 와비(侘び) 다도의 철학은 그러나 중국의 화려한 도자기를 좋아하고 금으로 된 다실(茶室)을 지었던 취향이 다른 최고 권력자 도요토미 히데요시(豊臣秀吉)에게 폭군을 독살하려했다는 소문을 핑계로 할복을 강요받고 마지막 다례 집전후 비극적 생을 마감, 그 이야기는 <리큐(利休)> 영화화(i-18)되었다 그러나 5백년 전 그의 미의식, 다도정신은 현대일본 문화에 계속 전승되고 있다.

히로마(廣間, 4畳半이상

고마(小間,1畳半~2畳)

I-14. 센노리큐는 스승 다케노쇼오(武野紹鷗)와비(侘び)차,히로마(廣間)의 다도를 계승해가면서 다실을 고마(小間)로 간소화
http://www.omotesenke.jp

70) 센노리큐우 손 宗旦의 3남(表千家,오모데), 4남(裏千家,우라), 2남(武者小路千家), 家元
71) 야마오까소하치저, 박재희역, 大望(도쿠가와이에야스), 동서문화사,2005

"다성(茶聖)"으로 불리는 센노리큐의 미의식, 미감은 세계적으로 유명한데 다실(茶室: 차의식을 행하기위한 단독적인 공간으로 차를 대접하는 주인과 대접받는 객의 움직임이 엄격하게 의식화 되어 있다)[72]을 중심으로 한 일본 정원 양식(Japanese Garden Style)의 기본 모델이 완성되었을 만큼 일본 문화의 위대한 스승으로 일컬어진다. "차를 통해 도(道)의 세계를 연다"는 차의식(茶儀式:TEA CEREMONY)은 센노리큐 지도하에 모모야마시대(桃山時代), 차를 즐기는 풍습이 크게 성행, 일본 전국 각 영주들이 모여 각 번에서 생산된 다기로 다회 경진대회가 행해지는 등, 전쟁이 끝난 일본 전국 무장들의 관심을 다회(茶會), 차 의식에 집중시켰다. 이는 전쟁없는 무사 세계를 지도, 조절하기 위한 정책적 문화 전략이며 차문화 관련한 후진적 일본 도자산업 발전을 위한 식산정책에 의한 것이었다.

일본에서 다인 센노리큐의 취향과 지도에 의해 창조된 독특한 "樂(라쿠)"[73] 도자의 역사는 16세기 후반에 시작하여 차의 중요성과 도기(陶器) 가치를 나타낸다. 장군 히데요시는 조선계 도공 죠지로(長次郎)가 만든 작품의 아름다움을 칭찬하여 "락(樂, 일본명: 라쿠)"의 인(印)을 부여했다. "라쿠"라는 말은 즐거움, 기쁨을 의미하며 일본 전통에 따라 도공이 된 죠지로의 자손들에게도 쓰여졌다. 현대에는 급열,급냉 소성방법으로 빠른 시간안에 소성결과를 볼 수 있다는 점에서 도자 축제 등에서 체험 제작 기물을 즉석에서 라쿠소성하여주는 사례도 있고 세계적으로 라쿠소성법이 파급되어 다기만이 아닌 조형성과 색채를 즐기는 작업 사례들을 볼 수 있으나 16세기 일본 도공과 다인 사이에 확립된 다도구(茶道具)는 도공의 개성과 작품의 특이성을 강조했지만 공통된 특징은 『불균형 미 탐구』,『표면은 소지의 자연스러움이 강조될 것』. 등, 4백년전 확립된 일본 와비(侘び)다도 미학, 속세의 무위무정(無爲無情)속에서 정신의 심오함을 탐구하려는 혁신적인 미의식, 자연과 일체감위한 적극적인 차도구 미학 창조, 놀랍다.

---

72) 일본다실은 크게 네공간으로 이루어진다. 한 쪽에 다구를 씻는 곳이 있고 초대된 손님이 다실에 들어가기전에 기다리는 공간과 노지라고 불리는 작은 길이 있다. 다실과 손님이 기다리는 곳을 연결시켜주는 통로이다. 그리고 허리를 굽히고 '니지리쿠치'라는 작은 문을 통해 몸을 움츠리고 고개를 낮추어 다실로 들어간다.

73) 일본 독자적인 연도질(軟陶質)도기, 라쿠야끼를 처음 제작한 사람은 당시 조선계 기와제조업자 죠지로(長次郎), 센노리큐 親子가 라쿠가 養子로, 현재 라쿠가문 명(樂吉左衛門) 쓰기 전까지 센노리큐의 본래 성인 다나카(田中)성을 썼다. 즉 현 라쿠가문은 리큐 후손(사실기록 의거), 라쿠소성의 특이점은 1586년 당시 중국, 조선에선 초벌소성없이 건조기물에 시유, 소성했는데 라쿠소성은 초벌구이한 기물에 시유, 가마에 넣고 저온 유약 녹을 때 가마 기물을 꺼내 톱밥 등에 넣어 환원시키면서 빨리 식히는 방법, 급냉시 환원에 의한 다양한 색상변화와 유약결과를 즉시 볼 수있다는 점에서 현대 대학이나 도예가들이 많이 사용하는 기법. 리큐의 기호와 지도를 받아 탄생한 초기 라쿠다완을 소에끼형차완(宗易形茶)이라고 불릴만큼 리큐가 좋아한 구로라쿠(黑樂)는 초벌기물위에 흑유를 바르고 말린후 다시 흑유 바르기 여러차례 반복, 갑발에 넣어 소성, 아카라쿠(赤樂)는 초벌기물위에 적유(赤釉)를 바르고 소성, 라쿠야키는 물레를 쓰지않고 오로지 손으로 다완형태를 빚고 비정형의 자연스런 형태를 위해 조각도로 다듬는다. 이 과정이 다인들 기호에 마출 수 있었기 때문에 최고 명다기 첫 번째로 라쿠다완이 꼽혔다(1 樂 ,2 萩, 3.唐津)

i-15. 長次郎 黑茶碗 銘東陽坊 16c末, 陶磁大系17,,
平凡社

i15-1 長次郎 赤茶碗 銘勾当 1586년경,,陶磁大系17,,
平凡社

赤樂茶碗 銘加賀光悅,
17c重文 個人藏

라쿠소성 유약 시유 준비

가마에서 꺼내 기물을
톱밥속에(환원)

세척 과정

i-16 라쿠소성
급냉(정유근강사)
쎄라의 보물탐험, 프로그램문화예술교육사와
함께하는 '예술교육이바뀐다'지원사업,
2015.7.14.~8.21
(한국문화예술교육진흥원, 수원대산학협력단)

ㆍ새로운 다도기(茶陶器) 탄생, 오리베(織部) 색회(色繪, 이로에)도기[74]

i-17 黑織部茶碗,

i17-1 織部垣草花文向付

i17-2 織部角蓋物

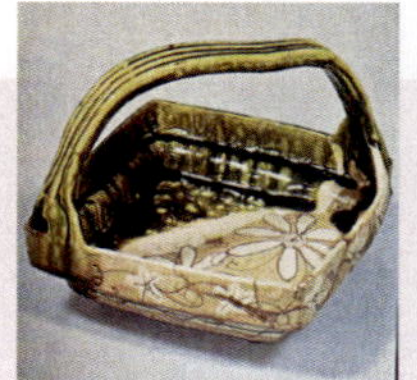

i17-3 織部草花文手鉢

『와비(侘び) 차를 완성시킨 샌노리큐는 초가암자(草庵)의 차(茶)를 이상으로 "靜", "茶禪一味, 無作爲의 作爲" "폐쇄적, 孤高"이러한 리큐의 기호는 소에키형다완(宗易形茶碗, 소에키는 센노리큐의 별칭)이라고도 불리는 쵸지로(長次郎) 라쿠(樂)다완에 잘 나타나 있다. 반면에 센노리큐 후계자인 후리다오리베(古田織部)는 리큐의 최고제자이지만 그 차풍(茶風)은 대조적으로 동적(動的)이고 자유롭고 개성적인 것을 추구, 특히 완벽하고 단정한 정형화된 미의식에서 벗어나 왜곡되거나 파격적인 형태(破調逸格)를 선호, 당시 오리베의 취향에 맞는 새로운 도기, 오리베다완(織部茶碗, i-17~i17-3)이 성행, 1699년 오리베다회(茶會) 기록에도 등장, .새로운 오리베 도기 중에 가라츠오리베(唐津織部)라 불리는 규슈 가라츠 도기와 비슷한 것이 있는데 가라츠쪽에도 오리베풍 파편이 많이 출토, 의외로 물리적인 거리가 상당히 먼 미노(美農, 나고야근교)와 가라츠(唐津, 규슈 후쿠오카근교)의 도자기술교류가 성행, 당시의 음차 유행으로 다도기(茶陶器) 수요 급증을 알 수 있다 』[75]

15, 6세기 일본 전국시대에 계속되는 동란이 일본 도자사에 큰 영향을 미쳤다.

차(茶), 향(香)의 발달로 하극상에 의한 권력의 전환, 가치전환이 무로마치(室町)시대에 왕조적인 미학에서 신흥계급의 차도(茶陶)라고 하는 새로운 장르의 도자기를 출현시킨다. 그것은 산화 금속물에 의하여 도자의 색채에 변화가 생긴 시노(志野), 오리베(織部) 등이다.(사진 i-11) 와비((侘び)다도를 완성시킨 지도적 최고 권력자였던 센노리큐(千利休,1522~91) 뒤를 이어 다도계에 군림한 후루다오리베(古田織部,1544~1615), 그의 개성 넘치는 새로운 풍류는 다기의 세계에도 반영, 모모야마시대 큰 특징, 특히 중세 이래 비젠, 시가라키, 이가, 단바 등 전통적인 도요지에서도 그 풍조가 민감하게 작용, 새로운 특색있는 다기를 제작, 각지에 새로운 요업이 생겼다. 교토에서는 센노리큐의 지도로 쵸지로의 라쿠다완이 흥하고 규슈에서도 가라츠를 시작으로 각지에서 조선의 요업기술에 기반한 도요지가 속출, 각 특색있

---

74) 사진출처: 藤岡了一, 陶磁大系 第12券 織部,1974,平凡社

75) 藤岡了一, 陶磁大系 第12券 織部,1974,平凡社

는 다도(茶陶)를 제작했다 그중에서도 이러한 다도의 유행 속에 각광을 받은 새로운 곳은 시노(志野)나 오리베(織部)[76]라 불린 도기(陶器)를 제작한 미노(美濃, 세도 가까운 곳) 요장들, 도공의 이주가 빈번하여 세도 가마는 미노에서 재건, 사회적(武人社會), 의식(儀式)적인 성격을 갖는 다도(茶道)가 확립되어 이전 도기 전통을 깨고 새로운 장르의 다기(茶器) 제작을 촉진시켰다.

다인(茶人)은 훌륭한 도공과 연결하여 도기제작에 그들의 이름을 붙이기도 했다. 예를 들면 "織部(오리베)" 도자는 다인(茶人) 古田織部(후리타오리베)의 이름에서 유래, 다인 고보리엔슈의 지도하에 만들어진 다기 이름은 "엔슈다까도리(遠州高取)"라고 한다.

일본전통 다실의 출입구,
니지르 구치(躙口)

純金茶道具臺子飾り、江戶時代
,德川美術館,茶の道具
(讀賣新聞社,1992)

草庵風茶室,五島美術館"松壽庵",
茶の道具(讀賣新聞社,1992)

.교토,금각사 초암 풍
다실,2005.8

잘 가꾸진 다실로 가는 노지
(露地)

센노리큐의 다실, 420년만에
복원한 다실,大阪府사카이시

赤樂茶碗으로 다도를 행하는
도요또미히데요시와 첸로리큐,
영화<利休>

本多靜雄邸의 圓遊茶會,
매년2일간3천명객 1992

I-18 茶道-JapaneseTeaCeremony, https://www.youtube.com/watch?v=KfDTuNyup9Y

---

76) 織部(오리베)도자는 센노리큐가 지도, 제작된 라쿠도자와 달리 후루타오리베의 지도를 받았다는 설은 있으나 사실과 다르고 다인 오리베 취향에 맞아 "織部好み"라고 불리웠다함. 오리베도기의 특징은 보통 기물의 일부에 녹유단문을 입히고 여백에 철회(鐵繪)문양을 그리는 청오리베(靑織部)가 가장 많이 제작, 대표적(사진i-11), 와비차의 이상형, 불균형의 미를 창조한 도기, 어둡고 고요한 다도구 중 활기있는 액센트역할로 현대 식탁에서도 인기

• 일본 도자 전통 공예 산업단지 활성화, 교도자

일본의 옛 수도인 교토는 일본문화의 중심, 도자문화 역시 차문화 유행과 함께 다인(茶人)들의 취향에 따라 지도받으며 교토 히가시야마(東山)일대에 산지를 형성했다. 京燒(교야끼)라 불리는 시기는 임진란이 있던 때이며 그 형성 배경에는 차 도구상, 고미술상들의 영향이 컸다. 그들은 다인들과 손잡고, 그들의 상업자본으로 도공들에게 큰 지주가 되는 한편, 교야키(이하 교도자로 명)를 지배, 발전시킨다.

교도자의 성립 동기 중 다인들의 영향이 컸음은 말할 나위 없고, 근세 초 이후 차도구가 상품으로 취급되어져, 전문적인 상인과 전문 직종이 생겨난 것이 주원인이다. 가마꾸라(鎌倉) 시대부터 중국으로부터 들여온 미술공예품은 唐物(가라모노,중국것)라 하여 애호되고 다도의 발달에 따라 차도구 수요가 높아져 성행하게 된다. 그에 따라 교도자는 중국이나 조선을 모방하는 「모방품」을 중심으로 한 다기(茶器) 가마가 주류를 이루고, 그것이 지금의 교도자 특색이기도 하다. 모방품으로 시작된 교도자는 근세 들어서 라쿠(樂), 닌세이(仁淸), 겐잔(乾山), 고기요미즈(古淸水) 등 유니크한 존재들로, 개성이 강하고 도회적인 도자들이 나와 그 종류는 세계제일이라 할 만큼 다품종을 형성한다. 1750년경부터 현재까지 교도자업을 8대째 대대로 이어온 기요미즈(淸水六兵衛)일가의 작품은 일본 에도(江戶)시대부터 현재까지 교도자 역사를 이해할 수 있다[77]. 특히 다양한 색회자기(色繪磁器) 기법의 일본적인 의장, 디자인은 일본 전국 도자요장에 직. 간접적인 영향을 미쳤다.

御本 山水(應擧筆)水指,
初代 淸水六兵衛(1738~99)

燒締,赤繪蓋,水指,
三代淸水六兵衛(1820~1883)

古稀彩,秋映,水指,
六代淸水六兵衛(1901~1980)

---

77) 梅原猛(京都市立藝術大學長),京都における淸水家,淸水六兵衛歷代茶陶展,1985

赤繪 大鉢,二代(1790~1860)

色繪,鐵線,菓子鉢,四代
(1848~1920)

赤繪,輪花,菓子鉢,五代
(1875~1959)

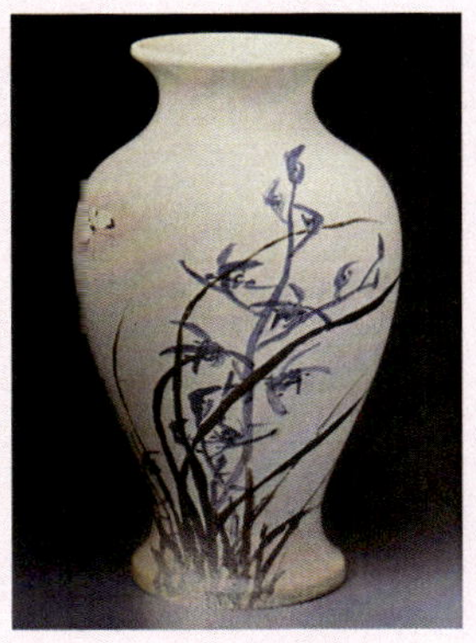

御本,蘭の花,花瓶,四代

音羽燒,海鳥文花瓶,五代

靑華着彩,牧丹花瓶,五代

三彩藍泑,花瓶,六代

黑樂,茶盌,初代

御本,明鴉茶盌,二代

御本,稻瑛茶盌,三代

御本,紅葉茶盌,四代

鼈盞 天目茶盌,五代

魚鮪文天目茶盌,五代

丹鳳(栖鳳筆)茶盌,五代

色繪 毬 茶盌,六代

i-19 사진출처: 淸水六兵衛歷代茶陶展 도록, 朝日新聞社,1985
* 御本이란 백토분장시 태토 철분이 紅색 반점이 된 것

현재 교도자는 교토부와 교토시에 속해 있는 각 연구기관의 지도를 받는다. 전통적의장이 대부분인데 80%가 고전적이고, 20%가 현대적인 의장이다. 교토시 시험장, 교토 전통산업 기술원은 교토시에 사는 요업 관계 사업자들을 위한 연구기관으로 교육시스템도 겸비하고 있다. 그러나 각 가마별로 전통있는 고유성을 갖고 있으므로 기술지도라기보다 미래지향적 정보와 새로운 아이템 개발 등에 주력을 기울인다.

i-20 교토 전통산업기술원 쎄라믹 연구(京都市傳統産業技術院 陶磁),2015.

i20-1 2006tableware festival,Kyoto Yaki

i20-2 교도자. 기요미즈도자 일본 전통적 산업품전시장

일반적으로 유럽, 중국, 일본 등 각 국의 도자 발전 계기는 차 문화, 유럽의 홍차, 커피 차문화 발달과 함께 동양 자기 수요 폭증처럼, 일본도 그와 같았다. 요즘 중국 이싱(宜興)의 다기, 자사호(紫沙壺)[78] 제작이 활발해졌다고 한다. 중국은 차문화 선진국으로 경제력이 커지면서 다기 생산도 증가, 도자와 긴밀한 사회문화 관계를 알 수 있다.

i-21 교토 기요미즈(淸水寺)언덕길 기념품샵 , 2005.

---

78) 이씽(宜興)도자는 황룽산, 칭룽산, 단산등지 자사(紫砂)로 유명,무시유 7천여년전 신석기시대부터 오랜역사

· 중국의 차문화

전설에 따르면 5천여년 전부터 중국 농업과 의학 분야의 기초를 세운 신농(神農)이라는 인물이 우연히 찻잎을 발견, 맛은 물론 좋은 효능도 있다는 것을 알고 차로 우려서 마시기 시작했다고 한다. 733년 당나라 문인 육우(陸羽,Lu Yu)는 세계최초로 중국 차 감식가들의 성경인 차에 대한 다경(茶經)을 저술, 차잎의 외형부터 차를 대접하는 방식, 그 감상의 측면까지 집대성되고 예술형태로 승화, 다른 음식으로부터 독립해서 독자적인 문화로 자리잡았다. 차가 처음으로 만들어진 중국에서는 불교 승려들이 차마시기를 명상과 통합하기 시작하면서 증교와 밀접하게 연결, 차마시는 행위에 강력한 영적 분위기를 부여, 중국사회 전반에 차에 관한 해박한 논의와 다양한 차의 지식은 교양과 세련됨의 필수요소로 여겨지며 "다투(茶鬪, 차시합)"가 열려 차를 맛보고 감정하였다..이러한 의식은 점차 화려하고 성대한 연회로 발전하여 가장 과시적인 부(富)의 전시장이 되었다.

다경이 씌어진 당나라시대는 차를 끓여마시는 풍습(자차법,煮茶法[79])이 주였는데 송시대엔 차를 구운뒤 잘게 부수어 가루로 만들고 체에 걸러 끓는 물을 부어 걸쭉한 차를 마시는 점차법(点茶法)이 주를 이루게 된다. 점차법을 가장 잘 전하는 다서로는 송 휘종이 지었다는 "대관차론(大觀茶論)"이 있다. 점차법은 후에 일본으로 건너가 말차법(抹茶法)이 된다. 명대에는 다양한 차가 개발되고 마시는 법도 차를 우려 마시는 전차(煎茶)법을 선호, 다관도 작아지고 다기의 색도 달라진다. 육우는 "월주요와 요주요의 청색 다완(청자)을 상등품으로, 흰색 다완은 차탕에 붉은 빛을 돌게 하고 갈색 다완은 차탕을 검은 색으로 만들어 차마시기에 적당치 못하다"고 하였다 당나라때 사람들이 음용한 것은 가루차였기 때문에 다완 속의 찻가루와 찻물을 함께 마시기에 얕은 찻그릇이 쉽게 다 마실 수 있어 좋았다고 한다[80].

우리가 사발, 주발이라하는 다완, 찻그릇의 형태에 관심, 음차 내용물과 방법, 그리고 계절에 따라 그릇의 깊이, 전(잔의 가장자리)의 오무려지거나(碗, i22-1) 밖으로 벌어진 (鉢,i-22) 형태. 그릇의 깊이가 낮고 밖으로 벌어진 형태 중에도 안으로 모이거나 밖으로 바라진 전처리(i22-2,3,4,5,6,7) 등 당.송 시대 차도구 형태를 보면 고도로 발달된 차문화 의식을 확인할 수 있다. 중국의 차문화가 동. 서양 현대 식기디자인이나 다기 디자인에 영향, 파급, 기준이 될 만큼 최고수준이라고 평가받는 이유를 당.송 도자 다기를 통해 이해, 확인할 수 있다.

---

79) 자차법, 차를 떡처럼 뭉쳐 말려두었다가 마실 때 적당량을 부수어 끓는 물에 삶아 마시는 데 끓이면서 소금으로 적당히 간을 해서 마시기도 했다, (출처: 치우지핑저,김봉건역,다경도설,이른아침,2003)

80) 치우지핑저,김봉건역,다경도설,이른아침,2003

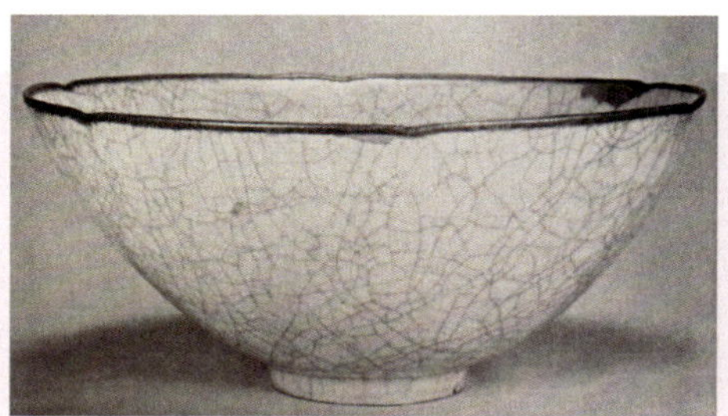

i-22 校壇官窯靑磁鉢,東京國立博物館

i22-1 宋,黃天目茶碗,陶器講座6

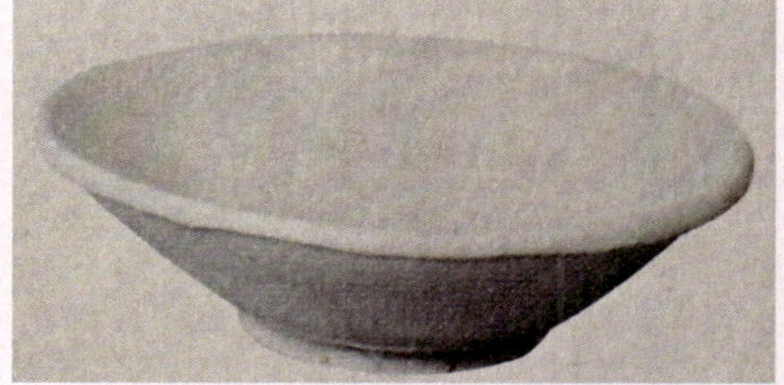

i22-2 唐 定窯 白釉淺底瓷碗,다경도설 P148

i22-3 宋,定窯白磁金彩水禽文碗,陶器講座6

명나라 태조 때는 차의 위상이 더욱 높아져 차와 차 무역을 관리하는 관직도 생겼다. 그동안 증기를 이용해 차를 만들던 증청(蒸靑)방식이 줄어들고 솥을 이용해 차를 만드는 초청(炒靑) 방식으로 차제조법 변화, 초청방식으로 만들면 찻잎 모습을 원래대로 보존하면서 차를 만들기 좋다. 이때 차마시는 방법도 찻잎에 뜨거운 물을 부어 마시는 현대방식과 비슷해졌고 자사호(紫沙壺, i-22, i22-1)와 개완(蓋碗, i22-2)도 이 때 발전했다.

i22-4 宋劉松年
<찬차도(攢茶圖)>부분,
차를갈고있는모습(아래)
물을끓여점차하는 모습(위),
겹쳐쌓은잔탁,
다경도설p124

i22-5 송휘종<文會圖>
음차부분,대북고궁박물관,
다경도설p194

i22-6 對棋圖,
신강투르판지구 唐墓
에서 출토된비단그림,
잔탁은 당송대성행,
다경도설p150

i22-7 元至元2년
<동자시차도>
茶客들에게 잔탁위에
차탕주발 전달, 산서성 大同
시宋家莊풍도진묘실,다경도
설p167

중국 한대에 들어서 본격적으로 차를 재배하고 상품으로 거래하기 시작, 중국의 차문화는 불교와 함께 일본, 티벳트에도 전파, 이후 네델란드 무역상에 의해서 서양에도 널리 알려지면서 전세계적으로 사랑받게 되었다. 영어의 "Tea"도 차를 수출하던 중국의 샤먼지역의 "차(茶)" 발음인 "Tay/Te(테)"에서 유래한 것이라고 한다. 길고 긴 역사 속에서 중국 차문화는 끊임없이 발전해왔고 오랜역사를 지닌만큼 차의 종류도 다양하다. 중국에는 녹차, 쟈스민차, 홍차, 우롱차 등 닳은 사람들이 알고 있는 차 이외에도 독특한 맛과 향을 가진 200여종이 넘는 명차가 있다.

차의 역사가 가장 오래된 중국은 예로부터 물이 탁하고 먼지가 많았던 까닭에 일찍이 차와 함께 생활해 왔다. 중국의 차 문화를 나타내는 것으로는 '다・양・엽・반・다'가 있다. 즉 아침에 눈을 뜨면 차를 마시고 밥을 먹고 또 차를 마시는 것을 반복한다는 뜻이다. 중국인에게 차는 일상에 꼭 필요한 필수품이라 할 수 있다.[81]

i-21 기싱(宜興,紫沙壺)다기

i21-1 이싱(宜興,紫沙壺)다기

i21-2 蓋碗(일본色繪,이대靑磁)

• 서구(西歐, 유럽과 미국)의 차문화

영국인이 차를 받아들인 시기는 네덜란드를 통해 1630년대 중반으로 비교적 늦었지만 훌륭한 차 문화를 꽃피웠다. 19세기초, 차문화는 영국사회에 깊이 뿌리 내렸다. 그러나 당시 차음용은 여전히 비공식적 활동에 불과했다. 영국에 처음 차가 수입된지 200년이 지난 1840년에 비로소 애프터눈 티(afternoon tea) 의례가 등장했다. 베드퍼드 공작부인이 오후4시쯤 나른함을 달래기 위해 차 한 주전자와 케이크, 버터바른 빵을 방으로 가져오게 하는 습관이 그녀 친구들을 초대해 함께 마시기 시작하면서 하나의 제도가 탐생한 것. 이 의례는 점점 더 화려해졌다. 여주인들이 서로 더 호화로운 환대를 과시하려 애썼다. 음악가들이 연주하는 동안 화려한 은제 찻주전자에서 고급자기찻잔으로 차를 따르게 되었고 대화는 예술이나 철학에 집중하기보다 재치있는 농담이나 선정적인 소문을 나누는데 소비, 일본의 미니멀한 차노유(茶道)와 달리 영국의 다례는 감각적으로 퇴폐적인 향연이 되었다. 여러종류의 케이크, 청량음료, 그리고 클라렛 컵(claret cup,와인펀치)이 곁들여졌다. 복잡한 예절이 등장했고 차음용자들에게 세세한

---

81) (https://www.boseong.go.kr/tea/tea_story/world_tea/korea_tea_culture)

행동규범을 경고하는 책들이 출판되었다 한 저자는 "차에 설탕을 넣는 사람은 숟가락을 최소한의 동작으로 저어야하며 찻잔을 들기전에 반드시 스푼을 빼내야한다"고 경고, 이처럼 과잉된 면모가 있었지만 애프터눈 치는 진전한 열정과 차에대한 존중속에서 집행되는 엄격히 규범화된 의식으로 확립되었다. 헨리 제임스도 『여인의 초상(THE PORTRAIT OF A lADY)』첫 문단에 "인생에서 애프터눈 티 의식에 바쳐지는 시간만큼 기분좋은 시간은 드물다"고 적었다.

우아한 애프터눈 티 외에도 영국에서는 여러종류의 '티의식'이 등장했다. 하이 티(high tea)는 이름과 달리 전혀 고급스러운 차가 아니고 오히려 소박한 농가의 저녁식사로 발전했다. 보통 저녁 6시에 제공된 식사에 가까워 돼지고기파이, 스커치에그, 그 밖의 푸짐한 음식을 곁들였다. 차는 강하게 달인 차를 투박한 점토주전자에 우려내어 따랐는데 노동자들의 언어로"쥐가 그 위를 걸어갈 수 있을 만큼 (액체라기보다 덩어리진 것처럼, 과장된 비유) 걸쭉하고 진하다"고 했다. 좀 더 간소화된 형태의 하이티는 오늘날에도 영국 북부와 스코틀랜드 일부 지역에서 전해진다.

19세기 들어, 기숙학교와 대학의 학생들은 그들만의 일상적 다례의식을 만들었는데 방안 벽난로에서 빵과 크럼핏을 구워 먹는 것이었는데 남성클럽에선 푸짐한 티가 제공, 두툼한 샌드위치와 통새우, 햄토스트, 스코치우드록 같은 음식도 있었다. 그러나 노동자 계급의 경우는 훨씬 더 검소했고 대개 달콤하게 우린 차 한잔과 빵, 혹은 몇 개의 티 비스킷이 전부였다 그럼에도 불구하고 노동자든 공작이든 차의식은 인생의 혼란으로부터 잠시 휴식을 제공, 차는 친구를 만나는 시간이었다 차가 주는 온화한 황홀감은 영국인들이 어떤 계층에 속하든 안정감을주었다. 티타임은 자신을 성찰하고 희망을 되새기며 잠시 꿈을 꾸는 순간이었다.가장 평등하고 종파를 초월한 의미에서 차의 시간은 깊은 종교적인 순간이었고 온나라가 매일 음미하고 기념하는 의식이었다. 애프터눈 티는 19세기 중엽 등장한 찻집 출현으로 모든 계층에 개방되었다. 최초의 찻집은 1864년 'ABC(Aerated Baking Company)'가 열었으며 폭발적 인기를 얻자 영국 전역으로 확산, 곧 영국 제국 전역에 티룸이 생겨났다.

제1차세계대전 이후 차는 그 화려함을 잃었지만 중요성 지속, 런던 리츠 호텔 같은 곳에서는 여전히 성대한 공식 다례가 제공되었지만 사회의 가치관, 생활리듬, 우선순위 변화로 가정의 차는 친밀한 행사가 되었고 가족이나 가장 가까운 친구들을 위한 소규모 자리로 축소되었다. 또한 건강과 패션 의식이 높아지면서 차 메뉴 역시 본래의 단출한 형태- 몇가지 티 샌드위치와 적당한 크기의 케이크조각-으로 되돌아가게 되었다. 1930년대에는 "티댄스(tea dance)" 가 등장하면서 다례가 새로운 형식을 띠게 되었다. 사람들은 차 한잔을 즐기며 당대의 빅밴드 음악에 맞춰 춤을 추었다. 그러나 바쁜 현대생활은 여가시간을 잠식, 애프터눈 티는 매일의 의례라기 보다 가끔씩 즐기는 사치스러운 향유로 변했다. 제2차 세계대전 이후 티룸은 점차 인기를 잃었고 런던의 많은 ABC매장은 다시 제과점 본래 형태로 돌아갔다. 영국의 차문화가 그 의례적인 격식과 극적인 분위기를 많이 잃었다 하더라도 서양 세계에서 잘 우린 차 한잔은 여전히 가장 존중받는 곳임은 변함없다. 런던 리츠호텔의 팜코트(Palm Court)에선 여전히 화려한 차가 제공된다. 런던외곽의 여관이나 빵집에선 여전히 성대한 티세트를 내놓는 곳을 만날 수도 있다. 미국은 영국문화 애호에도 불구하고 영국만큼 열광적으로 빠져든 적이 없었다. 오늘날 미국은 세계에서 두 번째로 큰 차 수입국이지만1인당 소비량은 영국과 아일랜드의 10분의 1에도 굿미친다. 그럼에도 인스턴트 티의 본고장인 미국은 지금 다시 형식적인 애프터눈 티의 부흥을 이끌고 있다. 오늘날 더 많은 기업경영자들이 점심대신 애프터눈 티 자리에서 만나기를 선호하면서 새로운 신흥 부르조아 계급의 차문화, 이른바 "파워 티(power tea)" 가 탄생한다.[82]

i-22. 요한 하인리히 티슈바인이 그린 유행하는 차를 마시는 여인 초상화,18세기토에 찻잔은 매우 귀한 개인소유물, 주인을 따라 운단케이스에 넣어져 다과회에 참석, 찻잔에 손잡이가 없는 점, 차즈전자 형태 등 중국자기영향, 베른미술관

i-22-1.애프터눈 티, 영국템스강근처 클리브든 가든, 1895, 출처: The Eccentric Teapot

i-22-2. 티타임,뉴잉글랜드 자택현관에서 차를 내오는 과부어머니와 그녀의 십대 딸들,1900년경, TheEccentric Teapot

i22-3 Whieldon/Wedgwood, 영국,CabbageTeapot,1765, ea thenware, Everson Museum of Art , Syuracuse, New York, 출처: The Eccentric Teapot

i22-4 티세트일부, 마이센, 1750, 출처:ヨロツパの磁器(1983)

i-22-5 Delft Netherlands Teapotand Brazier,1880, tin-glazed earthenware, The Metropolitan Museum of Art, New York 출처: The Eccentric Teapot

i22-6 MichaelFrimkess, Alise inWonderful Teapot,1975-77,미국, 도기, collection of Sanford Besser 출처: The Eccentric Teapot

82) 출처, Garth Clark, The Eccentric Teapot,Abbeville Press,1947

"영국인들은 '브렉퍼스트 티(Breakfast Tea)'부터 시작해서 가벼운 음식과 함께 즐기는 '오후의 홍차(Afternoon)', 그리고 일을 마치고 돌아온 저녁에도 식사와 함께 차를 즐기는 등 보통 하루 4~5잔의 차를 마신다. 18세기 후반부터 19세기에는 전반적으로 정원에서의 홍차 파티, 무도회에서 다회가 성행하였다. 18세기 서양의 호화로운 다례, 찻그릇들, 사진 i-22~i22-6을 보면 당시의 유럽 차문화와 도자문화의 성행을 짐작할 수 있다

• 우리나라 차문화

우리나라 차문화는 삼국시대에 고구려 승려들을 통해서 전해졌다는 설과 수로왕의 부인 허씨가 아유타국(지금의 인도)에서 씨를 가져왔다는 두가지 설이 있다. 확실한 기록은 신라 흥덕왕때 당 문종에게서 선물로 받은 차나무 씨앗을 지리산에 심었다는 것. 오늘날 자주 일어나는 일에 대해 "일상다반사(日常茶飯事)"라는 말을 쓸만큼 고려시대까지 차문화 번성, 대부분 귀족과 승려층에서 소비, 고려시대에는 성종 때부터 다방이라는 관청이 있었으며 차와 관련된 왕가의식(궁중 다례의식) 및 약 과 술 등을 다루었고 국가의 제사 의식용 차를 관리했다. 조선 세조의 숭유억불정책으로 차를 가장 많이 사용하던 승려층이 권력계급에서 사라지게 되면서 차문화 주도권은 양반가와 정부로 넘어가게 된다. 다방제도는 유지, 차례(茶禮)를 관할하게 되었고 궁안에는 다시가 있어 모두 모여 차를 마시는 시간이 있었으나 검약을 추구했던 유교문화 영향으로 사치품이었던 차는 일상적인 음다 문화 중심에서 사라지고 다과상에는 여러 가지 대용차가 나타났다. 16세기경 조선후기에 선비들과 승려들간에 문인으로서 교류가 활발해지면서 차문화도 살아나 정약용, 김정희 등 많은 문인들에게 영향을 준 다성 초의선사 의선의 "동다송(東茶頌[83])"이 초의의 다도 정신"다선일미사상(茶禪一味思想)"의 기록으로 남아 전해진다.

• 조선시대 다도정신-화정, 청허, 사무사, 중정(中正)

조선시대의 다도정신은 서산대사의 다시와 한국의 다신이라고 일컬어지는 초의선사의 동다송 및 다시 등에서 엿볼 수 있다. 서산대사의 차-염불- 참선의 다선일체(茶禪一體)의 청허한 공사상(空思想) 표현, 초의선사의 다사상은 사무사(思無邪, 사악함없는 생각), 사무사는 공자사상, 仁의 근원사상. 이는 또한 다도에 있어서 화정(和靜,화합하고 고요함)의 근원사상. 초의선사의 동다송에 나타난 차정신을 종합해보면 <중정, 중화, 사무사>로 집약할 수 있다.

조선조후기의 주요 다인으로 다산 정약용선생은 18년간의 유배생활에서 귀한 벗이 되었던

---

83) 동다송,조선후기 승려 초의가 우리나라 차에 대하여 송(頌)형식으로 서술한 불교서, 다도서,모두 31송으로 되어 있는데 우리나라 차에 대한 것은 겨우 6송에 불과하고 나머지는 중국차에 대한 전설,효험, 생산지에 따른 품질, 차를 만드는 법, 물에 대한 품평, 차를 마시는 구체적인 법등에 대해 언급, "다경"등의 옛문헌이나 시 등을 많이 인용한 술작(述作)이지만 우리나라 유일한 다서(茶書)라는 점에서 높이 평가된다.(한국민족문화대백과사전)

것이 차였고 많은 제자를 기르고 많은 저서를 남기기도 한 그의 시편들에는 애빈(愛貧)의 정
신어 잘 표현되어 있다. 김명배는 조선의 다정신을 自得의 정신, 비우사상,다선삼매 등으로
보고 있다.

> 산골물 차가운소리 천떨기 대나무에 이르고
>
> 봄의 정취는 뜨락의 한그루 매화에 있네
>
> 지극한 즐거움 이 속에 있어도 달랠곳 없어
>
> 맑게 갠밤에 여러번 일어나 어정거리네

위 시에는 언제 귀양에서 풀려날지 알 수 없는 극한 상황을 소요(逍遙)와 자득(自得)의 드높
은 정신력으로 극복한 다산의 정신이 나타나 있다. 여기서 정신적 소요란 현실을 관조하고
긍정하는 달관의 경지이고 자득이란 주어진 여건을 선택된 것으로 여기고 긍정하고 수용하
는 능력을 말한다.

옛날 서울의 신설동과 보문동 사이에 있었던 숭신바으이 동대문외계에는 우산각리가 있엇
다 이우산각의 주인공은 태조대왕부터 세종대왕까지 4대 임금을 정승으로 섬긴 유관(柳寬)
인테, 우산각이란 장마철에 지붕에서 빗물이 새어 방안에서 우산을 받고 살았다는 일화가
있는 집을 말한다. 우산각에서 그의 외종손인 판서 이희검(李希儉)이 청빈의 전통, 생활신조
로 "옷은 몸을 가리기만 하면 족하고 밥은 창자를 채우기만 하면 족하다"하였다. 이러한 우
산각이 임진왜란때 불에 타서 주춧돌만 남게 되었는데 이희검 아들, 실학 선구자인 판서 이
수광이 조촐하게 재건, 근근히 비를 가린다하여 비우당(庇雨堂)이라는 집 이름을 지었다. 이
수광은 비우당에서 "차마시기"의 육언시를 읊기도 하고 채다론을 논술하고 사헌부의 찻때
를 적어 남기기도 하였다. 효종대왕의 장인인 부원군 장유가 적은 이수광의 묘지명에는 다
음과 같은 묘지명이 적혀있다.

"향과 초를 켜지 않으며 성악을 듣지 않고, 유색 옷을 입지 않으며, 가재에 칠이나 조각을 하
지 않고, 베옷으로 소식(素食)하는 생활"이라는 철학이 적혀있다. 조선왕조의 청빈 관리에
대한 정신적 메카가 된 것은 비우당, 이러한 비우사상에 의해 많은 선비다인들 특히 청백리
들이 검소한 생활과 차를 즐긴 경우가 많았음을 알 수 있다. 청백리는 청렴한 관리를 말하
나 옛날에는 의정부 2품 이상 당상관과 사헌부와 사간원의 높은 관리들이 추천하여 선정하
기도 하였다. 높은 직책을 맡은 그들은 부를 탐하지 않고 의연한 모습으로 차를 끓여 마시는
생활 속에서 허욕을 버리고 즐거운 마음을 지녔다. 차가 선비의 굳은 충절과 같다는 말은 차

나무가 상록수로서 겨울의 눈보라를 능히 이겨내고 봄을 맞는 세한의 정신이 있듯이 선비가 굶주림과 출세의 유혹을 물리치고 절의와 기개를 지키는 꿋꿋한 정신이 서로 같기 때문이다.

이웃나라 중국과 일본과 달리 우리의 자랑스러운 차 문화는 숱한 우여곡절을 겪어 왔으나 고고하고 청정한 선비정신과 불교사원의 다선일여 사상으로 그 명맥을 이어왔다. 이러한 사상은 승려뿐 아니라 선비들도 마찬가지여서 고려와 조선시대의 문인들은 "한 잔의 차는 바로 참선의 시작이요, 차의 맛은 선의 맛"이라고 하였다. 천 년이 넘는 생활문화로서 다도를 발전시켜 맥을 잇고 음다 풍속의 주도적 역할을 한 계층은 문사들이었다. 한국 차 문화의 전성기이자 문인다도가 꽃을 피운 때는 고려 중엽인 12세기부터 조선 초인 15세기까지와 조선 말엽 18~19세기이다. 한국의 문인다도는 문장가보다는 학자들을 중심으로 이루어진 것이 특색이다. (https://www.boseong.go.kr/tea/tea_story/world_tea/korea_tea_culture)

i-24, 차 전문가(박미라, 사진1,2, 수원대, 2018)
점차 체험 학습, 사진3,4,5,6 차세계 제공

• 차와 도 그리고 평상심

중국 당나라때 한 제자가 남원스님에게 " 어떤 것이 도입니까?" "평상심이 도"라고 답했다. 어떤 스님이 조주스님에게 "어떤 것이 도입니까?" 그러자 조주스님은 " 차나 한잔 들고 가게"라고 답했다. 그 유명한 "츠챠취"이다. 남전스님의 평상심이나 조주스님의 츠챠취나 똑같은 의미이다. . 잠깐 3분의 선명상을 통해 마음의 고요를, 한 잔의 차를 마시면서 건강도 챙기고 마음의 여유를 가지는 것이 "선다일미"의 그 맛이다.

"평상심이 도"라는 말은 일상에서 마음 씀을 잘 전환하면 바로 도를 이룰 수 있다는 뜻이다. 인식의 전환이 바로 해탈이며 깨달음이다.. 일상심을 전환하여 마음에 번뇌가 없는 마음이 바르 평상심이요, 도라고 가르치고 있다. 밥을 먹을 때는 밥먹는 것에 집중하고, 차를 마실 때는 차마시는 것에 집중할 때 번뇌가 사라진다. 몰입해서 한 번에 한 가지만 할 때 마음 깊은 곳에서 행복이 솟아난다. 지금까지의 생각을 바꾸는 것이 인식의 전환이다. 깨달음을 맛보기위해서는 인식의 전환이 필요하다.. 차 한 잔을 들면서 평상심을 누려보자 (지원스님, 조주스님의 喫茶去, 차의 세계, 2021)

• 현대 우리나라 차문화와 다기

문경다례 녹차 점다시연,2015

문경다례 말차 점다시연,2015

문경다례 시음회,2015

녹차담은 주전자를 뜨거운 물로 덥힌 후 시킴그릇으로 옮겨 손님 잔에 따르는 과정

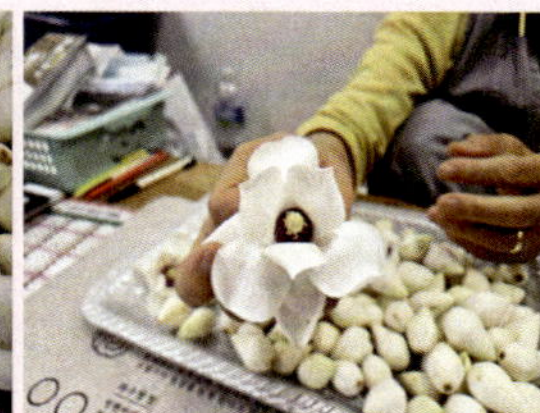

산목련꽃봉우리를 따서 꽃잎을 벌려서 말린후 건강차로 ,2024.5

각종 색유 다기,
광주박물관 전시장,2009

분청다기,
광주박물관 전시장,2009

분장분청다기,
광주박물관 전시장,2009

백자다기
광주박물관 전시장, 2009

i-25 현대 우리나라 차문화는 녹차(사진 첫째줄)보다 커피, 홍차(사진 둘째줄), 연꽃차(사진 3째줄), 인삼차,쌍화차,유자차,
각종 건강차 등 우리나라 독특한 전통차가 유행, 찻그릇도 동.서양 도자문화 융합된 다양한 차문화 형태를 띤다

3. 일본 귀화 조선도공들과 일본 최초 자기생산

일본 도자 사상 유래없는 거대한 변혁, 그것은 바로 일본에서 "도자기 전쟁"으로 불리는 도요도미 히데요시(豊臣秀吉)가 일으킨 임진.정유왜란(1592~1598, 일본에서는 文祿 ,慶長役이라고 한다.)에 종군했던 일본 제후들에게 포로로 끌려간 조선도공들에 의해 일본 규슈 서남쪽에 새로운 요업이 크게 발전한 것이다. 규슈 가라츠(唐津 사진 n-1~4)), 하기(萩), 다카도리(高取 사진n-6~11), 고이시하라(小石原 사진 n-5), 아가노(上野), 히라도(平戶), 사츠마(薩摩사진n-18) 등지에서 생산이 시작되고 조선풍의 도자가 제작되어 그 이후 일본 근대 요업발전에 커다란 영향을 미치게 된다.

• 일본 최초 자기(磁器)제작, 아리타(有田)

k-0 1616년
조선도공 이삼평,
일본최초 (청화)백자
제작 성공
이마리초기청화백자,
개인소장

k0-1 1709년 연금술사
뵈트허,
유럽최초 백자제작 성공
(독일 마이센)
유럽최초백자,
마이센뮤지엄

세도. 미노 지역에서 다도기(茶陶器) 오리베(織部)가 만들어진 것과 같은 시기(17c초) 규슈에서 자기(磁器)가 등장했는데 이것은 조선도공인 이삼평(李參平)에 의하여 사가현(佐賀縣) 아리따(有田)에서 자기의 원료인 도석(陶石, 이즈미야마광산의 점토광:泉山石)을 발견하여 만들어진 것이다. 자기는 도기와 다른 원료인 카오린을 사용한다. 그 새로운 원료를 발견하면서 그 이후 일본 각지에서 자기 소성기술이 전해지고 자기를 소성하게 된 것. 이 사건은 일본 경제대국의 발판을 마련하는 계기가 된다.

필자는 일본의 도쿠가와이에야스 대하소설 "대망"이란 소설, 도요토미히데요시의 차스승이었던 센노리큐(千利休: 소에키라고도 한다)가 명나라를 치러간다는 명분을 세우고 세계 제일인 조선 도자기를 가져오면 선봉에 선 왜장들의 사기를 높이고 그 전리품은 큰 이익이 될 것이라고, 전쟁 끝난 후에는 할 일 없어진 무장들에게 전국적인 차 대회를 열고 찻그릇 경쟁을 시켜 각 제후들이 앞다투어 조선 도공을 우대하며 각 제후 영지만의 독특한 기법의 도자기를 개발했다는 내용, 조선 천민 조선도공들이 우대받았다니... 그리고 대학원 석사 학위논문으로 "일본 규슈지방에 이식된 조선조 분청사기 기법"을 썼다, 600년전 일본 무장들이 왜 조선 도자기에 열광했는지? 그 일본 다도에서 최고라는 우리나라 도자기는 어떤 것 인지?

우리나라 기록은 없는데 일본은 임진왜란 전쟁에선 패했지만 "도자기 전쟁'이었다고 공공연히 기록에 남기는 그 이유가 궁금했다. 과연 4백여년 이후 세계2차대전 후 패전국인 일본 경제대국 기반이 된 "도자기 세계수출 제1위", "세계도자왕국"이 도자기전쟁 성과임을 확인, 그 공로자는 바로 조선도공 이삼평에 의해 규슈 아리따 이즈미야마(泉山)에서 백토(陶石도석, k-5)광산 발견, 일본 최초 자기(초기 자기는 조선자기와 유사, 현재도 조선계 전통 자부심) 가 생산되었다는 사실(k0~k-1~5.참조)이다.

그리고 일본 자기 발생 약 일백년 후 고가품인 중국과 일본 자기에 매료, 모조품, 자기제작 염원하던 유럽에서도 1709년 연금술사 뵈트허에 의하여 자기 원료인 카오린광 발견으로 유럽 최초 자기제작(k0-1) 성공, 유럽도자 역사와 세계도자 역사의 큰 획을 긋는 사건이 바로 우리나라에선 천대받던 조선도공과 그들의 도자기술이라는 것. 사회신분 높아진 조선도공들의 노력과 기술적 능력, 그 놀라운 사회적역할이 ,매우 흥미롭다.

아리따에서 이삼평이 청화자기(靑畵磁器, 일본명: 소메츠께-染付,k-0)제작에 성공한 것은 1616년이다. 중국에서 청화자기는 원(元)을 지나 명(明)시대가 최성기였는데 일본에서는 청화의 존재는 알려져 있었으나 일본의 기술은 도기에 멈춰있었고 백색 초벌 소지면에 붓으로 청색 코발트 그림을 그리는 이 기법은 일본에 귀화한 조선도공 이삼평에 의해서 처음으로 제작되었다(k-0,k1-2,).

일본은 이때 도쿠가와(德川) 봉건제가 완성되어 각 제후들의 영지인 번(藩)은 경제정책으로 특산품 생산에 주력했다. 그리고 신흥제품인 아리타의 청화자기는 단단하고 조금 반투명의 흰색광택을 띤 자기 표면에 코발트로 그린 청색문양이 새로운 매력으로 일본 도기시장에 커다란 동요를 일으켰다. 조선도공들이 계속 우대되고 도기단계에 멈춰있던 다른 산지 특히 스에키 전통산지인 비젠, 시가라키, 단바, 세도 등에 신규 청화자기는 큰 자극, 기술교류가 활발해졌다.

k-1 규슈도자문화관,2007.8

k1-1 초기이마리백자면취호,
아리타우치야마요,
17세기초,h19.8,
도자대계19

k1-2 자기창성기청화,
17세기초,h21.8,
아리따도자미술관,
도자대계19

k1-3 자기창성기 청자조화문병,
17초,h20.3,아리타도자미술관,
도자대계19

히라-도 나가사키를 통하여 중국 자기는 일본에 수입되었지만 1650년 처음으로 중국 청화 안토인 코발트가 일본에 들어와 겨우 40여년 사이에 비젠의 자기 사업은 확대되고 1658년 일본 자기가 아시아 시장으로 수출되었다.

1663년 대량, 자기가 수출되어 1682년 까지 23년 사이에 네델란드 동인도회사가 취급한 일본제 자기는 19만개에 달한다. 그러나 중국의 수출품에 비하면 결코 많지 않지만 일본 자기를 네델란드측은 그다지 환영하지 않았다고 한다. 가장 큰 이유는 가격이 지나치게 비싸고 대량생산에 대해 일본 도공들이 그 주문을 소화하지 못한 것이 원인이였고 운수, 송 수단이 괄달되지 않았던 것도 그 이유였다. 그 이후로 33만개의 자기가 네델란드 상인을 통해서 수츨되었으나 그 3분의 2는 바다비아나 마라카, 세일론 등지에서 소비되고 ,3분의 일이 유럽으로 보내졌다.

• 아리타 도자(有田陶磁)의 성황

아리타를 중심으로 하는 주변 지역은 일본 자기의 대산지(磁器大産地)가 되었다. 그 제품의 대부분은 이마리 항구에 적재되어 수출되었기 때문에 이마리(伊万里)도자라고 한다. 현재 아리따에는 대규모 건물을 자랑하는 규슈도자문화관(k-1)이 있는데 유럽으로 수출되었던 이마리 도자기들을 다시 찾아와 전시하여 놓은 공간이 있다. 그 전시 위용만으로도 그 당시의 도자기술 및 수출량을 짐작할 수 있다.(k-3)

k-2 규슈도자산지map, 사가현립규슈도자문화관,2023.6

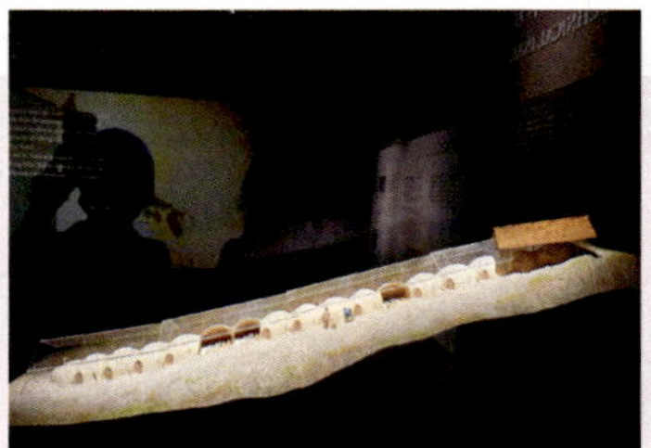

k2-1 아리타등요모형, 사가현립규슈도자문화관,2023.6

k-3 유럽에수출된 사가현립규슈도자문화관,2023.6

일본의 도자산업은 한때 크게 발전하여 일본 수출 제1위 품목으로서 일본경제에 큰 역할을 했던 것으로 알려진다. 20세기 세계 제일의 도자왕국으로 일컬어졌던 일본 도자 산업의 원류는 한국이라는 것은 이미 선술한 바와 같다.

일본 전통산업 산지 약 1/3이 에도(江戶)시대 각 번(藩)의 식산(殖産)정책이나 번전매제(藩專賣制)라는 역사적 배경을 갖는다. 모모야마(桃山)시대 이후 와비(侘び) 차문화(茶文化) 유행과 함께 조선 도자를 최고 다완으로 여겼던 일본인들은 임진, 정유란(1596~1615)을 통해 조선에서 도자 기술을 이식해 갔다. 그 전쟁을 일본에선 "도자기 전쟁"이라 부를만큼, 임진왜란에 끌려 간 조선 도공들은 번주들에게 좋은 도자기를 제작하면 큰 상을 받고 신분상승도 되어 경쟁적으로 일본은 도자 산업 발전의 대 전환기를 맞게 되었다. 각 번(藩)의 도자는 특산물로써 보호되었는데 현재까지 규슈에 형성된 대표적인 조선계 도자산지로는 가라쯔도자(唐津燒,k-8~k-9), 아리따도자(有田燒), 이마리도자(伊萬里燒, k-13~k-17), , 사쓰마도자(薩摩燒,k-18~23), 다까도리도자(高取燒, k-12~k12-5), 고이시하라도자(小石原 k-11) 하기도자(萩燒), 아가노도자(上野燒), 다까다도자(高田燒), 나가사끼도자(長岐燒) 등이 있다.

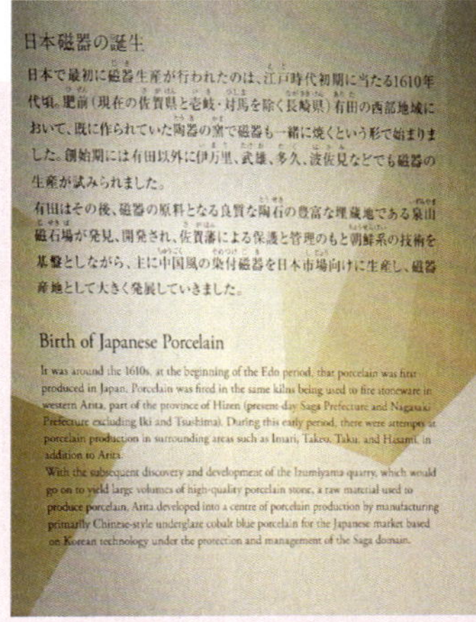

k-4 일본자기탄생이
조선도자기술에 의해서 이루어졌음을 설명,
사가현립도자문화관, 2023.

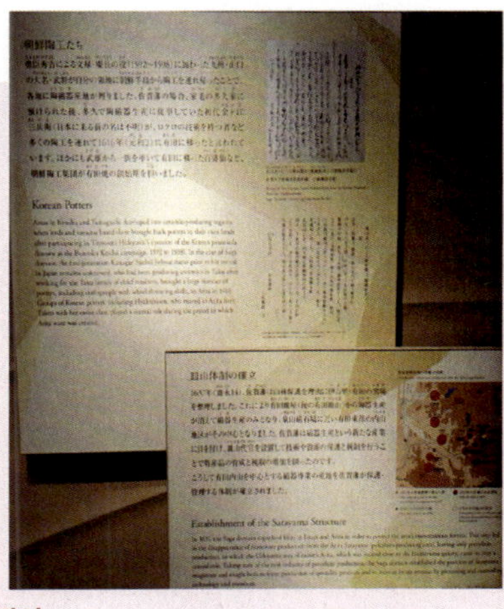

k4-1. 1637년 사가번이
산림보호이유로 이만리.아리따요장 정리, 이후 백토광산 주변에 기술.
자원의 보호와 통제, 특산품육성과 세수증가위해 자기전업산지로 명산
체제 확립, 1616년에 초대 가나가에산베이, 햐쿠바센등이 많은 조선도공
들을 이끌고 아리타로 이주, 아리타도자발전시켰다는 설명문,
사가현립도자문화관,2023..

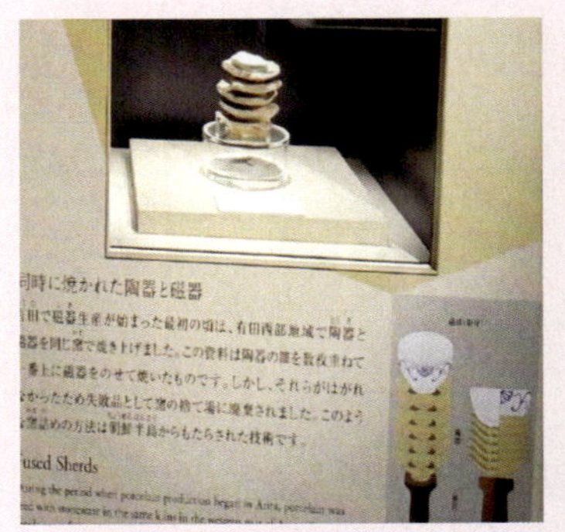

k4-2 아리따 자기생산초기 도기그릇위에
백자기물을 겹쳐서 소성했던 사실을 알려
주는 유물,규슈도자박물관,2023.

k-5 아리따 자기발전의 원점이라는
이즈미야마의 백자토,
규슈도자박물관 설명문,2023.

k-6 아리따 이즈미야마(泉山)의 백자
광산, 규슈도자박물관 설명문,2023.

・일본 규슈지역의 조선계 요장 탐방

가라쯔도자(唐津燒)

가라쯔 도자(唐津燒)는 일본의 대표적인 도자, 1592~98년경 豊臣秀吉의 임진.정유란,(일본에선 文祿.慶長役) 때 많은 조선도공을 끌고가 조선도자 기술 도입, 비젠(肥前, 사가현, 나사끼현에서 도자제조업이 성행, 확대되었다. 가라츠 도자의 대표적인 기법은 철회(鐵繪) 초화문(k-3), 반가라츠(斑唐津,白唐津[84]) 처럼 심플한 유약흘림 표현이 있고 당초 일용식기소박함과 로 쓰였지만 와비. 사비(侘. 寂)[85] 를 느끼게하는 분위기 에 차제 다도 도구로써 사용하게 되면서 桃山시대엔 다도명품(茶陶名品) 지위확립, "도자기라면 가라쯔"로 불릴만큼 유명해졌다. 메이지유신 이후 요장이 쇠퇴, 감소했지만 인간국보 中里無庵에 의해 전통기술이 복원되었다

필자가 2023년 6월 가라쯔 마을을 방문했을 때 조용한 시골마을, 고향에 온 듯한 낯익은 분위기, 가라쯔 도자기로 식사를 할 수 있는 곳(k-7~k7-3)을 찾아 갔다. 우리나라 분청사기, 일본에선 미시마테(三島手)라고 하는 그릇으로 테이블세팅, 오랜만에 맛있는 말차와 일본식 밥, 국(칠기), 등 소박한 식당분위기는 따뜻, 푸근했다. "일본규슈에 있는 한국 마을"과 같은 친근한 곳, 다시 한 번 가고 싶은 곳이다.

k-7 .茶寮 平(ひら),唐津시   k7-1 茶寮 平(ひら) 抹茶   k7-2 茶寮 平(ひら)사시미   k7-3 茶寮 平(ひら) 御飯

가라쯔역 앞, 상점가에 있는 『갤러리唐重』에서 젊은 도예가들의 작품(조선풍 분청사기기법 중심,n-2), 관광기념품으로 센베 과자에 가라츠도자 장식기법인 분청사기(三島)기법 문양을 그려넣은 "조선가라츠,그림가라츠, 4종 센베이(n-3)"는 선물받은 사람들도 감격해했다. ㅎㅎ 한국보다 더 조선도자기술 전통이 살아 있는, 아니 일본 전통으로 전수되고 있는 분청사기~~

84) 마다라가라츠(斑唐津),짚재유(藁灰釉)일종,유약성질상 유약이 고르지 못하게 입혀지기쉽고 연료인 소나무재로 인해 푸른 얼룩무늬가 생기는 경우가 많아서 (斑文) 이름 유래, 산화염이 직접 닿은 곳은 짚회에 포함된 원소에 의해 붐홍색이 되고, 중성염에서는 새하얗게 구워진다.백가라츠는 이 흰색에서 유래된 것으로 불투명한 유약이다

85) 와비.사비는 일본전통 미학으로 불완전함과 덧없음에서 아름다움을 발견하는 철학, 와비는 미완성, 부족함을, 사비는 낡음과 시간의 흐름을 상징하며 이 두 개념이 결합해 자연스럽고 단순한 것의 가치를 중시하는 , 영구적이지 않은 것과 불완전한 것의 아름다움에 관한 미학

中里無庵계 친척이라는 요장(n-1)과 전시실을 견학할 수 있었다 다도구로써 유명한만큼 가격도 높아 .작은 기념품 하나 구입, 그들의 전통기술 유지, 발전을 기원하며…

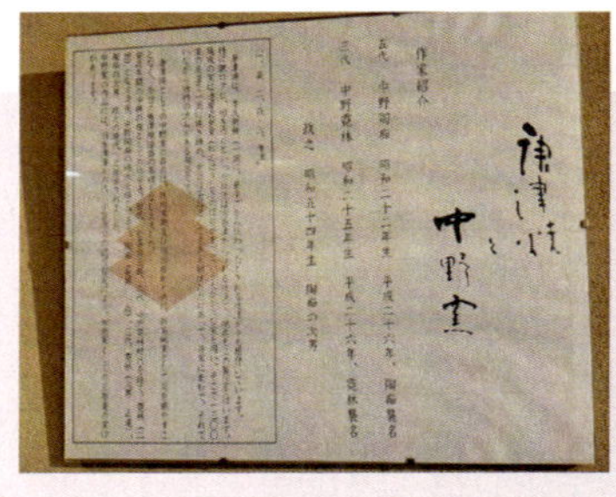

k-8 가라츠도자의 어용요(御容窯)였던 전통을 이어가는 나카노요장, 전시실, 2023.6

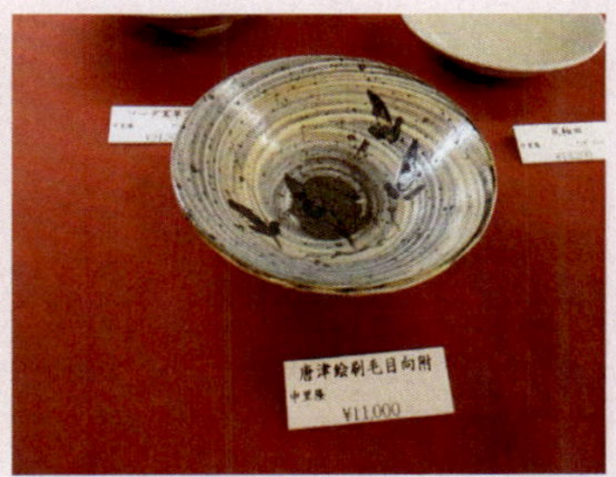

k-9 가라츠 시내 개인 갤러리, 현대도 조선조 분청사기 기법의 작품을 전통기법으로

k-10 센베이, 가라츠도자   k10-1 가라츠도자
4종 장식기법,분청사기(三島)
조선가라츠,그림가라츠,
홍보겸한 관광기념품 2023.6

고이시하라도자(小石原燒)는 福岡縣朝倉郡에서 만들어지는 陶器,실용성있는 도기로진화해 왔는데 고이시하라의 특징은 물레를 돌리면서 문양을 표현하는 독특한 기법, 제2차세계대전후 물자부족으로 수요가 늘어나 생산이 활발해져 1958년 브뤼셀만국박람회에서 그랑프리 수상, "用의 美(쓰임의 미학)'"캐치프레잇,와 함께 주목을 받게되었다. 1975년, 通産省의 전통적공예품에 도자기로써 처음으로 지정되는 등 일본을 대표하는 공예품으로 일컬어진다.

2024년 필자 탐방 후 느낌은 공공연하게 일컬어지는 조선도공의 대표격인 가라쯔보다 더욱 조선풍, 일본 규슈 조선계 도요지중 가장 조선풍인 도자기법과, 분위기에 일상용 그릇이라 , 가격도 우리나라 그릇보다 저렴, 우리나라에선 보기 어려운 소형 스리바치(깨가는 그릇)를 구입하여 수시로 잘 쓰며 만족하고 있다.

k-11 고이시하라(小石原燒)특산품판매장, 조선 분청기법중 분장위 선조, 철화등 전통유지,2023.6

다카도리도자(高取 燒)

북부규슈에서 시유도기가 소성된 것은 가라쯔도자와 동일한 귀화조선도공들에 의한 것. 경남 고령군 운수면 팔산에서 도자기를 만들던 팔산은 1600년(선조33) 왜장 구로다나가마사(黑田長政) 포로로 일본으로 끌려간 뒤 다카도리도자 시조가 되었다. 그의 도자기는 막부의 극찬을 받았고 현재 일본의 국보로 지정된 것도 있다. 초기 치쿠젠국(筑前國)구라테군(鞍手郡) 다카도리산 영만사에서 도자 제작, 팔산이 차입(茶入, 찻잎넣는 항아리)를 상납하자 도쿠가와막부는 격찬하며 350석의 식록과 관작까지 내려주는 등 특별대우를 하였다 그러나 장남이 병고로 죽자 1624년 (인조1)귀국을 간청하다 영주에게 미움을 사 유배되었다. 6년 후 다시 구로다번주가 다시불러 번주 전용의 도자기를 제작하게 하였고 그곳에서 고보리엔 슈(小堀遠州)지도를 받은 엔슈다카도리(遠州高取)가 높은 평가를 받았다. 당시 팔산이 만든 다완 1개가 백미 1만석에 해당할 만큼 고가품으로 취급되었다고한다. 1654년 (효종5) 팔산 이 죽자 차남이 부업을 계승, 고이시하라고로 요장을 옮기고 이후 팔산가 3세인 하치조우는 신사라야마(新皿山)에서 요장을 연 이후1867년 도쿠가와막부가 무너질 때까지 202년간 구 로다번요(黑田藩窯, 御用窯)를 지속하였다. 팔산가는 1867년 번(藩) 의 제도가 사라졌을 때 도자생산을 잠시 중단하기도 했으나 다까도리세이잔(高取靜山)이 종가의 맥을 잇기 위해 가 마를 정비하고 장남 미치오(道雄)에게 가업을 넘겨주었다. 현재 1년에 여섯 번 가마작업, 미 국 등 세계시장에 수출하고 있다. 1976년 다까도리세이잔과 장남이 고령군 운수면 팔산리 선조요지를 찾아, 백자, 청자등 파편을 보고 팔산이 규슈에서 만든 백자, 청자와 동일한 빛깔 임을 확인했다. (출처: 향토문화전자대전, "팔산가")

다카도리하치조(高取八藏,k12-4,구로다나가마사가 하명)와 개요(開窯)에 대한 기록은『高 取歷代記錄』과『高取家文書』에 다카도리 종가(宗家)와 분가(分家), 복잡한 다카도리 성쇠, 변천과정 등을 기록, 사쓰마번의 어용요처럼 감독관청이 없는 상태에서 번주가 바뀔 때마다 어용요에서 일반개인요로 바뀌거나 요장도 여러번 옮기는 등 다른 조선계 도자들에 비하여 많은 어려움을 겪었다는 의미로 팔산(八山)계 다카도리야끼는 운명적, 팔산이 함께 끌려가 고생한 아들이 죽자 고향에 돌아가게 해달라는 요청,미움받아 8년간 유배후 다시 불렀다는 영주가 가혹했다는 일본저자 표현86) 을 보며. ..

전쟁터에선 무자비한 무장들이 와비.사비 철학의 다도(茶道)에 빠져 그 차도구 만드는 도공 (조선에선 천민이었던)을 무장 계급으로 대우, 다도계 최고 다인 고보리 엔슈(小堀遠州) 지도를 받게 하고 차입(茶入,오차이레, 차항아리)제작에 전념케 하여 격 조높은 명기(名器) "遠州高取"로 후세에 전하게 했다 는 그, 우리에겐 적장인 왜장들이 정적(靜的)인 세계 차문화와 도자문화를 발전시켰다는 점 그리고 수많은 역경속에서도 조선 고령군 출신 도예가 팔산의 이름 으로 후손들이 그 전통을 잇고 있다(k-12~5)는 팔산 의 운명은 가혹했으나 영예로웠다!

물레성형중인 **高取靜山**,

---

86) 永竹威, 上野.高取, 陶磁大系 15, 平凡社,p108~p132

2004년 조선계도요지 탐방에서 가장 인상깊었던 곳은 다카도리종가(高取宗家), 마침 부인 안내로 계곡 물을 이용하여 물레방아(k12-3)로 흙을 빻고 수비방법(k12-5), 등 조선계 전통 도자기술 과정을 견학할 수 있었다. 철유로 장식한 초대 팔산의 차항아리~ 다카도리세이잔 (高取靜山)의 차항아리(k12-2), 일본 다인들에게 진중시 된다는 오차이레(茶入), 값비싼 차 도구, 조선계 도자기술이라고 하지만 외적 형태, 분위기는 완전히 일본문화에서 탄생한 것, 한국인에겐 생소한 기물이다. 1958년 다카도리세이잔(高取靜山)이 다까도리 요장 재흥(再 興)시 선조대 지도받았던 엔슈가문과 연결해주었던 사람으로부터 첨엔 여자인 주제에 남자 도 하기 어려운 가마 일은 절대 안된다, 하지마라는 굴욕적인 질책에도 굴하지 않고 다까도 리 종가를 일으킨 그 씩씩함과 결연한 의지[87] 에 같은 여자로써 큰 감명, 일본이 오랜 무사 사회 영향으로 여성을 하대하는 경향은 물론 가마작업에 여성 출입을 금한 것은 우리나라도 동일, 그럼에도 불구하고 봉건적인 일본 도자세계에 당당히 그 이름을 알린 다까도리세이잔 에게 깊은 경의를 표한다.

k-12 高取宗家
2023.6

k12-1 高取宗家
전시실, 2023.6

k12-2 高取靜山 作
고가의 다구, 2023.6

k12-3 高取宗家
흙을 빻는 물레방아 2023.6

k12-4 高取시조, 팔산명액자,
高取宗家 전시실, 2023

k12-5 高取宗家
전통수비법 지금도 2023.6

---

87) 高取燒, 高取靜山, 續陶工陶談, 光藝出版, 1978

아리따(有田) 도자 산지는 일본 자기 생산의 시조가 된 곳으로 조선도공 이삼평(李參平)이 백자 원료(이즈미야마의 도석, k-5)를 발견하고 그 이후 일본 각지에서 자기를 생산하게 되었기 때문에 매년 "도조 이삼평(陶祖 李參平)"을 기리는 축제가 행해진다. 이마리 도자는 아리따에서 생산된 자기를 이마리 항구를 통하여 유럽 지역에 대량 수출되었기 때문에 이마리 도자로 칭했으나 제도업체가 증가하며 이마리 지역에까지 도요지가 확산되었다.

1986년도 아리따 도자 산지에 필자가 처음 방문했을 때 일본 버블 경제 타격이 나타나기 전이었고 일본 어딜 가나 우리나라와 크게 비교될 만큼 외떨어진 규슈의 작은 마을인 아리따 도자, 나베시마 도자산지는 관광객들이 몰리는 인기 높은 곳이었으나 20년후 2007년, 그리고 2023년에 갔을 때는 일본 불경기 심화로 관광객이 줄어 한산했다. 2023년 탐방시 도자 매장 변화는 아리타도자라는 명칭은 안보이고 이마리도자 또는. 나베시마도자로 통일, 사용하고 있었다.

k-13 14대酒田⬚右衛門 1998작, 사가현립규슈도자 문화관,2023.6

k-14 현대나베시마(鍋島)색회자기(色繪皿),사가현립 규슈도자문화관,2023.6

k-15 현대이마리나베시마 도자단지내하타만요 에츠케(上繪)실,2023.6

k15-1 현대이마리나베시마 도자단지내하타만요 전시장,2023.6

k-16 깊은 산속의 이마리도자 산지맵,,고려인다리,매장,하타만요장전시실, 2023.6

k-17 산지에서 구입한 이마리도자 접시류,2023.6

고구다니(古九谷)접시,
골동품상,2023.6

고이마리(古伊万里)접시
골동품상,2023.6

사쓰마도자(薩摩燒)

귀화한 조선 도공들 중 규슈(九州) 사츠마도자 도공들에 관한 기록에 의하면 가고시마(鹿兒島)의 북동쪽 구시키노에 전쟁포로로 도착한 사람들은 22성(姓)의 남녀 약 80명이였다. 그들의 고향은 전라도 남원,경상도 청송 등 으로 쿠시키노에서 그들은 일상용 잡기를 만들었다. 발굴된 가마는 길이 15.6m, 폭 1.2m 반원통형의 터널 가마였다. 높이 2m정도로 추정되는 이 가마터에서는 물병(水瓶)이 가장 압도적으로 많이 출토되어 약 70%을 차지하고 그 외 스리바치(깨 가는 것, 그릇 안쪽에 가는 홈들이 파여져 있다.)등 일상용기가 중심이 였다.

그들 중 도공 김해(金海)는 세도에 가서 다기(茶器) 제법을 전수해 왔다. 당시 조선 도공은 유교적인 조형이 중심이였으나 일본 제후의 취향은 다도(茶陶)가 중심이였으므로 김해는 세도, 미노(사진 i-9~12참조).의 기법을 배워 사츠마에서 새로이 가마를 축조하여 생산했는데 이것은 지금도 그 일부가 남아있다.

 사-쓰마 도자는 자기(磁器)가 아닌 유백색 도기(陶器)에 화려한 유채색 안료로 표면 장식한 도자로 우리나라 명예홍보대사로 잘 알려져 있는 심수관요를 방문했다.

k-18 현대사쓰마도자,
심수관요,1989

k-19. 사쓰마도자,
심수관등요,2023.

k19-1 사쓰마도자,
심수관요전시장,2023.

k-20 가고시마 나에시로가와
도기상점,2023.

k-21 현대사쓰마도자,심수관요, 1989　　k-22 현대작 사쓰마심수관도자, 2023.　　k-23 현대작 사쓰마도자, 2023.5

20년전에 비하면 우리나라 국민 문화 위상이 크게 높아졌다 경기도 도자기엑스포의 국제공모전등 세계적 큰 행사로 일본 도예가들도 많은 관심갖고 참여하며 40년전 우리가 일본을 부러워했던 것처럼 요즘은 우리나라를 부러워 한다..필자 석사학위논문으로 "일본규슈지역에 이식된 조선조 분청사기 기법"을　연구, 정리할 수 있었던 것은 당시 일본 도자 관련 서적들이 많이 출판,　일본 전국 도요지 소개에 규슈지역 도요지 대부분 개요(開窯: 가마를 열다, 즉 도자 공방,공장을 세웠다는 뜻)한 사람들은 조선도공들이며 그들이 어떻게 개요했었는지 600년전 기록이 있다는 거였다. 임진왜란 때 끌려간 (일본에선 ~해안에 상륙했다는 표현) 도공과 기족들 이름이 자세하게, 몇 명이 어느 항구에 상륙했는지를 기록, 현재까지 그 기록에 의거한 그들 선조 역사, 전통에 대한 존중은 비록 슬픈 역사라 할지라도 그들의 뿌리를 알려주는 역할로 의미가 깊다.

서양도기,
18c 경질 자기 탄생

제3장
서양도기, 18c 경질 자기 탄생

세계 도자 발달사의 목표는 견고하고 아름답고 청결한 자기(磁器)를 만드는 것, 이 목표를 위해 수천년동안 기술 탐구 결과 7세기경 중국에서 비로소 자기질에 가까운 청자를 완성하게 된다. 서양에서 가장 오래된 도자는 BC5천년경 토기가 고대 이집트유적에서 발굴, 유약 입혀진 것은 BC3천년경 청록색 알카리유[88] 도기, BC1500년경엔 청록유 아래 망간으로 그림 그려진(彩畵) 저온유 도기가 등장한다. 이런 이집트 제도기술은 점차 주변에 전해져 이란, 메소포타미아에선 BC1500년경부터 AD1000년경 채화도기(彩畵陶器)가 제작된다. 또한 제1장 도기항목에서 전술한 바와 같이 연유도기인 이슬람도기(페르시아 도기)가 13세기경까지 주류를 이루고 스페인 마죠리카섬을 통해 이탈리아로 이입된 페르시아 도기는 마죠리카로 불리며 페르시아도기를 모방한 마죠리카 도기가 유럽 각지로 확대, 파급된다. 당시 영국에선 연질도기가 런던에서 제작되고 프랑스에선 이탈리아 도공이 궁정 기호에 맞는 섬세하고 화려한 도자를 만들어 18세기엔 국영 제도소가 설립될만큼 성행하게 되었지만 1709년 독일 마이센에서 자기(磁器)제작 성공까지 유럽 제도소에서 만들어진 것은 도기(陶器) 일색, 서양의 전통은 도기였다.

자기를 다른 요업제품과 구별해서 확실하게 하나로 정의하기는 곤란하다. 최고 가치를 갖는 자기를 둘러싼 역사적 사건들을 비롯하여 세계 각지에서 차별화 개발된 무수한 종류가 있기 때문이다. 예를 들어 석기 소지에 적당한 용제를 첨가, 소성하면 투광성 제품을 얻을 수 있으며 (예:골회자기, Bone china) 최근에는 장석, 카오린, 석영, 세 성분의 투광성 있는 소지를 진자기(ture porcelain), 이 세 성분의 자기는 크게 연자기[89] 와 경자기[90] 로 분류하기도 한다.

---

88) 알카리유, 소다(soda)유라고도 한다, 탄산나트륨(Na_2CO_3)을 규산과 화합시켜 만든 유약, 고대 이집트에서 처음 등장, 아시아 각지에서도 오래전부터 사용, 동을 첨가한 청유 등, 습기에 약해 이탈되는 단점

89) * 연자기(soft porcelain, Porcelain Tendre, 연질도기): 유리상의 프릿트와 泥灰土를 기초로 한 여러 가지 조성이 있고 경질자기보다 조금 낮은 온도에서 두 번 소성한다, 소성온도 sk8 ~ 11의 소지로 카오린광물 25~ 40, 석영 30~ 37, 장석 30 ~ 37%.

90) *경자기(hard porcelain): 독일의 H.Segar가 제안, 분류로 이 학문적인 기초는 SK12에서 소성하면 용융된 장석 유리에서 상당한 양의 석영이 녹아들어 동시에 뮬라이트(mullite)라고 하는 결정($3AL_2O_3 . 2SIO_2$)이 생성되기 때문이다. 소성온도 sk12 ~15 의 소지로 카오린광물 45 ~55, 석영 22 ~28, 장석 22 ~ 28%.

16세기 오스만. 터어키 사자로써 중국에서 3년간 지냈던 아리.에크벨이 1516년 슐레이만1세에게 올렸던 보고서에 중국 관요(官窯)의 도자기 매매와 자기(磁器)의 특징에 대해 『도자기는 각각 10개씩 중국 "철제의 용기"속에 정렬시켜 가마속에 들어간다. 그리고 가마를 채워서 굽는데 이것들은 그 상태에서 팔린다. 정확히 일만사-루, 즉 10만 은(銀)다함이다. 사는 쪽은 위험율 자기부담으로 가마속의 것이 넘어지거나 완전한 것이거나 가마문을 달은 채로 사 버린다. 그 중에 특별히 좋은 것은 황제의 것으로 하고 그 밑에 표시한다. 그 중 몇 개의 자기는 기천(幾千)디날의 은(銀)으로 중국내에서 팔리는데 그런 것들은 수출금지로 이곳(이슬람교 지역)에 가져올 수 없다. 몇 개의 도자기는 무게따라 금(金)으로 지불되기도 했다.... 자기는 비취 이외의 어떠한 고가의 돌(石)에서 볼 수 없는 세 가지 성질을 갖고 있다. 첫 번째로 모든 가스를 침전시킨다. 두 번째로 결코 낡지 않는다. 세 번째로 다이야몬드에 의해서만 상처가 난다. 그리고 다이야몬드는 이 방법에 의해서만 확인될 수 있다. 이러한 자기를 사용해서 식사를 하거나 마시거나 하면 힘을 생기게 한다. 이런 강한 성질에도 불구하고 불(램프 또는 태양)에 비추어보면 외측의 그림을 안쪽에서 볼 수 있다(주: 투광성)』

이것을 기록했던 시대는 중국 명(明)시대 정덕제(正德帝,1506~1521)로, 관요(官窯)제품은 수출금지라고 했지만 정덕년 간의 연기명(年記名)과 아랍문자의 코란 성구가 적힌 관요(官窯)표시 마크가 있는 제품이 중근동에서 발견되는 것(l-1~8)을 보면 아랍상인들이 중국 자기를 무역상품으로 취급했다는 것을 알 수 있다. 그리고 철제 용기 속에 넣는다는 기록은 내화성이 강한 사야(匣: 소성중에 연료 재 또는 유약 기화시 기물 표면 이물질 방지용 사야(l-3)를 말하는 것으로 사야의 색이 다갈색이기 때문에 철제로 오인한 것이다.

I-1 코란이새겨진 중국제자기[91)]

I-2 질란트문장의 중국제 접시[92)]

I-3 일본 세도구라사야[93)]

I-4 로젠탈 도자미술관사야[94)]

91) 코란이새겨진접시,중국스와토,1600년경,D35,아리아나미술관소장, (산터우웨어:이슬람국가들을위해 제작된 중국자기)출처: 세계도자재단법인, 세계도자문명전, p78
92) 질란트문장이 담긴접시,중국,1715년경,D34,아리아나미술관소장,네델란드 지방의 문장을 넣은 중국자기,출처: 세계도자재단법인, 세계도자문명전, p164
93) 도자기가 휘거나 안료가 휘발되는 것을 억제시키기 위하여 소성시 불길에 직접 닿지 않도록 하는 보호통, 일본 세도시 세도구라(瀬戸倉) 전시물, 2007.7
94) 독일 로젠탈 미술관 전시물, 2007. 8.

한편 자기의 우수성에 대한 표현은 당시 상술에 능한 서역인의 중국자기에 대한 과장된 면도 있지만 연질의 도기에 비하여 경도가 높다는 것을 다이아몬드와 비교한 것은 당시 유럽인들의 중국자기에 대한 가치와 신비감을 알 수 있으며 관요제품을 가마채로 매매하고, 도자기 무게에 따라 가격을 지불했다는 것도 흥미롭다. (우리나라에서도 비슷한 사례가 있어 이는 오래된 전통적 도자 상거래법임을 알 수 있는 대목이다)

I-5 청자투각돈, 고려14c,
토프카피궁전,도예미 11

I-6 원 청자,토프카피궁전,
도예미 11

I-7 원 청자,토프카피궁전,
도예미11

I-8 5채첨화문병, 청,
토프카피궁전

터어키 토프카피 궁전 동양도자미술관 소장품을 보면 우리나라 고려시대 청자(l-5)도 중국 원. 명, 청시대 자기류(l-6~11)들과 함께 수출되었다는 것을 알 수 있다.

I-9 일본 아리타자기, 이태리
구비오성 박물관소장, 2004

I-10 중국 청,청화백자,
프랑크푸르트공예 박물관소장
2007

I-11 중국 청, 색회자기,
이태리 구비오성 박물관소장
2004

I-12 De Porceleyne Fles
의 첼프트미술관소장,
중국청화백자와 모조품인
델프트도기, 2004

또한 자기를 일본에서는 이시모노(石物)라 하고, 송시대 서긍은 "고려도경"에서 우리나라 청자기(青瓷器), 즉 고려 청자를 비색(翡色)청자라고 비취색에 비교한 기록이 있듯이 16세기 자기의 기술은 돌, 즉 귀석(貴石)과 비견되는 첨단 산업산물이었다고 할 수 있다.

중국 자기가 이렇듯 귀중품으로 애용된 것은 처음으로 카오린(磁土)[95] 이라는 자기용 흙을

---

95) 마이센도자미술관내 홍보 비디오 내용, 2007.

발견하여 그것을 고온 소성[96] 했던 것이 비법이었다.

1709년 마이센에서 자기를 구울 때까지 도기만을 생산하던 유럽에서 자기를 만들 수 없었던 것은 바로 자기(磁器) 소지(素地)인 카오린과 고온 소성이라는 비밀 기술을 해결할 수 없었기 때문이다.

머나먼 옛날 이집트 후스타트[97] 유적에서 조차 중국의 자기파편이 다량으로 산출될 만큼 중국 자기기술은 특별한 비법으로 서구 유럽 각지에서 경쟁하듯 연구되어졌다. 이것은 동. 서 도자 역사상 획기적인 큰 사건이었는데, 자기 기술을 둘러싼 극적인 사건은 극동지역인 우리나라와 일본에도 있었다. 본 서 제2장에서 선술한 바와 같이 일본에선 "도자기전쟁"이라고도 부르는 임진, 경장왜란(1592~1598)에 끌려간 조선도공들에 의해서 일본 규우슈 이즈미야마(泉山)에서 도석(陶石: 카오린 일종)을 발견하여 일본 자기 시조(일본 규슈 아리따에서 매년 陶祖 이삼평을 기리는 제를 지낸다)가 된 역사적 사실은 일본쪽 기록은 많지만 우리나라 역사기록엔 찾아볼 수 없다.

동양 자기 기술에 대한 유럽 각국의 치열한 기술 쟁탈전은 목숨 담보한 현대 산업 스파이 사건들과 같이 비밀리에 나중엔 공공연하게 유럽 각지에 전달되었다. 각 나라의 자기기술 각축전은 좋게 말하면 도자 문화 교류이기도 하며 도자를 통한 국가 경제 순환과 사회 문화 전반에 활기를 주었다. 사진l-9~12는 중국 청화백자, 유상채화 자기(色繪磁器) 또한 중국자기를 모방한 일본 아리타자기도 유럽 자기 수집 열풍의 대상으로, 각 지역 박물관에 소장되어 있다.

1 유럽 도자 발전과 그림도자기

서양의 도기와 동양의 자기로 대표되는 세계 도자 흐름에 중심 되는 두 기둥 중 하나는 중국 자기(磁器), 또 다른 하나는 페르시아 도기(陶器)라고 할 수 있다. 서양도기의 원조 격인 페르시아 도기 역시 메소포타미아나 바빌로니아에서 발생한 다채로운 유약이나 붓으로 그린 문양의 시문법(施文法)이 정치, 종교 변화에 따라 중근동을 중심으로 동서로 퍼져가 유럽 르네상스기의 예술부흥기를 거쳐 다채로운 그림도기 세계로 발전시켰다. 이번 3장에서는 유럽 도자 흐름을 살펴보며 동. 서양 문화교류 형태, 의미를 되새겨본다.

---

96) 자기의 근본 원리, 즉 소성 중에 쉽게 녹는 재료(溶劑)와 녹기 어려운 재료(점토질)를 적절히 혼합하여 소성함으로써 특정한 도기조직을 만드는 것, 이때 용제는 녹기 어려운 결정질 성분을 밀화(密化) 접합하고 녹기 어려운 성분은 형태를 지탱하는 골격역할, 열에 의한 변형을 막아준다는 것, 이 원리를 뵈트거는 실험을 통해 알아내고 1708년 백색 카오린 지층을 발견, 자기제작에 성공함

97) 후스타트(fustat), 이집트 카이로의 옛 수도, 고대 도시 이름. 구카이로(old Cairo)지역, 이슬람시대 초기 이집트의 중요한 문화중심지

유럽 도자 중에 박물관이나 수집가들이 주로 소장하고 있는 조형성 높은 의례, 제기용품 이외에 식기들도 끊임 없이 생산, "식"과 관련된 생활용기들은 보존·저장용기로써 더 일찍 발달했다. 지중해 주변의 보존. 저장용기로써 대표적인 것은 암포-라(m-2, 3)이다. 우리나라 뾰족밑 토기처럼 당시는 창고나 부엌이 흙바닥이므로 조금만 바닥을 파면 쓰러지지 않고 세울 수 있다. 또한 그 숫자가 많아-지면 방의 한구석을 이용하여 먼저 한개를 기대어 세우고 차례차례로 기대어 세우면 생각보다 여러 개의 항아리를 수납할 수있다.

또한 지중해에서는 여러 척의 침전선이 발견되어 그 적하 상황을 알 수 있는데 모든 돛단배는 배 밑바닥에 바라스트 라는 추가 필요하여 무거운 돌을 놓기 때문에 세계각지에서 바라스트石을 찾는 것이 침전선을 찾는 하나의 단서가 될 때가 많다. 그러나 돌보다 기항처에서 팔릴 수 있는 무거운 것을 바라스트로써 배 밑바닥에 적재시키면 큰 장사가 되기 때문에 중국 자기가 세계 7개 해역을 넘어 운반되었던 것 처럼 지중해에서도 포도주나 올리브유 등이 들어있는 암포라가 바라스트의 역할도 겸해서 배밑에 적재되었다. 기본적으로 지중해 돛단배의 형태는 배바닥이 삼각형으로 되어 있기 때문에 바닥이 평면인 커다란 항아리브다는 암포라처럼 밑이 뾰족하고 사람이 져나르기 쉬운 크기, 무게가 배 바닥에 안정된다. 그것은 최근의 수중 고고학에 의하여 어떻게 짐들이 적재되었는가가 확실하게 되었기 때문에 알게된 것으로 박물관에 전시될 때는 철판으로 항아리바닥을 끼우는 스탠드를 만들어 하나 하나 진열되어진다.

암포라는 BC3세기에 만들어지기 시작하여 각 시대, 각 지역에 따라 항아리 형태, 손잡이 형태, 목과 몸통과 균형 등이 달라서 편년이나 생산지를 판단하기에 좋은 단서가 된다. 그러나 바닥이 뾰족하고 가늘고 긴 형태의 기본은 크게 변하지 않고 지금도 카이로 교외나 지중해, 중근동 내륙에서는 토기인 암포라를 계속 만들어 사용하고 있다.

지중해 문화권에는 암포-라와 함께 문화, 교역의 형태를 알기에 좋은 단서가 되는 것으로 토기제 램프(m-1)가 있다. 토기제 램프는 배 모양을 하고 뒷 부분에 손잡이가 있다. 이것도 암포라처럼 기본형은 그다지 종류가 많지 않지만 거기에 시문된 믄양, 명문 등 그 다양성에 따라 산지와 시대를 알 수 있다.

m-1 토기 램프,
아테네고대그리이스박물관,2004.

m-2 그리이스 도기, 암포라,
세브르국립도자박물관소장

m-3 암포라,
다름스타트지역박물관소장,2007.

고대 그리이스 그림도기

유럽 각 지역에서 제작된 수많은 도기들 중에 본 서에서는 도자역사상 많이 알려져 도자 발전에 주요 역할을 한 그리이스도기, 이슬람도기, 테라시길라타, 마욜리카를 중심으로 소개한다.

서양의 도자 중에서도 그리이스 도기만큼 높은 미적 수준을 갖고 있는 것도 드물다. 그리이스 미술하면 파르테논 신전이나 아폴론상, 비너스상을 떠올린다. 그러나 그에 필적할 만한 회화는 거의 현존하는 것이 없다. 그러나 이 그리이스 도기 속에 훌륭한 그리이스 회화의 세계가 존재한다. 그리이스 도기 미술자체가 갖는 특수성은 바로 그것이 회화이면서 동시에 도기라는 것이다.

서양의 도자는 이 아름다운 그리이스의 그림도기(繪陶)를 모체로 이후에도 끊임없이 그림도기에의 회귀를 추구하게 된다. 물론 그리이스 도기 역시 고대 서 아시아 지중해 지역의 선행 토기의 영향을 받고 흑회(黑繪)식 도기나 적회(赤繪)식 도기에로 발전 된 것이다. 그리이스 도기의 화상 해석문제는 19세기 중반에 처음으로 제기되어 연구결과 그 형상표현에는 2개의 기본적인 범주가 있다는 것이 확실해 졌다. 즉 신이나 영웅에 관한 이미 알려져 있는 신앙이나 신화에 관한 것과 일상생활에 관한 것이다.

그리이스의 고대 도기를 분류할 때는 소지나 제조기술에 의한 것 보다는 장식에 따라 5기로 나눈다. 유명한 에토로리아나 아테네의 도기는 가장 초기의 것으로 재(灰)로 착색된 소지 위에 갈색이나 검정으로 문양을 그린다. 색채는 흑, 황, 적갈색의 3종류로 기원전 10세기에서 6세기에 걸쳐 슬립유가 전성을 이루었다. 색채는 고유의 산화물이 아닌 점토 속에 원래 들어있는 착색 산화물에 의한 것이다.

그리이스 도기는 부장품만이 아니라 일상생활에 실제사용을 위하여 만들어 진 것이며 부장품도 사자의 영원한 집, 생활에 쓰기 위하여 묘에 넣어진 부장품이었다.

이란이나 메소포타미아지방에서 시작된 신석기문화, 즉 토기문화는 곧 주변 각 지역의 토착 토기 제작에 영향, 파급되었다. 기원전 2600년경에 크레타 섬에서 물레 성형후 직선이나 기하학문이 시문된 독이 만들어졌고 키프로스에서도 거의 동시에 지그재그문양, 능형문(菱形文)등을 시문한 토기가 제작, 자유로운 형태의 용기가 만들어졌다. 또한 적색으로 표면을 연마해서 반들반들하게하고 몸통이 평판상이고 짧은 손을 붙인 다산풍요를 기원하는 토우 등도 만들어졌다. 크레타나 키프로스의 토기 다음에 나타나는 것이 그리이스 도기이다. BC 7세기가 되면 아테네와 코린트에서 균형 잡힌 우아한 형태의 도기가 계속 만들어져 그 형태는 유럽 전통 속에 계속 살아 남아 있다.

그리이스 도기 형태는 아름답지만 유리질의 유약을 입히는 단계까지 이르지 못했다. 단지 그들은 산화철이 많은 도토에 목탄을 섞은 것을 사용하여 성형한 후 그위에 산미(酸味)가 강한 포도주를 흙과 합쳐 안료로 만든 것으로 문양을 그려 소성하였는데 그것이 저 광택있는 독특한 "흑회식(黑繪式, m-5)도기", "적회식(赤繪式, m-4) 도기"이다. 일종의 분장기법(粉匠技法)으로 도기에 시문된 문양은 그리이스 신화나 생활을 모티브로 한 것, 이러한 고대 그리이스의 채화(彩畵)도기(토기)는 회화(繪畵) 유물이 적은 그리이스 당시 생활 양식을 알 수 있는 좋은 단서가 된다. 페로포네소스전쟁이나 코린트전쟁 때문에 BC4세기 이후 급격히 쇠퇴하고 BC 320년경에는 단절된다.

2004년 2월 필자가 아테네 고대 그리이스 박물관을 찾았을 때 50년만에 눈이 왔다고해서 파르테논신전에 올라갈 수 없었다. 아테네 거리의 포장이 아름다운 대리석으로 깔려있었고 신전으로 올라가는 길도 모두 대리석이었기 때문에 미끄러워 위험하다는 이유로 통제되었는데. 그만큼 눈이라는 것이 귀한 곳이어서 제설 장비도 없고 비행기도 불통인 공항까지 2일간 택시로 다녔는데 거리의 아테네 사람들은 불편한 기색은 없고 오히려 눈구경하느라 즐거워하는 모습들을 보았다 그리고 요즘의 그리이스 경제 위기 상황을 보면 그 당시의 눈사태에 모든 일들이 정지되었던. .주요 관광 자원에 대한 관리, 너무나 아름다운 실내와 같은 대리석 바닥의 거리, 고대의 번영과 그것을 지속가능하게 할 수 있는 것은 ? 자연 순환 법칙을 생각하며 아테네 고대그리이스 박물관으로~ 그림으로만 보던 그림도기, 그리이스 도기들을 만난 것은 감동, 그 자체였다. 적어도 2500년~ 5000년 전에 제작된 점토로 빚어 만든 조형물들. 그릇이든 조각이든 신전 건축이상의 형태 비례의 아름다움, 정교한 그림솜씨 등 그 제작자들의 감성과 당시 그리이스 사회의 진지함이 느껴지는 아름다운 예술 작품에 큰 감동을 받으며 점토를 빚는다는 것이 필요한 도구제작의 의미만이 아닌 사회, 작가의 정신성과 깊은 관련이 있음을 확인, 그리고 그러한 예술정신을 잉태했던 고대 아테네 폴리스의 정신은 지속, 현대에도 연결되어 있음을 느꼈다.

m-4 그리이스 적회식도기, 독일다름스타트지역박물관 소장,2007.8 촬영

m-5그리이스흑회식도기, 아테네고대그리이스미술관 소장,

m-6 백지채회도기, 아테네고대그리이스 미술관소장,.

m-7 아테네고대그리이스미술관 전시장, 2004.2

이탈리아 반도에서는 BC7~5세기경 만들어진 부케로라 불리는 흑색마연토기가 그리이스 도기와 비길만한 훌륭한 도예품으로 평가,얼마나 에트루리아 도예가 번영했는지 알수 있는 것은 현존 작품 중 수많은 등신대의 테라코타조상(彫像), 거대한 골호 등, 에트루리아 독자의 흑도(黑陶,m-9)는 후에 로마 도기에 인계되고 훌륭한 흑색마연토기를 남긴 에트루리아인은 BC3세기에 사라진다.

이탈리아반도에는 그리이스 도기의 영향을 받은 그림 도기가 일찍부터 만들어졌으나 BC1 세기 로마 제정시대가 되면 이탈리아 각 지에서 "아레타인 도기"라고 불리우는 적색마연토기 또는 적색안료를 기면 전체에 바른 토기가 만들어졌는데 이러한 형식의 대생산지가 아레치 움이였기 때문에 이 명칭이 부쳐져 일반이 사용하게 된 것 문양이 없는 소문(素文)의 적색 토기도 만들어졌지만 기표면에 귀금속기 등에 쓰여졌던 인물문양 이나 동식물 문양을 압형 (押型)을 사용하여 부조문으로 썼던 것을 테라. 시길라타(m-8~m-11)라고 하는데 이 종류가 많이 제작되었고 도공의 이름이나 공방의 소유자명을 각인 한 것도 있다.

m-8 로마 테라시길라타, Palais Rohan(Strasbourg), 2025

m-9 로마 테라시길라타와흑도, Palais Rohan(Strasbourg), 2025

m-10 로마 테라시길라타와 흑도 파편, 엔고베기법, Musee du Pays de Sarrebourg,2025

m-11 로마 테라시길라타 파편 압형사용부조문, Musee du Pays de Sarrebourg, 2025

『이탈리아어로 테라란 점토, 시길라타란 표면을 막는다는 뜻으로 입자가 성근 토기표면을 다시 격색토로 발라주고 금속면 등으로 문질러주면서 표면의 공기구멍을 막아준다는 의미』 테라시길라타는 미세하게 정제된 붉은 점토를 묽게 하여 건조된 도자에 바르고 축축한 상태에서 문지르면(마연) 광택을 낼수 있다. 로마제국 전역에서 생산된 고급도자로 현대 공방도예에서는 고대 로마도공들이 사용했던 것과 유사한 특정 슬립을 지칭, 슬립유약은 초기 미국 석기도자에서 실용적인 머그컵, 그릇 생산에 흔히 사용, 알바니 슬립점토는 널리 사용, 콘 8~10어서 갈색, 검은색으로 소성된다.

 BC 1세기가 되면 서아시아나 이집트의 연유(鉛釉)기술이 도입되어 이러한 부조문의 태토 위에 시유되어서 녹유(綠釉)도기(m-13)가 만들어지게 되었고 이것이 광범위한 로마제국의 각지(이집트m-13, 이태리m-15)에 전달되어 스페인이나 프랑스(m-14)나 독일지방에서도 똑같은 시유도기가 만들어지게 되었다. 특히 게르마니아의 수도 케른은 그 중심지였다. (독일의 석기 참고, 본서 p32~35)

고대 로마시대 아우구스투스 황제 재위 기간(BC31~AD14) 이태리 아레죠지역에서 제작된 부조장식의 적색유광도기(테라시질라타)가 유명,이를 모방한 것이 피사에서도 생산, 사진 m-12는 피사에서 제작된 테라시질라타이다[98]. 로마도기의 기형은 당시의 금, 은기의 유행을 반영시킨 것이 많지만 램프, 도판(陶板), 기와, 테라코타상 등 흥미있는 것이 보인다. 그리고 로마의 녹유 부조문 도기의 전통은 그 이후 유럽도기의 중심적인 형식(m-16~19)이 되어 근세에 이르기까지 계속되어졌다.

m-12 테라시질라타 사발, 이탈리아, 피사 10년경, 세브르국립도자박물관

m-13 이집트 綠釉動物浮彫文裝飾瓶, 로마초기(AD1),米國 The Brooklyn Museum

m-14 테라시길라타, 독일 다름스타트지역박물관, 2007

m-15 이태리 테라시길라타,223, 구비오城박물관, 2008.

현대 슬립 장식기법은 착색슬립(colored slip), 즉 화장토는 소성전 소지표면에 채색과 장식을 하는 가장 단순한 기법중 하나로 슬립장식을 한 도자를 슬립웨어(slip ware)라 부른다.

---

98) 피사의 테라시질라타 유물에는 CN ATEI/CRESTI라고 서명, 이는 도공 크레스투스가 아테이우스제작소에서 제작했음을 뜻한다. 세계도자문명전,서양, 세계도자기엑스포2001경기도

m-16 飾皿,독일헤센주 Rodgau도기, 1710년제, Otzberg Castle Museum

m-17 波狀文大皿,슬립웨어 (RedEarthenware) 1810년경, 미국 펜실바니아

m-18 19세기 노르웨이비어머그, 노르웨이민속박물관

m-19 slip Trailing, Steven hill, Peter Cosentino,

이탈리아 마욜리카(파엔짜, 우르비노, 구비오, 데루타)

마욜리카라는 말은 여러 가지 의미가 있다. 요즘 마욜리카는 점토 소지에 석(錫)의 불투명유로 장식하고 고화도로 소성한 석유(錫釉)도기를 말한다. 15세기 스페인에서 마죠루카섬을 경유, 이슬람도기 석유 기법인 이스파노. 모레스크가 대량으로 이탈리아로 수입되어 일종의 붐을 일으키자 그때부터 "마욜리카"라는 이름이 생겼다. 처음에는 이스파노. 모레스크 도기(c1-3, c-2) 특유의 라스터 채색의 금속 광택 기법을 가리키는 의미로 사용되었으나 마욜리카가 이탈리아의 석유도기 일반을 가리키는 넓은 의미로 사용되는 것은 16세기 이후부터이다.

즉, 초기에는 이탈리아에서 만들어진 라스타 채(彩)의 작품을 말했으나 넓게는 르네상스 이탈리아에서 제작된 도기 전부를 가르킨다. 이탈리아는 수 세기에 걸쳐 스페인 수입 제품의 모조품을 계속 만들었다. 그러나 15세기부터 이탈리아 독자의 작품(마욜리카, m-20~m-26)을 만들어 특이한 발전을 했다. 15세기말에서 16세기초에 걸쳐 이탈리아의 마욜리카 예술은 최고의 전성기를 맞는다. 마욜리카가 원래 가지고 있던 회화적 장식 지향성은 점점 뚜렷해지고 도기의 모양과 기능과 장식은 분리되어 그림 그자체가 따로 독립, 목적화 되어 간다. 특히 접시류는 바닥이 얕아져 일종의 원반처럼 되어 소위 "장식접시(piatto da pompa, m-20,22,23,25)"가 탄생했다. 유럽의 왕후 군주나 귀족들은 서민의 일상적인 실용 도기와 달리 이 장식접시나 식탁 세트를 장식품으로 실내에 장식하거나 선물교환하기도 하였다. 이탈리아에서 마욜리카 제작이 가장 성행했던 것은 1500년부터 1700년 사이이고 특히 피렌체, 우르비노, 구비오, 파엔차, 데루타 지방을 중심으로 이탈리아 전체로 넓혀졌다.

16세기에 이르러서는 구비오의 죠르죠. 안드레올리(Giorgio Andreoli)가 아름다운 러스터 채색도기를 만들었으며 르네상스의 이젤화 같은 엄숙한 그림들을 소재로 하여 16세기 내내 인기를 구가하였던 이스토리아토 양식(istorato style)의 대가 페리 파리오 등이 활동하기도 하였다. 이러한 발전적 역량은 알프스를 넘어 유럽지역으로까지 확산되어 많은 인기를 얻었다.

르네상스기의 도예가들은 다른 예술가들처럼 서로 경쟁을 했다. 그들은 또한 군주의 예술보호에 종속되어 있었다. 일용품이였던 도기는 화미한 오브제가 되었다. 도예가는 공통된 기법을 썼지만 각각 고유한 수법을 갖고 서로 비술(秘術)이라고 하였다. 그들은 자신의 기록자에게 그들의 예술에 대한 개요를 기록시켰다. 피꼴르 빠소는 그 당시 "도예 삼서(三書)"를 써서 마욜리카에 일반적인 기법을 서술하고 동시대에 주요한 공방에 판매했다. 1758년에 빠세리는 빼사르의 마욜리카사(史)를 출판했다.

도예가들은 포름이나 장식에 있어서도 기량을 경합했다. 시민생활의 성숙과 부유층 시민의 귀족화 등 도자공예품도 점차 실용성을 벗어나 사치품화, 장식품화되는 경향이 생겼다. "인빠리아타"는 다섯개가 일조(一組)인 항아리이고 산욕의 귀부인의 식사를 위하여 만들어진 것이다. 사랑하는 여성의 초상화를 그린 "고빠 아마토리아"(amator; coppa amatoria, m-22)는 사랑의 증거로 사용했다. "알바레로"(albarello, m-21)라는 약국의 약을 집어넣는 용기는 도기의 수요가 확대된 것을 말한다. 당시 약국은 병원, 수도원, 영주 에게 귀속되어 있었다. 설화그림이 그려진 대접시(설화(說話)도기)의 주제는 회화, 판화, 초기의 인쇄본 등에서 빌려썼다.

m-20 .스페인마욜리카[99]

m-21 이탈리아 마욜리카[100]

m-22 이탈리아 마욜리카[101]

99) 청러스터접시, 스페인, 발렌시아, 1450년경, d35, 세브르국립도자박물관소장, 이슬람도기 기법이 12~13새기 이탈리아와 스페인을 거쳐 유럽에 소개, 고품질의 러스터채도기는 14세기말 부터 스페인 동부해안지역인 발렌시아에서도 생산, 이탈리아에서 이 유형의 도기를 유래 지역인 항구명인 마요르카를 따서 마올리카로 불렀다.

100) 공작깃털문양의 알바렐로(약단지), 이탈리아 파엔차, 1480년경, h30.3, 세브르국립도자박물관소장, 15세기 이탈리아 마욜리카는 다채산화주석유 도자문화를 발전시켰다. 아름다운여인, 인물, 설화, 성경, 신화, 역사, 예언 등의 주제로 장식한 것이 특징. 출처: 세계도자재단법인, 세계도자문명전, p75

101) 라우라벨라의 초상이 그려진접시, 이탈리아 카스텔듀란테, 1535년, H7D26.5, 세브르국립도자박물관소장, 출처: 세계도자재단법인, 세계도자문명전, p77

17세기경까지 전성기를 누렸던 마욜리카도 독일의 마이센에서 중국식의 백색 자기가 생산되자 곧 자취를 감추었다. 최근에는 이탈리아 특유의 밝고 산뜻하고 아기자기한 꽃 그림 등과 관광객을 위한 토산품으로 가격도 싸고 다양한 디자인으로 인기를 얻고 있지만 몇가지 흠이 있다면 저온 소성 제품이라 쉽게 깨어지고 표면이 약해 안료가 벗겨 진다는 점이다. 그러나 이탈리아에는 자기 소지(카오린)광산이 없기 때문에 앞으로도 수입 자기토로 생산하는 것보다 마욜리카 전통을 중심으로 생산될 것이며 오리지널 마욜리카는 품질과 관계없이 그 희소성으로 인해 도자기 수집가들에게 앤티크로서 인기리에 거래되고 있다.

오늘날 이탈리아 도자는 볼로냐 체르싸이에(타일박람회, m-27)[102]를 통해 이탈리아 마욜리카 전통을 건축자재, 타일업계 세계 최고의 명성을 쌓고 있다. 2004년도 체르싸이에 세라믹, 타일 박람회를 참관했던 필자도 그 엄청난 규모에 놀랐지만 이탈리아 도기 산업은 전통적으로 식생활용품인 식기만이 아닌 주생활과 깊은 관계가 있다. 대표적인 마욜리카 "장식접시"처럼 식기로 사용하기 위한 것이 아니라 건축물 벽면에 걸어 장식하기 위한 목적으로 만들어지거나, 식기로 사용한 후 벽에 장식과 수납을 함께 했다는 것은 독일 프랑크푸르트의 괴테하우스 부엌에 걸려있는 접시선반, 뮌헨의 교회 제단에 세워져 있는 접시 등의 예(m-30)에서도 알 수 있다.

m-23 이탈리아 우르비노
마욜리카,이스토리아토양식

m-24 파엔짜 마욜리카,
콤펜디아리오양식

m-25 파엔짜마욜리카,
대영박물관소장,2003.8

m-26 이탈리아 데루타
마욜리카

m-27 볼로냐 체르싸이에
2004.9

m-28 데루타 산지,
공장 벽면, 2004. 9

m-29 구비오 도자 샵,
2004. 9

m-30 뮌헨레지덴스뮤지움내
교회 제단 구비로도기, 2007.

---

102) "CERSAIE" – 타일, 세라믹 생산 중심지인 이태리 볼로냐에서 세계 최대의 타일/세라믹 박람회가 매년, 이태리를 비롯한 전세계의 타일/세라믹 업체들이 최신기술 및 신제품을 전시하며, 주택설비와 관련된 트렌드를 예측할 수 있고, 타일/세라믹을 비롯한 욕실용품 및 관련 원부자재, 기술 등 출품,2009년도 176,000㎡/1074업체/83000여명참관, http://www.cersaie.it/

파엔짜(Faenza)

마욜리카 도자 문화의 중심지 중에서도 가장 유명한 곳인 파엔짜의 도기 공방의 명성은 높고 "화이앙스"라는 도기 장르에 그 이름이 붙여질 정도이다.

파엔짜에서는 이탈리아 타 공방과 똑같이 석(錫)의 불투명유를 입힌 아르카익 양식의 작품이나 연(鉛)투명유를 입힌 작품을 만들었다. 15세기 초기에는 이슬람 도기 양식의 작품을 만들었는데 즉 석(錫)의 불투명유 위에 산화망간으로 스케치하고 측백나무 잎 장식은 부조로 산화 코발트 청색으로 두껍게 채색했다.

16세기 중반에는 부조, 부분적인 볼록형, 등 장식에 의해 부분적으로 강조된 포름의 작품이 되었다. 16세기 후반에는 종교개혁과 반종교개혁과의 전쟁이 계속되어 과거의 예술을 종합하고 요약한 백색유약을 입힌 식기에 "콤펜디아리오"양식으로 간략하게 그려넣은 도기를 생산했다. 모티브는 문장(紋章), 성인(聖人), 천사상등을 선묘(線描)하고 엷은 청색과 황색으로 채색했다. 1550년 직후 베니스. 파엔차 등지에서는 청화백자를 모방한 청색과 백색장식을 한 마욜리카가 생산되기 시작했다. 자기 생산을 위한 시도는 1575년 피렌체에서 최초의 연질 자기 생산으로 이어졌다.

필자가 2004년 파엔짜 도예학교를 방문했을 때, 한국 유학생의 소개로 타일코스 지도교수, Sebastiano Paxia, Raffaella Cricca(m-31,32)를 뵙고 견학을 했는데 당시 타일 유약 연구, 실험내용, 학생지도 방법, 구두 만드는 집 학생이 구두굽 형태로 도자식기 디자인 스케치한 것 등을 보여주셨는데 파엔짜도예학교의 상당히 실험적이고 유니크한 디자인이 인상깊었다..

m-31 파엔짜국립도예학교

m-32 파엔짜국립도예학교

m-33 파엔짜국립도예학교

m-34 파엔짜시내 건물외벽타일

우르비노(Urbino)

마르케지방의 우르비노는 몬테페르토로 공과 데라로베레 공의 도시로써 라파엘로의 탄생지이기도 하고 16세기에는 문자 그대로 설화(說話)도기의 중심지였다. 우르비노의 공들은 문예의 옹호자이고 그들의 궁정에는 많은 예술가가 초대되었다. 예술작품은 주로 화가의 작품이고 각 예술가는 가능한 한 회화적 표현을 추구했다(m-23). 설화 그림 도기는 전부 호화로운 작품이였다. 그 주제는 라파엘로 작품의 복제판화, 성서의 정경, 이솝 우화 오비티우스의 변신담(變身譚) 등에서 이미지를 얻었다. 듀라, 크라나하, 만테니아, 쥬리오. 로마노 등의 판화도 모델로서 이용되었다. 도기 화가는 경쟁하여 작품에 사인하고 설화그림의 장식은 기형의 복잡함에도 불구하고 작품전면에 그려졌다.

구비오(Gubbio)

움브리아지방의 도시 구비오는 16세기에는 우르비노 공 영토에 속해 있었다. 구비오의 명성은 무엇보다도 유명한 도공 죠르죠. 안드레올리(Giorgio Andreoli)의 덕분이다. 구비오 특유의 구리를 이용한 루비색 라스터 채색은 그의 이름과 관련있다. 북이탈리아에서 태어난 그는 1498년부터 우르비노 공으로부터 시민권을 부여받아 마에스트로 죠르죠라는 이름으로 널리 알려졌다. 마에스트로 죠르죠의 성공은 라스타채색-황금색(maiolica d'oro), 루비색(rosso di maiolica)-을 취급해 그 명성이 높았다. 라스타채의 효과는 제 3소성에서 얻어진다. 이 수법은 이미 빼사로나 데루타에서도 확실히 알려져 있었지만 마에스트로 죠르죠의 라스타채 퀄리티는 그 투명함과 적색의 색조 등이 유니크하다. 그것은 대단히 높게 평가된 것으로 그는 다른 도예가들의 싸인이 있는 작품에도 "마욜리카로 마무리"라는 의미의 문장을 붙여서 라스타 채색으로 그의 싸인을 덧붙일 정도였다. 라스타의 기술은 백 개를 소성해도 겨우 6개 이상은 완전한 것이 될 수 없다고 할 만큼 어려운 것이였다고 한다.

m-35 이태리 구비오도자 산지,가족이 함께 운영하는 람피니공방, 2004

필자가 구비오를 방문했을 때 마침 관광객들을 위한 중세식 병사들의 도열식 이벤트(m36-2)가 열렸는데 중세도시 관광과 특산품 도기와 구비오 성 미술관에 역사적 유물들 관람중 특히 일본 에도시대 아리타도자(m36-4)가 전시, 중세 그 산꼭대기 외진 곳에까지 운반되어 진중시 되었다는 사실이 놀라웠다. 작가 람피니 도기공방 (m-35)견학, 선조부터 하던 일을 가족이 함께 제작, 운영하는 우리나라 개인 공방과 같은 규모였는데 겉보기엔 도자공방답지 않은 아주 깨끗한 작업장이었다. 그것은 도자 성형은 다른 곳에서 해오기 때문에 초벌위에 그림만 그리는 분업화 시스템 덕분일 것이다. 성형만하는 공장에도 갔었는데 그곳은 물레주변이 어디서나 볼 수 있는 흙투성이였다. 그러고 보면 일본의 물레주변을 보이지않게 나무판자로 둘러싸는 이유를 알 것같다. 물론 흙 재생을 위한 절약 방법이기도 하지만 관광객들에게 제 작과정을 보여주려면 람피니공방처럼 청결성이 우선, 암튼 구비오 중세 이탈리아 문화를 만 나 동, 서양 도자 교류 현장을 확인할 수 있었다.

m36-1 구비오 도기매장　　**m36-2 구비오 광장이벤트**　　**m36-3 구비오, 람피니공방**　　**m36-4 구비오성 미술관**

데루타(Deruta)

데루타는 움부리아지방의 작은 거리이고 테베레 강변에 위치, 페르지아에 가까운 법왕영토 에 속해 있었다. 공방은 다른 도자산지와 달리 영주의 예술보호에 의존하지 않았기 때문에 세련된 작품을 자유롭게 만들 수 있었다. 15세기말 이후 파엔짜의 영향을 받아 급속한 성장 을 보이고 근세까지 오랜동안 대표적인 도자 도시로 번영했다.

m-37 유명도기산지 데루타,, 폴리노축제에 소개된 데루타식기와 테이블세팅 2004

데루타 도기의 가장 커다란 특징은 라스터 채색의 본격적인 실용화이다. 라스터 채색은 2차 소성으로 일단 완성시킨 도기위에 은이나 동의 금속산화물을 칠하고 저온에서 환원소성을 실시, 얇은 피막을 남기는 기법으로 이 결과 도기면에는 아름다운 옥충(玉蟲)색의 금속광택 이 성겨난다. 이 기법은 9세기 이슬람도공에 의하여 개발되어 14 ~15세기의 이스파노.모레 스크 (c1-3, c-2)도기에 널리 응용되고 있엇는데 이탈리아의 도공들이 이 기법을 실용화시 킨 것은 16세기 초이다.

m-38 데루타산지
제도소와 상품전시실,
2004

2004년도 9월말 필자가 유명 데루타 도기 산지 탐방했을 때 세계적인 불경기의 한산한 분위기, 이전의 거대한 공장 굴뚝도 거의 불을 멈춘지 오래되었고 다행히 작은 규모 공장이 가동되고 있어 제작과정 촬영은 할 수 있었는데 물레성형, 지거링, 슬립캐스팅 등 공장기계, 작업내용은 우리나라와 대동소이했다. 데루타 도기 산지 활기를 되찾을 방법은? 건축과 연결된 타일 산업중심의 파엔차나 중세도시 유적과 역사성을 관광 상품화한 구비오 도기산지처럼 도자 산업만이 아닌 융합적, 차별화된 지역 고유 문화관광 상품 기획이 필요할 것 같았다. 이는 그들 선조의 훌륭한 예술작품 모방만으로는 현대 생활과 유리, 넘쳐나는 도자 수요와 공급을 맞춰야 한다는 세계 도자산업계의 공통된 고민이다.

m38-2 데루타 도기매장

m38-3 데루타 매장

m38-4 데루타 소규모공장

m38-5 데루타 거리

2. 동양자기 재현, 모조품 도·자기 제작 성행

m-39
상: 중국 청시대 경덕진 청화백자,와 거의 똑같이 모방한
네델란드와 프랑스 도기

하좌: 네델란드 델프트도기,18c
하우: 프랑스 세브르도기,18세기
The inter-influence of ceramic art in EAST and WEST,
Idemitsu Museum of Arts, Tokyo1984

네델란드 델프트 도기(고화도 파이앙스)

마욜리카 생산 기술은 유럽 전역에 빠른 속도로 전해졌고 이러한 백색유 식기는 파엔짜 지역과 관련이 깊기 때문에 프랑스에서는 '파이앙스'로 부른다. 1602년 네델란드는 동인도회사를 설립하고 적극적으로 동아시아 무역을 시작하여 중국자기를 수입하기 시작했다. 1644년 명나라가 망하고 동인도회사의 대명무역이 단절되자 청왕조가 안정될 때까지 중국자기 생산량이 격감했다. 중국자기를 대신 한 것은 일본 도자기이지만 중국자기에 비하면 그 수출량은 수십 분의 일에 불과했다. 따라서 동양도자기 수요 증가에 맞춰 대용품으로 델프트 공방은 연합하여 석(錫)불투명유와 연(鉛)투명유 시유후 고화도 소성, "중국취미(쉬누아저리: Chinoiseries)"로 장식한 파이앙스(델프트 청화도기m39-1, m40-2~9)를 자기(磁器)라고 사칭하여 팔았다.

당시 네델란드 동인도회사에 의해 유럽에 대량으로 수입된 중국 자기는 명나라의 청화(染付) 자기(m-39)로 델프트 파이앙스 제작소에서도 당시의 중국자기를 모방하여 실투성의 백색유(錫불투명유)위에 코발트로 그림을 그린 청화를 모방한 것을 델프트 도기(m40-5~8)라 한다. 이 기법은 중국의 청화자기에 뒤지지 않는 아름다움을 갖게 되어 이탈리아의 마욜리카와 쌍벽을 이룬다. 이 후 델프트 도기 기법은 17세기 유럽에 널리 퍼져 영국의 브리스톨, 독일, 프랑스에서도 네델란드 방식의 중국풍 청화 도기를 대량으로 생산하게 되었다. 사용했던 소지 토는 밝은 베이지 색으로 입자는 가늘고 가벼워서 얇게 물레성형이나 형틀로 성형 후 초벌 소성했다. 장식은 모사를 한 후에 붓으로 칠하는데 외곽선은 산화철, 산화망간, 코발트청의 혼합물의 색으로 강조했다. 색은 초기에는 소성전의 불투명유 위에 적용되었지만 1725년 이후에는 소성한 불투명유 위에 제3소성의 기법에 의하여 이루어졌다. 제3소성에 의하여 금으로 도장하기도 하였다. 델프트의 공방은 중국이나 일본에서 수입한 자기에도 장식을 했다. 포름과 모티브의 "아름다움"은 델프트의 파이앙스를 인테리어 장식품(m40-10,11,12)으로 성공시켰다.

같은 시대에 중국풍으로 장식했던 유럽의 제품과 유럽풍으로 장식했던 중국 제품을 확증할 수 있는 것은 흥미 깊은 일이다.

m39-1 왼쪽 네델란드 델프트도기, 17~18c,
오른쪽 중국 경덕진 청화백자,명~청 중국자기 디자인을 그대로 모방한 델프트도기,
The inter-influence of ceramic art in EAST and WEST, Idemitsu Museum of Arts, Tokyo1984

필자가 2004년도 델프트를 방문 했을 때 시내운하 유람선으로 로얄 델프트 공장을 찾아갔다. 관광 루트에 지정되어 있는 곳이었고 이전에 많던 델프트 도기 공장들 중 유일하게 남은 곳이라 했다. 이전의 공장을 미술관으로 꾸미고 관람케 했다. 성형과정 및 상회(上繪, Drawing) 채색하는 기술자가 관광객들을 위하여 실연(p-22)을 해주고, 마지막 소성 가마 있는 곳에서 간단한 소성과정 설명을 했다. 가마소성 실제 횟수는 많은 것 같진 않았지만 쇼핑장소에서 관광객들이 몰려 주문하는 것을 보며 체험 관광과 옛날의 명성으로 유지되고 있다는 것을 알 수 있었다. 델프트는 작은 도시였지만 시내전체 둘러볼 수 있는 운하(m40-4)와 쾌적하고 아름다운 풍치가 있는 훌륭한 관광요소가 있었다. 특히 이쁜 꽃과 정원있는 '시민농원'의 캐빈이 인상적이었다.

m40-1 로얄델프트도자공장

m40-2 로얄델프트도자공장

m40-3 로얄델프트도자공장

m40-4.델프트운하시내관광

m40-5 블루델프트 디너세트, 로얄델프트전시실,2007.8

m40-6. 블루델프트, 로얄델프트전시실,2007.8

m40-7 색회(色繪)델프트, 로얄델프트전시실,2007.8

m40-8 중국풍 델프트, 로얄델프트전시실,2007.8

m40-9 델프트도기, 로얄델프트전시실, 2007.8

m40-10 델프트도기 세면기, 로얄델프트,2007.8

m40-11 델프트건축타일, 로얄델프트, 2007.8

m40-12 Delft Blue 대형 타일그림,로얄델프트, 2007.8

프랑스의 파이앙스(에나멜 채색)와 연질자기

1750년 프랑스 스트라스부르의 폴 하농 공장은 에나멜로 장식한 도기를 생산했다. 유약을 입힌 표면에 안료를 입히고 선명한 광택을 주기위해 특수한 가마를 이용, 재벌 소성한 이 기법은 채회자기 기법과 마이센에서 이주한 화가들을 통해, 이전에 볼 수없던 선홍색과 세련된 풍부한 색상을 내는 비법, 붉은 장미, 모란과 같은 꽃무늬로 장식한 식기(유물, m42-1.[103]) 로 유명해졌다. 1760~1770년에는 프랑스. 이탈리아. 독일, 그리고 북 동쪽의 인근 극가들도 채색 파이앙스를 생산했다.

---

103) 저화도 파이앙스: 프랑스 스트라스부르제품, 1755, h21.5, d33, 세브르국립도자박물관소장, 출처:세계도자재단법인,세계도자문명전,p108

프랑스는 1719년 마이센에서 시작한 자기 비법이 비엔나에서 베니스, 피렌체, 도치아로 전해진 이후에도 오랫동안 연질자기(Soft paste, m42-4)[104]를 계속 생산했다. 영국에 세워진 초기 자기공장들도 상황은 마찬가지였다. 프랑스에서는 세브르에 자기 제조소가 창설되었는데 이것은 1766년 산.티리-에서 카오린 지층이 발견되었기 때문이다. 세브르의 왕립 제도소(m42-4~7)는 연질 자기의 제조를 계속했지만 1770년 이전에 경질 자기의 소지의 비밀을 해명하게 되었다. 프랑스혁명까지 왕립 제도소는 소상(小像)의 성형, 장식을 위한 금채, 특정한 색의 사용에 대한 독점건이 보증되어 그 특권을 누렸다. 파리, 니더빌레르(Niderviller, m42-1~3)[105], 오르레앙, 마르세이유, 류네비르 등에서도 각 각 자기 제도소가 창설되었다. 니더빌레르 도자공방은 귀족적이고 예술성 강한 로레인 지방의 명품 도자기 제작, 18세기말 도자 장인들은 식물학적 정확성과 다양한 꽃 종류를 세밀한 묘사로 높은 수준의 사실적 재현 추구(m42-1), 이 도자기꽃다발은 니더빌레르성과 도자기공방을 소유했던 쿠스틴가문의 델핀 드 사브랑(m42-1+)이 후원자로 당시 유행한 식물학적 사실주의를 보여주는 동시에 델핀의 취향과 공방의 예술적 수준을 상징하는 작품들이다.

Musee du Pays de Sarrebourg 전시상황, 2025

m-42-1+
주인공 델핀 드 사브랑, 마르키즈 드 쿠스틴 (Delphine de Sabran, marquise de Custine)
쿠스틴 후작 부인 델핀 드 사브랑은 ..니데르빌레르 성과 도자기 공방을 소유했던 쿠스틴 가문의 일원으로, 니데르빌레르 도자기 공방에서 제작된 뛰어난 예술품들은 그녀의 삶과 깊이 연결된다.
1789년 프랑스 혁명이 발발하자 쿠스틴 가문은 정치적 위기에 처했고, 남편 아르망은 망명길에 올랐으며, 델핀은 아버지와 아들을 지키기 위해 고군분투,.결국 1793년 쿠스틴 가문은 혁명 재판을 거쳐 몰락했고, 델핀은 독일에서 아들을 양육하며 망명 생활,후에 프랑스로 돌아와 파리의 지적·예술계 인사들과 교류하며 살았다.

---

104) pate tender(불), 軟磁: 유리성물질을 도토에 혼합, 구운 자기와 유사한 소재 및 그 제품, 초벌 약1100℃로 소성후 시유, 저화도 재벌, 유약 발색이나 부드러운 질감에 미적 가치는 높으나 상처가 잘 생기고 깨지기 쉽다. 18c 프랑스 샹티이, 세브르, 영국에서도 우수한 제품이 제작되었다

105) 니데빌레르(Niderviller) 파이앙스와 자기, 1735년 안마리앙드레데퐁텐부인이 이데르빌레르에서 파이앙스 공방을 설립, 이후 장루이베이에를레에게 매각, 니데르벨르는 양질의 점토가 나오고 스트라스부르와 독일지역 최고장인들 고용으로 다양하고 품질이 뛰어난 제품 생산, 특히 다채로운 파이앙스(폴리크롬 파이앙스)와 1760~1764년부터 시작된 경질자기(하드포슬린)로 명성을 얻어 유럽에서 가장 명성높은 도자기 공방중 하나로 발전했다

m42. 고부조채유 타원접시, 프랑스필리시양식,1600년경, museum angewandtekunst (프랑크푸르트),2005

m-42-1 꽃다발,프랑스 니더빌레르 파이앙스,18세기말, Musee du Pays de Sarrebourg, 2025

m-42-2 Terrine ,프랑스 니더빌레르 파이앙스,Musee du Pays de Sarrebourg, 2025

m-42-3 Louis Ⅹ Ⅴ, 프랑스,니더빌레르파이앙스, Musee du Pays de Sarrebourg, 2025

자기의 상회(上繪)는 일반적으로 제 3소성이 필요하지만 19세기말부터 2차소성에서 색유도 쓰여지게 된다. 점차 자기는 공업화되고 극도로 분업화되어 이전의 공예적 작업을 하던 도자제조업, 또는 도예가들의 일과는 다른 분야의 일처럼 분리되어 간다.

프랑스 자기생산의 주도적 위치에 있던 뱅센느 공장은 세브르로 이전한 후 1759년 국왕이 공장소유를 하면서 국왕용 자기 생산(m42-4) 등, 유럽최고의 자기 공장으로 부상하였다. 이 공장에서 생산되는 연질 자기의 특징(1774년부터 경질자기도 생산)은 미려한 바탕색, 화려한 색상, 대리석 같은 백색의 아름다운 조각(m42-1)이다

"프랑스는 대혁명 이후 나폴레옹 주도하에 유럽 패권을 잡고 이에따라 세브르도 유럽 도자산업 중심지로 위치 유지, 1800년 부터 세브르 자기공장을 맡아 온 알렉상드르 브로냐르는 고화도 자기생산 라인을 완전히 바꾸어 클래식 형태의 식기와 화병을 생산, 백자는 더 이상 특별한 제품으로 취급되지 않았으며 "예술적" 디자인으로 장식, 도금 처리된 세련된 자기들로 대체되어 갔다. 비엔나 님펜부르그, 마이센, 베를린 등 다른 자기공장에서도 세브르의 회화적 양식을 따랐다.

m42-4
청색잔과 받침,프랑스 세브르, 연질자기,1774년, 세브르국립도자박물관

m42-5
코끼리모양의 찻주전자,1862, 세브르국립도자박물관소장

m-42-6 차와커피수확그림 그려진얼음통,프랑스, 세브르,1827년, 세브르국립도자박물관

m42-7
꽃이 그려진 흑색항아리, 프랑스 세브르,1853년, 세브르도자박물관

세브르는 쟝 샤를 드벨리(Jean Charles Develley)가 장식한 차와 커피를 추수하는 모습이 그려진 멋진 얼음통(m42-6)등 "산업미술의 서비스"같은 화려하고 사치스런 자기를 계속 생산하였다. 한편 백자에 대한 반발은 극단적인 경우 백자대신 흑자(m42-7)가 만들어질 정도로 극심, 1850년부터는 도자산업에 반동의 조짐으로 고운 점초를 여러겹 입혀나가는 '백토중첩(m42-5)" 장식기법이 1855년 파리 만국박람회에 선보였다" 이러한 루돌프 슈니더(스위스 취리히 국립미술관 수석학예관) 설명에 의하면 19세기엔 자기 발명으로 유명했던 마이센도 세브르 장식에 따랐고, 19세기 말엽에는 일본 미술(쟈포니즘)이 유럽도공들에게 중요한 영감의 원천이 되었다. 그 결과 1900년 파리 만국박람회에 아르누보 또는 근대양식이 출현, 모던 디자인 운동과 연계된 새로운 디자인 형태가 출현한다.

프랑스 알자스지역의 수플렌하임 도자기마을은 그 지역의 붉은 점토로 가족단위로 운영하는 전통공방들이 알자스 가정식 요리와 연결된 다채로운 색감의 실용생활 도자기를 생산하는 곳, 마을 전체가 "살아있는 도자기마을 박물관"이라고 불리는 만큼 공방마다 자신들만의 개성과 색을 가지고 공통되는 이 마을 특산품은 구겔호프(가운데가 뚫려있는 링모양의 케이크)틀이다.

수플렌마을 중앙포켓공원의
토화분 조형물

구겔호프틀

3. 부의 상징 동양도자, 유럽 최초의 경질자기 탄생

1716년 드레스덴(마이센)에서 경질 자기제작이 성공하기 이전까지 유럽에는 고대 그리이스 도기, 중세 이슬람도기, 이탈리아 마욜리카, 르네상스이후 프랑스 세브르의 연질자기, 네델란드 델프트 도기 등 연질의 도기만 생산되었기 때문에 부유한 서구 왕후. 귀족들은 단단하고 반투명의 고귀한 고가의 동양 자기에 매료되었다. 당시 수송여건도 불편할 때 네델란드 동인도회사를 통해 수입된 중국 자기는 베르린의 샤르롯데궁전의 도자기방 처럼 별도의 전시실을 설치 할 만큼 동양 도자기 수집 붐이 일고 유럽 각 국의 제후 귀족들은 앞다투어 중국 도자기 재현에 후원을 아끼지 않았고 드디어 1708년의 마이센 경질자기 제작 성공이라는 유럽도자 역사의 큰 획을 긋게 된다. 이러한 역사적 상황에서 당시 유럽의 동양 도자기 소유는 부를 상징하는 것이었다고 할 수 있다.

n-1 샤르롯데궁도자기방재현
(하우스덴보스),2003.1.

n1-1 드레스덴,츠빙거박물관
(2007.8)

n1-2 뮌헨 레지덴스 뮤지움
(2007.8)

n1-3 뮌헨 레지덴스 뮤지움
(2007.8)

샤르롯데 궁(n-1)의 도자기방은 현재, 일본 나가사끼 관광지 하우스덴보스에 똑같이 시설, 재현되어 있다. 그것은 유럽 네델란드 동인도 회사가 중국 도자기 대신 일본 도자기를 나가사키 항을 통하여 유럽 각국에 수입하였기 때문에 일본은 나가사끼의 하우스덴보스에 유럽의 농촌, 특히 네델란드 풍차마을 테마공원을 꾸미면서 18세기 수출된 일본 도자기들을 구입, 재현하여 유럽과 일본의 도자기 교역 관계를 알려주고 있다. 필자는 하우스덴보스에서 사진 n-1 처럼 엄청난 수량의 도자기들이 4방 벽면을 빼곡이 채우고 있는 광경을 보고 놀라움에, 실제로 4년후 베르린 샤르로텐부르그궁에 일부러 가서 확인했었다. 그 곳에선 사진 촬영을 금지해서 한 장도 찍을 수 없어 아쉬웠는데 마침 뮌헨 레지덴스 미술관에도 중국 도자기방(n1-2,3)이 있어 입구에서나마 촬영할 수 있었다. 아주 적은 부분이라도 유럽궁정의 중국자기 열풍을 기록, 전달할 수 있어 다행이었다. 유럽 각 궁정 곳곳에 탁자, 거울 있는 곳에 필히 놓여지는 중국풍 도자기 장식은 프랑스 스트라스부르의 로앙궁전[106]의 장식미술관(n1-4~7)에서도 유럽 궁정 인테리어의 중요한 장식 요소임을 확인할 수 있었다.

---

106) 로앙궁전은 1732년부터 1742년에 걸쳐 로베르 드 코트의 설계로 지어진 건물로 프랑스 바로크 건축의 걸작으로 평가받는 알자스 지방의 주교였던 로앙추기경의 거주지로 현재는 고고학박물관, 장식미술관, 순수미술관 세 개의 박물관이 내부에 있다. 궁전의 장식미술관은 로코코양식의 가구 및 인테리어와 함께 당시의 화려한 분위기를 보여준다

n1-4.로앙궁전 장식미술관
(스트라스부르, 프랑스)
중국 청화백자,
2005.

n1-5 중국 청, 강희제시기
제작 추정 청화백자 통병과
오채백자,
로앙궁전 장식미술관
(스트라스부르, 프랑스),
2005.

n1-6 중국 경덕진에서 18세기
제작되어 프랑스로 수입된
청화백자제품,
로앙궁전 장식미술관
(스트라스부르, 프랑스),
2005.

n1-7 중국풍 청화백자와
녹유화병,
17세기후반 제작 추정,
로앙궁전 장식미술관
(스트라스부르, 프랑스),
2005.

뮌헨 레지덴스미술관은 1385년에 지어진 비테르스바흐가의 궁전으로 박물관외에도 보물관, 이집트미술관, 화폐수집관 등이 있다. 박물관의 '조상의 그림 갤러리'에는 비테르스바흐가 문의 초상화 121점이 전시돼 있으며 동양도자기를 전시하는 도자기 갤러리가 있다. 도자기 양으로 보면 샤르롯데궁이나 드레스덴의 츠빙거궁전박물관(n1-1)의 도자기방보다 적지만 도자기를 위한 화려한 실내장식이 눈을 끈다. 귀중한 도자기의 가치를 인식시키기 위하여 손님 접대하는 응접실 1층에 첫 번째 방에 설치되어 있다.(n1-2,3) 이와같이 중국의 도자기를 차이나라고 하여 동양도자기와 똑같은 순백의 자기(China: 고화도의 백자)를 제조하기 위하여 유럽 각국이 각축전을 벌였다.[107] 산업혁명 이전에 도자기는 식생활의 실생활용기로써 뿐만 아니라 각 국가의 경제, 문화의 바로미터로써 사회적 역할을 담당했음을 알 수 있다.

중국의 자기를 최초로 유럽에 수입한 것은 12세기 아랍인이었다. 그러나 원산지는 마르코 폴로가 동양여행에서 돌아올 때 까지 불명이었다. 마르코 폴로는 중국여행에서 처음으로 자기를 보고 그 진주와 같은 모습에 깊이 감동하여 당시 동아시아에서 화폐로 사용하던 고가의 조개껍질인 "porcella"라는 이름을 부쳤다. 이 "porcella"에서 "porcelana"로 그리고 프랑스어인 porcelaine(磁器)이 되었다.

16세기중반 네델란드 동인도회사를 통하여 중국 자기 수입이 활발하게 되고 특히 청나라 강희제(康熙帝)시대(1662-1722) 자기 제조가 급격히 증가, 유럽으로 다량 수입되자 당시 권력자인 유럽 제후들이 중국 자기 수집에 열중했다. 중국 자기 식기에대한 여러 가지 전설 중, 자기는 독(毒)의 존재를 게시하는 위력이 있다고도 전해져 당시 대단히 진중시되는 이유 이기도 했다.(본서 p115 아리-에크벨의 보고서 참조) 유럽 도기와 달리 중국 자기의 단단하고 불침투성, 소지의 치밀함, 반투명한 외관과 그 소지의 비밀을 찾아 유럽인들의 노력으로

---

107) 김명란, 생활도자 공예디자인,세진사,1998,p 154~155

1575년 피렌체와, 1670년 프랑스에서 연질자기 생산이 이루어졌다. 그러나 중국자기와 같은 진정한 의미의 자기생산은 1708년 독일 드레스덴 마이센에서이다.

독일 마이센 자기(Porcelain)제작 성공

유럽최초로 백색 투광성 경질 자기 제작에 성공한 것은 독일 마이센에서 요한 프리드리히 뵈트거(Johann Friedrich Botterger,1682~1719)라는 연금술사에 의하여 우연히 발견되었다. 금을 만든다고 자부하고 있던 그는 드레스덴의 아우구스투스왕 과 광물학자이고 물리학자인 치른하우젠 남작의 감독하에 중국자기를 재현하는 실험에 열중하여 1706년에 경질자기인 아름다운 적색 석기(n-3) 제작에 성공했다. 그것은 돌처럼 깎거나 마연할 수 있을 만큼 단단했다. 몇 년 간 중국의 이싱(본서 p92, i-21, i21-1) 석기와 유사한 적색 석기로 차와 커피, 맥주 담는 용기생산에 주력했다. 제작 방법은 성형후 갈고 닦고 다듬어 시유한 뒤 에나멜로 채회(彩繪)하여 완성도를 높였다.

계속하여 1708년에 백색 카오린 지층을 발견하고(n-2, n2-1: Bergwerk, J.J. Kaendler조각, 1752, 흙 채굴 광경묘사 작품. 2007) 그것을 원료로서 1709년에 진정자기(n2-2:독일 마이센도자미술관, 마이센 초기 자기, 투광성 , 2007촬영)를 만드는데 성공했다. 그는 왕에게 중국의 자기와 똑같은 자기 제작에 성공했다고 보고했다. 1710년 왕은 드레스덴에 가까운 마이센에 자기 제조소를 설립하고 그곳에서 뵈트거와 그의 협력자들은 모든 활동에 대하여 비밀을 엄수할 것을 서약했다. 최초의 순백에 가까운 자기 소지 기술은 완전한 것이었지만 장식 기술이 완성(n-4~6)되기 까지 많은 일본, 중국 도자 모방·모조품을 제작(n-9)했다.

n-2 .마이센 카오린

n2-1 마이센 카오린광산 채토작업 묘사 도자조각상

n2-2 투광성 마이센백자

n-3 마이센 초기 적색 석기, 2007.8

n-4 헤롤드-쉬누아저리양식, 1735,마이센미술관

n-5 마이센미술관 정문, 대형 말도조,2004

n-6 이마리양식의 접시, 독일마이센,1735년경,d37.5, 세브르국립도자박물관소장

초기 장식은 요한 그레고르 회롤드(Johann Gregor Hoeroldt)가 에나멜 안료와 마이센식 쉬누아저리(중국취미: n-4, 회롤트가 개발한 에나멜 안료로 동아시아, 일본, 중국의 문양, 상선과 항구 풍경 등 황. 녹색을 주조로 한 화려한 장식) 양식을 개발하여 장식되었다. 1740년에는 중국취미는 완전히 사라지고 프랑스 연질자기 장식에 이미지를 얻은 마이센 고유 양식이 나타났다.

소상(小像)의 마이센양식을 만든 성형공은 1731년에 참가한 위대한 조각가 요한.요아무히.켄드라(Johann Joachim Kaendler,1706~1775)였다. 그는 실질적인 자기 조각의 창시자가 된다. 그후 캔들러가 만든 자기 인물상(n-7)은 18세기 유럽의 실내장식과 테이블 장식에 필수품이 되었다. 이 시대가 로얄. 마이센 역사 중 가장 명성높은 기간이였다.

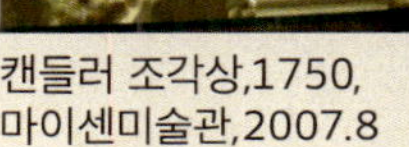

캔들러 조각상,1750,
마이센미술관,2007.8

n-7 마이센 소상(小像) figure, 2010

2007년도 8월에 필자가 마이센에 갈 수 있었던 것은 행운이였다. 왜냐하면 동독권에 있던 마이센 도자미술관이 신축 건물로 공개된 지 얼마 지나지 않았기 때문이다. 마이센은 드레스덴에서 30분거리에 있는데 엘바강을 끼고 붉은색 점토 기와의 집들이 어우러져 있는 풍광은 무척 아름다웠다. 마이센 도자미술관의 규모도 내부 전시기획도 모던하고 지루하지 않은 동선으로 많은 정보를 전달, 특히 석고틀 주입 성형, 상회(p-22) 과정시연 체험 프로그램에 많은 인파가 몰려 대기, 인기였다.

특히 늘 궁금했던 그 유명한 회롤드나 캔들러의 작품을 만날 수 있엇고 유럽 각 궁전 실내장식품에 캔들러의 자기 조각품이 필수적이었다는 그의 천재적인 재능을 확인, 마이센의 자기(磁器)소지는 뵈트거가 발명했지만 마이센 자기를 유명하게 한 것은 회롤드와 캔들러라는 두 천재적인 디자이너이면서 예술조형가 그리고 도자 연구가들이 있었기 때문에 가능한 일이었다고 알려진 것처럼 그 작품의 영원성에 고무되다.

바로크 건축양식의 독창적인 최고의 건축예술품으로 알려져 있는 드레스덴의 징거궁전은 전후 파괴되어 박물관으로 개축, 마이센 자기를 비롯하여 수입 동양도자기들이 전시, 소장되어 있는 동양도자미술관이 있다. 엄청난 양의 도자기들이 방마다 가득, 그 머나먼 동양에서 실크로드 낙타 등이나 또는 풍랑 위험 가득한 바닷길로 수많은 장인들과 상인들에 의해서 유럽 왕후 귀족들에게 전달된 그 도자기들 존재는 놀라울뿐이었다.

좌:독일 마이센 18c, 우:일본 에도, 가끼우에몬

좌: 독일 마이센, 18c, 우:일본 에도 가끼우에몬

좌: 딜본 에도 이마리, 우: 독일 마이센,18c

좌: 중국 청 경덕진, 우: 일본 에도이마리

n-9 중국이 전쟁 등 도자기 수출이 어려워지자 일본도자로 대체,
일본 중국도자 모방품을 마이센이 똑같이 모방, 모조품 제작 성황

4. 자기 파급과 19세기 유럽 도자산업

오스트리아 비엔나 자기공장

마이센에서는 무엇보다 엄중한 감독이 이루어졌고 자기에 관계된 아무리 작은것이라도 누설하면 종신 감금되거나 사형되었다. 그러나 그럼에도 불구하고 2명의 기술자는 비엔나로 도강가서 그곳에서 새롭게 공장을 세우고 자기 제조를 하고자 했다. 비엔나 공장 설립자, 폴란드인 드파키에 로서는 이 두사람을 고용하는 것은 쉬운 일이 아니였기 때문에 그들은 비밀리에 마이센으로 돌아가서 비엔나 공장과 계속 연락을 취했다. 이 공장은 1718년에 설립되어 처음엔 드파키에 개인 기업으로 운영, 마이센의 화공(畵工)항가와 슈테르체의 영향으

로 자기제조 비법은 빈으로 전해지게 되었다. 드파키에시대 초기작품(n-10)은 마이센기형과 비슷했지만 시노와즈리문양(n-11)이나 사실적인 초화문, 빈 바로크풍 당초문을 사용, 도자 그림면에서는 독자성(n-12)을 보인다,

1744년에 마리아.테레사여제가 45000길다로 공장을 사들였다. 이 황실공장은 1750년경에 최성기로 성공하여 유명한 예술가도 모였다. 특히 선발된 화학자가 안료 연구를 하여 그 중에서 금칠을 한 것으로 고도의 성공을 이루었다. 수금(水金)은 마이센에서 1830년에 퀸-이 발명한 것으로 1884년에는 레스러가 금과 로지움의 합금을 써서 유동성이 좋은 금액(金液, n12-13)을 발명했다. 후에 이 공장은 재정면에서 실패하여 다른 목적으로 팔렸기 때문에 자기의 제조는 끝나버린 것을 1924년 오스트리아 정부가 비엔나 자기의 재흥을 위하여 1924년 아우가르텐 궁전으로 공장을 옮기고 생산을 다시 시작했다.

n-10 드파키에期,비엔나窯,
오스트리아공예미술관,
출처:陶藝の美 16,京都書院

n-11 쉬누아저리 양식의 접시,
오스트리아비엔나,1735년경,
d36,세브르국립도자박물관소장

n-12 1849년경, 비엔나窯,
오스트리아공예미술관,
출처:陶藝の美 16,京都書院

n-13 대시계, 19c 비엔나窯,
오스트리아공예미술관,
출처:陶藝の美 16,京都書院

영국 도자 공업화 - 웨지우드

17세기 말경부터 영국 스태포드셔의 도기 제작자들은 독일의 유명한 화장토 장식도기나 얇은 화이앙스의 소지 조성 또는 화장토 및 유약의 장식기술에 대하여 많은 혁신을 이루었다. 이 시기에 연구, 개발 된 것이 크림웨어(n-14)이다. 이 연구는 영국 도기 공업화를 이루게 된다. 크림웨어는 백색점토와 석회석으로 구성되어 성형후 투명유약을 시유한 도기이다.

초기의 연구는 흰 대리석과 같은 석기, 다음은 빨강이나 검정의 석기로 대단히 단단하고 유약을 입히지 않은 것이었다. 그것은 1670년 죤. 다이트에 의하여 시도되어져서 드디어 17세기 말에 영국에 이민한 독일 도공 에랄즈형제, 데비드와 필립에 의하여 계승되었다. 이러한 이들의 연구는 당시 영국에 유행하고 있던 홍차의 취미에서 촉발되어진 것으로 중국의 찻주전자와 같은 품질에 도달하는 것이 목적이었다. 1745년에는 석고형에 주입성형의 기법을 도입하여 복수 생산과 생산합리화를 위한 연구의 결정적인 첫 발을 내딛었다.

죠사이어 웨지우드는 1760년부터 카오린과 장석을 더해서 크림색의 얇은 파이앙스의 소지 조성을 개량했고 전사인쇄로 장식한 최초의 인물이다. 웨지우드가 제작한 식기류는 우아하고 견고하며 가격이 저렴하였다. 1767년 영국여왕이 주문하자 웨지우드는 즉시 자신의 크림웨어를 '퀸즈웨어(n-14)'라 불렀는데 이 판매전략은 대단한 성공을 거두었다. 또한 백색석기 표면을 매끄럽게 채색 처리한 후, 당시 유행하던 신 고전주의 양식으로 백색 부조장식을 가한 '재스퍼웨어(n-15,16)'는 곧 유럽시장을 휩쓸었다. 웨지우드가 사용했던 소지토의 조합은 통상적인 분류법에 마추기 곤란하다. 그 때문에 웨지우드가 선택한 용어를 따를 수밖에 없다(퀸 즈 웨어, 후리트, 반암 등).

n-14 .웨지우드퀸즈웨어,
도예미 1 창간호

n-15 웨지우드,재스퍼웨어,
도예미 1 창간호

n-16 웨지우드,재스퍼웨어,
도예미 1 창간호

n-17.영국대영박물관,
2003.8

18세기 스칸디나비아의 도자는 로코코 양식을 이어 받은 파이앙스로 시작된다. 그리고 18세기 후반부터 영국 웨지우드의 크림웨어(도기)가 파이앙스를 대신하여 인기를 얻었다. 1788년 스웨덴 마리베르크요에서는 연질자기가 제작 되었는데 여기에는 프랑스 메누시요의 경향이 컸다.

그 후 스칸디나비아를 대표하는 곳은 스웨덴 로스트랜드 제도소(製陶所)와 동사 계열인 핀란드의 아라비아 제도소이다. 로스트랜드는 스웨덴의 제도소로는 가장 오래 되었고, 1727년에 창업해 코펜하겐에서 온 요한. 보르가 네덜란드 풍의 파이앙스를 소성할 것을 목적으로 정부의 자금 원조를 받아 스톡홀름의 로스트랜드에 공장을 설립한 것이 시초였다고 한다. 그후 제도 사업은 순조롭게 진행되어 1758년에 앞의 마리베르크요를 흡수하고 1874년 핀란드에 아라비아 제도소를 창설하였다. 19세기에 이미 종업원이 1000명을 넘는 근대적 대공장이 되었으며 오늘날까지 약 200년에 걸쳐 테이블웨어를 중심으로 도자기 생산에 종사해 왔다.

툭구 도자 전반에 공통되고 있는 점은 이곳에서는 우수한 도예가.디자이너의 대부분이 로열 코펜하겐과 아라비아 등의 대기업 제도소에 적을 두고 일을 하며 이와 병행하여 스스로 작가활동을 하고 있다는 점이다. 이것은 1915년 스웨덴공예협회의 '예술가를 산업계로'라는 슬로건에 따라 예술가와 기업과의 제휴가 일찍부터 달성된 때문, 그 결과 북구 디자인은 오늘날 세계에서 그 우수성을 확보했다고 할 수 있다.

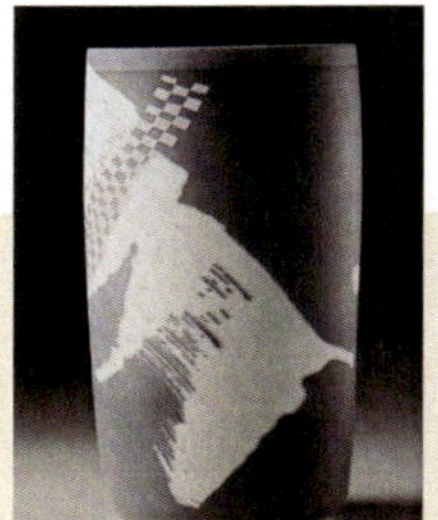

n-18 Arne Ase,노르웨이작가,
출처:陶藝の美 19,京都書院

n-19 Lisbet Doehlin,
노르웨이작가,
출처:陶藝の美 19,京都書院

n-20 Lipp von der Margrethe,
노르웨이작가,
출처:陶藝の美 19,京都書院

n-21 wilhelm kage,1952
년경, 스웨덴, Gustavsberg
출처:陶藝の美 17,京都書院

2003년 필자가 스톡홀름에 가서 느낀 것은 자연이 살아있는 풍요로운 곳, 유럽 다른 나라들과 달리 수공예를 중시하여 공업화되지 않고 공예적 생활이 유명한 곳, 스톡홀름 북방민족박물관에서 만난 생활도구 세팅이 소박하면서 실용적이라는 것이었다.

쉬니어저리(중국취미)로 북구 실생활도 사진(n-18,19)처럼 커다란 중국풍 자기 완(bowl)과 미니탁자위의 중국자기 티세트가 놓여져있다. 유럽에서 생산되었던 어두운 색상의 도기류나 석기류들과 비교되었던 백자의 존재가치는 유럽 북쪽지방까지 인기를 누렸던 것을 확인할 수 있었다.

n-22 스톡홀름 북방민족
박물관, 2003.7.31

n-23 스톡홀름 북방민족
박물관,2003.7.31

n-24 스톡홀름 북방민족
박물관,2003.7.31

n-25 스톡홀름 북방민족
박물관,2003.7.31

5. 동·서양 도자 장식기법 차이

1709년 독일 마이센에서 연구 결과 자기제작에 성공하여 자기생산은 가능해졌지만 유럽과 동양의 자기 제작방법은 근본적으로 다르다. 동. 서양의 "자기(磁器)"에 대한 인식은 전통적인 소성 방법과 장식기법에 차이가 있다.

p-1 산화철

p-2 중국, 송,균요 . 청자

p-3 조선. 철화분청

p-4 조선, 철사채편호

서양에서 발명된 경질자기(hard porcelain) 경우는 동양과 달리 특히 색채처리 기법은 페르시아, 그리이스 이후 유럽 전통 도자 기법이라 할 수 있는 그림 그리는 기법이 계속 되어져 동양과 다른 색채 표현을 하는데 그것은 다름 아닌 안료의 발달이다. 즉 유럽의 자기는 장석유(長石釉) 자기로 소성온도가 1400℃ 이상이나 현저하게 높고 유약의 성질 또한 다르다. 그 이유는 전통적으로 도기에 착채하는 기술이나 색에 대하여 생각하는 방법이 다르기 때문, 동양의 색채표현은 착색산화물을 그대로 유약이나 채료로 사용하지만 유럽의 경우는 산화물을 가공하여 일정한 색의 안료를 만들어 유약이나 채료로 사용하는 것이 보통이다. 따라서 유럽의 도기에는 대단히 많은 색이 발전했다.

그러나 동양은 예를들어 철유(鐵釉: p-1~4, 산화철이 산화염과 환원염[108]의 소성방법과 유약의 두께나 분량에 따라 청자[109]색, 붉은 색, 검정색까지 색상의 변화가 크다)처럼 색상변화는 소지와 자연유(태토, 연료 나뭇재 등), 소성방법에 따라 우연적인 풍부한 색을 전통과 경혐, 작가의 감에 의존, 발색시켰다.

---

108) 1. 산화소성과 환원소성:

산화소성이란 소지와 유약의 원료인 광물과 금속을 산화시키기 위한 소성. 광물이나 금속에 산소를 입히는 소성. 예를 들면 고체인 탄소는 산화되지 않은 상태로 점토에 함유되어 있다. 가열하면 이 탄소는 일산화탄소, 또는 2산화탄소가 되어 가마로부터 방출된다. 또한 철분은 연소에 따라 산화제1철에서(FeO) 산화제2철(Fe2O3)로 산화된다. 산화소성과 환원소성의 차이는 일반적으로 촛불의 예를 들어 설명되는데 촛불의 불꽃을 잘 보면 심지에 가까운 쪽의 불꽃은 파란색의 불꽃이 위를 향하고 있다. 이것은 산소가 부족한 상태의 불꽃으로 환원염이다. 파란불길과 가까운 부분 황색은 엷고, 윗쪽으로 올라가면서 진한 황색이 된다. 이것은 산화염이다. 환원소성은 산화 화합물의 산소를 감소시키는 소성법이다. 불완전 연소에 의하여 가마속은 일산화탄소의 양이 많아진다. 일산화탄소는 산화물로부터 산소를 빼앗고 2산화탄소가 되어 가마밖으로 나간다. 환원과 반대로 산화된 산화제2철은 산화제1철이 되고 쉽게 청색규산철을 생성할 수 있다. 이 때문에 자기는 투명성이 강해지고 보다 희게 느껴진다.

109) 기본유약에 산화철 미량을 첨가, 시유, 환원염으로 소성하면 청자색을 띤다

그것은 도자의 착채 기술이 근본적으로 다른데 예를 들어 유럽에는 도기(陶器)나 자기(磁器)의 색이 소지(태토)와 소성온도, 소성방법에 따라 달라진다는 그런 개념이 없고 전통적으로 미리 소망하는 색, 즉 안료를 조제하여 초벌, 또는 재벌 후, 회화분야의 채료처럼 조제된 안료로 문양 또는 그림을 그린다.

즉, 전통적으로 동양은 소성에서 생기는 우연한 색상을 추구하고 유럽은 소성결과를 예측 가능한 인공적 안료를 발달시켰다는 것이 다르다.

p-5 황종구, 백자진사류문호, 1990　　p-6 Ettore Sottsass, Rocchetti,1956　　p-7 Clarice Cliff, Bizarre, 영국 1930년대

p-8 조선말 청화백자, 양구백자박물관소장　　p-9 파이앙스타일, INAX타일뮤지움,2006　　p-10 델프트웨어 중국풍청화자기, 2004

동양자기의 색을 모방한 유럽에서 가장 인기 많았던 것은 청화자기 (p-8, p-10) 이다 . 청화의 재료 코발트는 재료값이 비싸지만 안정적 , 농담조절 잘 하면 산화 , 환원소성 관계없이 원하는 결과를 얻을 수 있다 그러나 붉은 색을 내는 재료 진사 (산화동) 는 환원소성에서만 붉은 색을 내는데 그 결과는 성공확률이 낮기 때문에 예부터 진중시 되었다 . 은사 황종구교수님 p-5 작품의 경우는 천운 (天運 ? 신비로운 人天地調和) 으로 탄생한 최고의 진사 (辰砂 , 산화동 환원염) 색상이다 . 동일한 붉은 색이라도 p-6(새로운 디자인운동 멤피스의 리더 , 에토레쏘사스작), p-7(20 세기초 아르데코양식의 선구자 영국의 Clarice Cliff 작 , Bizarre) 처럼 도자 안료에 의한 강렬한 붉은 색은 소지표면에 덧붙여진 색상 , 동양의 소지와 유약이 하나가 되어 소결된 색상 (p-5) 과 다르다 . 이것이 전 , 근대 동 . 서양 도자 유약 , 색상 표현의 차이 , 다름이다 .

도자 색상이 가장 다양하게 개발된 것은 타일분야(p18-1, p18-2), 고화도 유약은 고온에서 기화되거나 소지성분과 합체(melting)되며 채도가 낮아지는데 이슬람권에서 발달한 저화도

유약 경향을 받은 서양의 타일, 그림도기의 저화도 유약은 소지 겉 표면에 응착(凝着, 녹아붙은 상태, 소지에서 이탈되기도), 소지 색과 관계없이 채도 높은 색상(p-7, p-9)이 발달했다 요즘은 세계 어디에서든 서양 도자 안료를 구입할 수 있어서 동. 서양 어디 제작인지 밝히지 않으면 알 수 없을 정도로 동일 도자문화권이 되었다.

p-11 백토와 잡토에 양쪽에 투명유와 불투명유, 중간 무유 2차산화(下), 환원(上)소성결과 차이. 동일한 소지에 동일한 투명유인데 환원소성(上)한 쪽이 약간 푸른 색이 돈다. 중국 경덕진의 백자를 경청(景靑)이라고 부르는 이유이다

p-12 소지(태토)의 색에 따라 산화, 환원소성시 각 발색이 다르다. 태토색 확인은 유약을 닦아내는 굽의 색을 보면 확인가능, 사진 좌부터 1번째 소지는 백토, 두 번째, 세번째는 철분함유 소지(잡토)

p-13 독일마이센제작, 판대가 150만원,2025, 출처: 쿠팡

p-14 중국제작 포트메리온, 판매가4p, 25,000원,2025, 출처:쿠팡

p-15 조세연작,청자다기세트 판매가 70만원, 출처:도예농 홈페이지

p-16 김정옥작,정호(분청) 다기세트 판매가 320만원, 출처:도예농 홈페이지

요즘은 도자기술 평준화로 서양의 안료 수입, 개발에 의해 세계 어느 곳에서도 서양의 화려한 원색 도자색상 제작이 가능해져 굳이 동. 서양 장식기법 차이를 구분할 필요 없지만 소비자 입장에서 문양, 그림 장식 표현기법(핸드페인팅과 실크스크린)에 따라 가격차이(P-13~16) 가 큰 이유를 알면 도자문화를 즐길 수 있다.

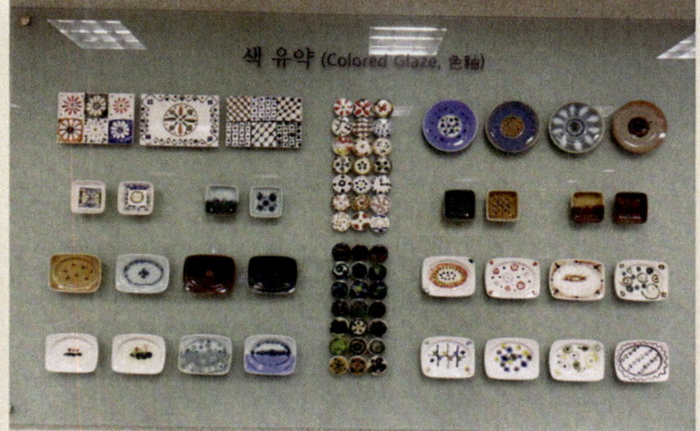

p-17 한국유약 색유와 결정유 시편(백토와 청토위에 유약 실험), 이천 한국도자재단, 자료실, 2009

p18-1 도자칼라시편,
이태리데루타,2004.9

p18-2 타일샘플,
이태리데루타 안료상,2004.

p-19 로얄 델프트미술관,
디자인 drawing, 2004

마이센 회롤트의 도자 색조 체계개발

요한 그레고리우스 회롤트((Johann Gregorius Höroldt, 1696-1775)는 1720년에 마이센에 왔다. 그는 유럽에서 처음으로 도자기 색채가 금속 산화물에 기반한다는 사실을 발견했다. 그는 오늘날 마이센 도자기 색상의 기초가 되는 광범위한 색조 체계(p-20)를 개발했다. 회롤트는 단지 뛰어난 화학자일 뿐 아니라, 그가 만든 색상을 아름다운 무늬와 장식으로 전환시키는 재능도 가지고 있었다.

그는 중국에 대한 유럽의 열광적인 흥미에서 영감을 받아 바로크 시대 시누아즈리(중국풍 장식)의 주요 예술가가 되었고, 이후 그의 이름을 딴 '회롤트 시누아즈리(Chinoiserien, p-21)'가 생겨났다. 그는 약 125점의 세밀화를 그렸는데, 이는 중국 사람들의 상상 속 일상생활 장면을 보여주는 목가적인 이미지들이었다. 이 그림들은 모두 개별적인 잉크선과 세밀한 묘사로 그려졌으며, 회롤트와 그의 작업 동료들의 손에 의해 세피아(갈색) 잉크로 채색되었다. 이 도면들은 오늘날 '슐츠-코데스(Schulz-Codez)' 컬렉션으로 불리며 현재는 라이프치히 미술관

(Leipziger Museum für Kunstgewerbe)에 소장되어 있다. 이 도면들은 마이센 화가들에게 모델로 활용되었고, 그 장면들은 결합되고 재해석되어 수많은 다양한 버전으로 제작되었다.

p-20 회롤드의 도자 안료 색조체계 마이센도자미술관, 2007

이 시누아즈리 테마는 지금까지도 마이센 도자 예술가들에게 풍부한 영감의 원천이 되고 있으며,옛 회롤트의 그림에서 영감을 받을 뿐 아니라,계속해서 새로운 모티프를 창조하고 이 회호- 양식을 발전시키고 있다.(p-21)

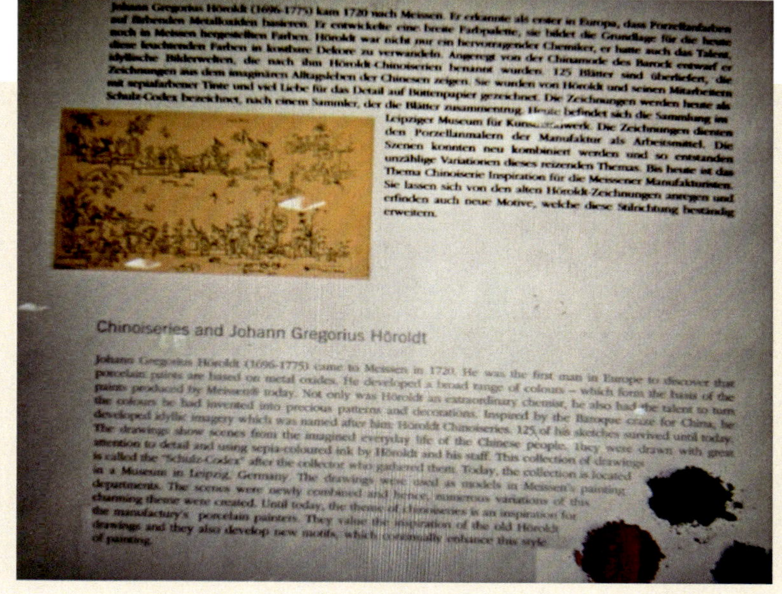

p-21 회롤드의 시누아저리,
마이센 색조체계 개발 설명문,
마이센도자박물관,2007

이태리.데루타 도자공방:
하회(下繪, 초벌기위에, 그림을 그리고
시유 소성, 유약 밑, 아래에 그림을
그린다는 뜻), 2004

마이센 체험 프로그램:
상회(上繪, 고화도 소성 후 저화도 안료로
그림을 그려서 저화도 3차소성, 유약위에
그림을 그린다는 뜻),2007.8

로얄델프트미술관, drawing 시연, 2004

제 **4** 장

도자문화와 사회적 역할

제4장
도자문화와 사회적 역할

마음대로 주물럭, 흙과 대화, 흙놀이가 너무나 행복한 아이,
Ai세상에서 자연과 교감, 흙을 만지며 존재감 만끽

우리나라 1990년대 초반까지 도자관련, 요업 전문 잡지 등에서 사용하는 "도자기"란 명칭은 도예와 구분하여 "대량생산된 도자식기"을 지칭하였었고 도예와 생활도자를 구분하듯 건축자재인 타일과 식생활용품인 식기를 구분하여 "타일"과 "도자기"로 구분했었다. 실제로 2,30여년간 대학 교육현장에서 대학생 대상 설문조사를 통해서도 도자기란 혼수용품의 홈세트로 대표되는 도자식기로 인식하는 것이 일반적임을 알 수 있었다.

도예(도자예술)란 용어와 구분된 도자기란 용어는 생활도자 = 도자 식기로 지칭, 기계생산 제품을 칭하기도 하며 산업혁명이 일어난 서양의 디너세트인 홈세트로 인식하게까지 되었다. 이러한 이유로 우리나라 도자기란 용어의 혼란은 생겼지만 과학. 산업시대의 산물인 전문화, 분업화, 세분화로 인간환경, 인간생활 전반에 쓰이는 "점토로 형태를 빚어 열을 가하여 굳혀진 소성품" 즉 도자기는 대학의 학문체계 구성과도 연관되어 요업(窯業)이라는 공학분야의 한자 용어 외에 도예라는 예술분야, 도자기 디자인 , 전통 공예 등으로 분류되기도 한다. 그러나 융합, 통합의 시대라는 21세기 도자의 사회적 역할은 이렇게 세분화, 분리된 산업시대 도자의 제 사회적 역할들과 마케팅, 웹 등 타 분야와 융합, 조정되어, 21세기 생활문화에 적합한 형태로 변화될 것이다. 본서는 이전의 도자역사를 통해 이러한 사회적 변천과정과 미래 도자문화 방향을 짚어보고자 한다.

정보와 문화 창조의 사회인 21세기는 친환경적이고 풍요로운 인간생활의 기능과 창작으로 이전 시대와 다른 형태로 수요창출이 이루어 질 것으로 생각된다. 2003년도 청와대 여성디자이너 간담회에서 영부인의 손님 초대시 "내놓을만한 우리나라 그릇이 없다" 더불어 재외공관의 국적없는 그릇, 등..한식(韓食)의 세계화 운동이 일었고 이후 한식은 분명 글로벌화 되었다. 세계 각지에서 현지인 대상으로 한 정부와 매스컴의 먹방 프로그램, k-food 홍보 활동은 놀라운 파급력으로 요즘 어느 방송에서든 주요 프로그램이다...그러나 한국의 도자식기는.. 박물관이나 미술관에서만 볼수있고 실생활에선 볼 수 없다. 우리나라 옛 도자기에 대한 외국인들의 높은 평가에 비하여 국내에선 골동품에 대한 인식만 있고 생활 문화로서의 인식은 다른 영역에 비하여 부족하다. 필자는 1994년 우리나라 밥그릇을 중심으로 도자식기 세팅전을 열었는데 그 이후 국내 도자 공예, 산업계에 테이블웨어 세팅전, 테이블 코디네이팅이 확대, 파급, 지금은 필수 템이 된 것, 나름 연구 보람으로 생각하고 있다.

2009년도 일본 동경에서 가까운 마시코(益子)도자산지로 학생들과 함께 견학, 4년전 갔을 때보다 도자 판매샵 외관이 세련되게 쇼핑몰처럼 잘 정리된 거리모습이었으나 상품 가격은 싸고 경기는 "어렵다"였다. 마시코 도자산지는 우리나라에도 잘 알려진 민예운동의 주인공 야나기무네요시(柳宗悅)와 버나드 리치와 가까웠던 하마다쇼지의 고향이며 대도시 동경에서 가깝다는 지리적 여건으로 도자산업이 급성장, 관광도자산지로 유명해진 곳이다. 필자가 500엔(한국돈 5000원정도)하는 컵을 구입, 수작업에 3가지 색유가 입혀진 것인데 이렇게 싸게 팔아도 되느냐 고 하니까 "팔기 위해서"라고 했다... 이렇게 품질높고 가격도 싼, 도자 상품이 많은 일본에서 서울 까지 와서 골동품 수집, 또는 기념품, 취미생활로 우리나라 도자를 구매하는 일본인들이 있다. 1970년대에는 고려청자 모조품제작이 이천등지에서 활황, 규모가 큰 수출품목이었다. 현재는 그 제작업체들이 10%만 남아 명맥만 유지되고 있다. 과연 이러한 도자문화 교류의 의미와 가치는 무엇인가?

20세기말, 생활 문화는 "어떻게 만들 것인가"가 아닌 "어떻게 팔 것인가" 또는 "어떻게 사용하도록 할 것인가"라는 주제로 바뀌었고 21세기는 생산원리보다 소비와 대중문화, 페미니즘, 컴퓨터화된 정보사회에서 특정 라이프스타일에 대한 "삶의 질"이나 "삶의 의미"를 더 중요한 원리로 간주하고 있다.

인류 정착생활과 함께 시작된 토기 제작은 정보, 통신 문명이 극도로 발달한 현대, 아프리카, 오세아니아, 인도 등지에선 아직도 일상 생활용품으로 제작, 사용한다. 일만년전 인류와 동일한 도구를 사용하는 것이다. 그 이유는 세계 어디에서든 쉽게 구할 수 있는 재료이기 때문에 미래 인류사회에서도 식생활 도구인 도자식기는 불변성, 경제성, 위생. 청결성, 친환경 재료성 등 많은 지속 가능한 장점이 있다.

고대 사회 공예가 인간 생활 전체를 담당했던 것에 비해 오늘날 사회는 미술, 공예, 공업으로 분리, 분류된다. 공예는 예술의 한 부분이지만 순수예술과는 다르다. 미술은 협의의 예술로 회화와 조각 또는 건축을 넣는 경우도 있다. 미술은 인간생활에 구속을 받지 않지만 공예는 기능, 사용감, 용도 등에 경제상 속박을 받는다. 기능의 경우 재료 특성이 중대한 영향을 미치는데 예를들어 인체에 유해한 동(銅)은 식기로 사용할 수 없다, 즉 재료사용에 제한이 따른다. 또한 생산량의 문제도 경제와 연관이 있다. 순수미술에서는 양적, 질적인 것을 문제 삼지 않지만 산업미술에 있어서는 무엇보다 중요하다. 기계적 대량생산 경우 생산 단가는 저렴해지지만 재고가 쌓이면 경제적 위기, 현재 소량다품종화 되는 이유이다. 다음은 기술의 둔제, 에너지 소비와 연결된다. 에너지란 원시시대에는 육체적인 것, 문화 진행에 따라 정신력과 기계력으로 변화, 공예에서는 이 제작력의 난이도와 이동력(移動)에 따라서 성패가 결정된다. 제작시 기술적으로 우수한 기술, 기교는 시간과 관계해서 경제화된다. 미술에선 관상은 있지만 사용은 없다. 공예는 감상과 사용이 동시에 요구되기 때문에 표현의 제한과 용도에 의한 제한을 받게 된다.

인간 생활 대부분을 공업이 담당하고 있는 현대사회에서 공예는 어떤 부분을 담당하고 있을까? 공예 역할은 무엇인가를 찾아 그 역할을 발전시켜야 할 일이다.

공예는 생활 속에서 태어나 그 생활을 지탱해 간다. 어떤 생활을 할 것 인가를 계획하는 경우에도 공예는 그 일에 참가한다. 우리는 항상 상반된 것을 구한다. 즉 사회가 기계화 되면 그만큼 반대되는 원시적인 손의 기술을 요구한다. 사회가 전문화 될 수록 다른 쪽에서는 아마추어 적인 것을 구한다. 또한 일반에게 널리 판매되고 있는 것 보다 팔고 있지 않은 것을 구한다. 때문에 기계화된 현대 사회속에서 손작업, 즉 수공예적 공예는 중요해진다고 할 수 있다. 특히 생산방법에 있어서 수공예 방법의 장점을 정리해보면, 첫째 기계 제작으로 할 수 없는 생활 용구를 손으로 만들 때 고부가 가치를 갖는다. 둘째 기계로 만드는 것보다 손으로 만드는 것이 경제적, 기술적으로도 적합한 것이 있다. 셋째 감상용품은 손으로 만든 것이야말로 독창적 손 맛과 인간 정서 교감, 창조성을 개발 할 수 있다. 위와 같은 상품의 제작 방법 이외에도 필요한 것을 자기 자신이 직접 손으로 제작, 그 과정 자체와 결과를 즐기는 취미공예 역시 산업화 시대에 인간의 감성을 살릴 수 있는 좋은 방법이다.

고양꽃박람회 도자문화 체험 이벤트(2004)

흙놀이에 집중하는 모습, ADHD라는
사회적 걱정, 문제 없음 확인 (2004)

사회 문화적 역할

19c말 미술공예운동의 중심인물인 윌리엄.모리스[110]는 적합한 질서가 있는 사회에서는 노동할 의지가 있는 사람들에게 다음과 같은 조건이 확립되어져야 한다고 했다.

- 부끄럽지 않은 적합한 일
- 건강에 유익한 아름다운 주택
- 심신의 휴식을 위한 충분한 여가

기계문명이 발달한 나라 성인의 활동력은 다른 힘의 제약을 받는다. 즉 공장노동자들은 콘베어 벨트나 공작기계, 컴퓨터 앞에서 인조인간과 같이 같은 운동을 반복한다. 그들 대부분은 일속에서 자신 의사와 상관없이 계속되는 작업으로 인간성이 상실되고 있다고 할 수 있다. 그 불만의 배출구로써 좀 더 자유로이 손. 발을 움직이는 즐거움과 자유가 요구된다. 최근 아마추어 공예가 증가하는 원인의 하나는 여기에서 찾을 수 있을 것, 자신의 일에 자신

---

110) 19c말 영국 건축가 오거스터스 퓨진(1812~52), 평론가 존 러스킨(1819 ~1900)과 윌리엄.모리스의 미술공예 운동(Art and Craft Movement)은 공업화가 장식과 디자인 질을 저하,영국문화와 사회의 품위를 떨어뜨린다는 인식하에 중세 비젼을 추구하고 목가적인 수공예에서 그 기반을 구하고 그 도덕성에 기초를 두었다. 이 운동의 개념은 근대 디자인 운동에 여러 의미에서 영향을 미쳤다.

이 책임지고 그 결과를 자신이 비판하는 자유, 이것이야말로 백년전 모리스가 인간이 해야 할 활동이라 했던 공예의 길에 해당되는 것. 이러한 사회. 문화적 역할은 공예의 중요한 의미 있는 부분. 노동의 즐거움을 잃어버린 인간에게 그것을 일깨워 주는 수단이야말로 장래 참된 공여의 역할일지도 모른다.

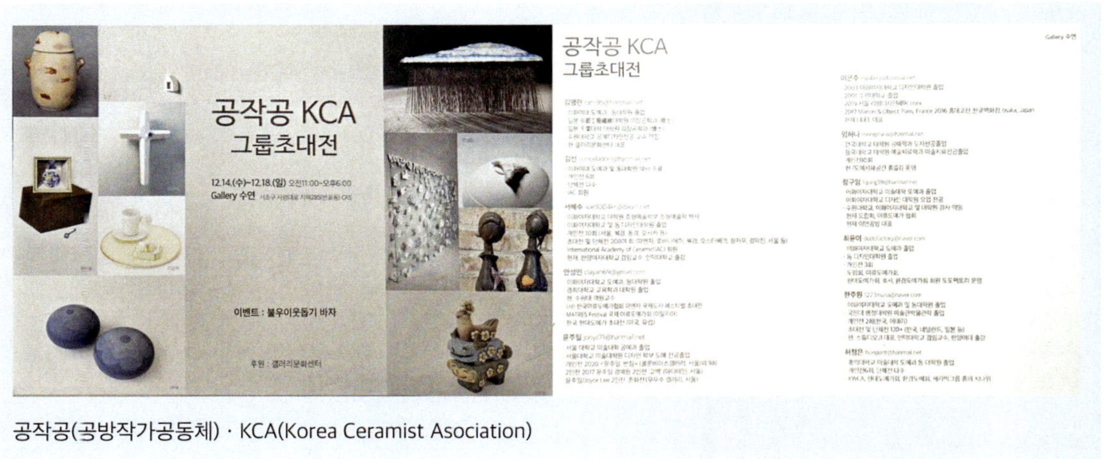

공작공(공방작가공동체) · KCA(Korea Ceramist Asociation)

교육적 역할

인간든 육체와 정신을 조화시킬 때 인격이 형성되고 향상된다고 본다. 인간의 궁극적 목적이 행복에 있다면 사회는 인간의 향상과 인간 행복을 위한 기능역할을 담당해야 한다. 이러한 입장에서 오늘의 문명을 논하는 미국의 루이스 멈포드나 영국의 허버트 리드는 인간적 사회의 창조스단으로써 미술을 통하여 인간을 교육해야 한다고 생각했다.

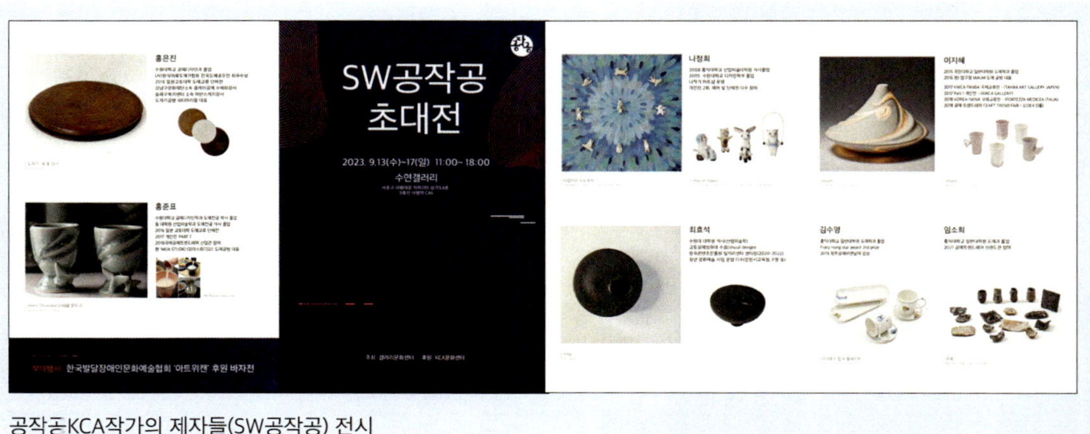

공작곤KCA작가의 제자들(SW공작공) 전시

허버트 리드는 "오늘날 교육의 조직은 분열시키는 교육으로 사람들을 연결시키지 않고 분리시키려고 한다. 예술의 완성은 예술의 실행으로, 도구나 소재에 의한 훈련, 형식이나 움직임에 의한 훈련에서 창조되어야 한다. 우리들은 교육에 있어서 모든 종류의 예술 활동을 존중하지 않으면 안된다. 아름다운 것을 만들어 가는 활동이야말로 인간의 정서를 결정(結晶)과 같이 아름다운 형태로 이루어 간다. 이것이 즉 덕(德)의 형태이기 때문이다"라고 하였는데 이 견해는 모리스나 러스킨의 정신과도 통하는 것이다.

1862년 <런던만국박람회>, 1867년 <파리만국박람회>를 통해 일본의 다종다양한 문물 유입에 따라 일본 미술.공예가 미술적 평가, 특히 우키요에(浮世繪)판화에 영향, 자포니즘(Japonisme)[111] 유행, 1871년 일본미술을 대량 매매했던 파리의 사무엘 빙이 자포니즘 성행으로 급속하게 물량이 부족하게 되자 일본 미술을 단념하고 95년 이후에 현대공예 보급으로 방향전환, 아르누보 운동을 촉진하는 모체가 되었다. 즉 유럽 모던디자인 운동의 시작은 공업화를 반대한 미술. 공예운동이었고 그 다음 아르누보 운동[112]은 동양 미술.공예에 영향받은 산업화하기 어려운 곡선미를 강조하는 아르누보(스페인 가우디 건축물의 철제 난간 등) 조형은 파급되었지만 곡선적이며 지나친 장식은 귀족, 산업부르조아 등 특권계급에만 제공, 그 다음 1925년 파리에서 개최된 <현대장식미술-산업국제전(아르데코전)>의 명칭에서 따온 아르데코 장식은 대중에게까지 확산, 비로소 대중이 손에 넣은 장식으로 지그재그 모양, 소용돌이 모양, 기하학적 형상 등 몇 개의 장식적 특성이 있지만 그 원천은 동서고금의 모든 장식을 인용,1910~1930년대 중반까지 유행한 장식이었다 그 후 무장식, 기능주의를 주장하는 바우하우스 디자인 운동을 거치며 현대디자인은 **미(美)의 민주화 목표**로 미술과 공예 그리고 산업이 공존하고 있다.

21세기에는 삶의 질에 대한 사람들의 관심이 더욱 높아짐에 따라 사회가 기존의 생산중심적인 하드웨어 사회에서 무형의 정보나 시간가치를 더욱 중시하는 소프트웨어 사회로 가속화, 이동해 가고 있다. 즉 생활의 여유, 개인생활의 확보, 마음의 풍요, 정신적 만족들을 충족시키기 위한 기본수단으로서 물질의 소비보다도 정보나 시간의 소비에 대한 관심이 그 어느 때보다 높아졌다. 우선 노동시간이 단축되고 자유시간제, 재택근무, 그리고 각종 휴가제도가 더욱 발달한다. 특히 우리나라는 IMF이후 50대 직장근로자들의 실업인구 증가, 백세시대 노인인구 증가와 건강한 실버생활 등이 새로운 사회문제화 되고 있다.

---

111) 자포니즘(Japonisme),: 일본 미술.공예가 유럽으로 건너간 것은 18c후반이지만 1889년 <파리만국박람회>를 정점으로 중국붐 쉬누아저리(chinoiserie) 와 일본붐 자포니즘 성행,

112) 아르누보운동: 사무엘빙(원래 유리제조업자)의 미술공예품점 이름(L'art Nouveau Bing)에서 비롯, 독일에선 유겐트양식, 이탈리아에선 리버티양식이라고 불렸다.기마르의 파리지하철입구 장식, 에밀 잘레의 유리그릇, 알퐁드 뮤샤의 포스터 등이 대표적

q-1.피카소그림접시, ㅍ 카소미술관(프랑스 Antibes),출처: 陶藝の美5

q1-1. 피카소"雄牛"1948, 피카소미술관 (Antibes),출처: 陶藝の美5

q1-2. 피카소 그림접시, 피카소미술관 (Antibes),출처: 陶藝の美5

즉, 생애주기에서 "남는시간"을 어떤 식으로 지낼 것인가 하는 문제는 새로운 사회적 프로그램을 만들게 된다. 이것은 개인 여가시간 확대로 이어져 여가활동 문제가 개인생활에 있어서 가장 중요한 테마의 하나로 등장, 이는 새로운 휴머니즘 현상으로 "여가의 일상화"라는 현상이 새로운 추세로 출현하여 사람들의 생활에 점차 커다란 영향을 미칠 것이다. q-1~q1-2 사진은 세계유명화가 피카소가 말년에 프랑스 코토다쥬르에서 도예에 몰두, 가식없는 그림에 끌린다.

요즘 인간 노동력 감소시대, AI출현과 함께 인간 손의 기능 퇴화가 우려되는 기계시대, 흙이 갖는 가소성(plastic: 자유자재로 형태를 만들 수 있는 성질)은 자유로운 인간성을 되찾을 수 있다. 흙이야말로 이 지구상에 무한한 존재로써 경제적 부담 적고, 풍부한 가소성 때문에 인간에게 무한한 창조적 에너지와 감성을 자유롭게 하여주는 가장 이상적인 조형 자연 재료로써 자신의 존재를 나타내고 자신의 창조성, 자유로운 인간성을 개발할 수 있는 좋은 재료이다.

1. 생활도자와 산업도자, 현대공방도자

생활도자란 '인간의 의식주 생활에 필요한 도구를 흙 또는 그와 유사한 천연원료로 빚어 구운(소성) 제품'으로 그 의미는 외형, 물리적인 것만이 아닌 도자의 오랜 역사만큼 인류생활 변천을 알 수 있는 귀중한 문화유산인 인공물로써 사회생활의 정신, 문화적 커뮤니케이션의 중요한 역할이 있다

생활도자 의 종류

점토로 만든 도자 제품으로 벽돌, 기와. 토관, 여과기, 타일, 인조석, 위생도기, 애자(碍子), 내산기(耐酸器), 이화학용품, 점화전(點火栓), 도치(陶齒), 식탁용품, 노벨티(장식용품), 화로 등 다양한 종류가 있지만 가장 생산량이 많은 것은 식기와 타일, 장식품이며 최근에는 생활 패턴의 변화에 따라 욕실용품과 익스테리어용품이 늘어나는 경향이 있다[113].

---

113) 김명란, 생활도자공예디자인, 세진사,1998, p 46

q-2. 태국 방콕 사원 화려한 실내.외 장식타일   2004

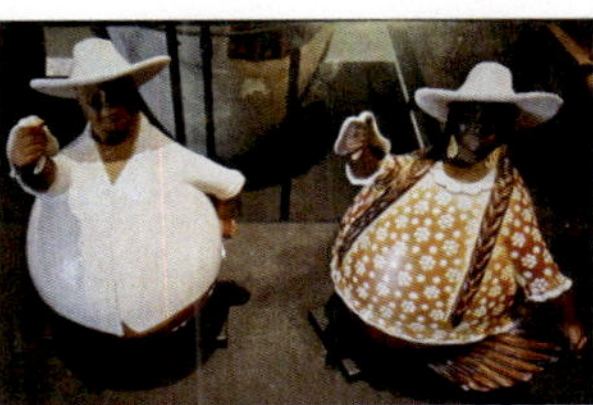

q-3 백자화로,강릉 선교장

q3-1.도제인형(노벨티), 도제피리(좌)

q3-2. 페루민속무용 마리네라 파트너,Martin Flores작,1990, 일본민족학박물관

q3-3. 태국 실내 도제 화분

q3-4. 일본 히메지성 용두

q3-5.히메지성 와당, 2005

q3-5. 몽고 보그도칸궁 용두, 잡상, 2004

q3-6. 코베모자이크길, 바닥타일, 2005

우리나라에서   생활도자라 하면 일반적으로 식기류를 지칭, 타일은 건축도자로 분류된다. 2004년10월 세계 건축도자, 타일 디자인 경향을 알 수 있는 이태리 볼로냐의 체르싸이에 (CERSAIE, 건축도자박람회) 견학, 근래 자연미 추구, 내츄럴 디자인 경향을 알 수 있었다.

q-4. 2004.10.볼로냐 CERSAIE(타일박람회), 실내.외 타일, 세면대, 변기

우리나라 고려. 조선시대 실생활에는 도자제품이 다양하게 쓰였다 그 당시 생활필수품이었
던 유물들을 통해 생활 니즈에 마추어 제작된 수공업의 장점, 유익함, 자연과 일체된 생활
정서를 느낄 수 있다.

q-5.토기제 편구(片口),
낙안읍성 민속자료관, 2013

q5-1.토기제 사발,낙안읍성
민속자료관, 2013

q5-2. 옹기제 약탕관,낙안읍성
민속자료관,2013

q5-3. 백자 촛대,낙안읍성 민속
자료관, 2013

q5-4. 옹기제소줏고리,장군,
낙안읍성 민속자료관, 2013

q5-5.옹기제 장군, 귀때기,
낙안읍성 민속자료관,2013

q5-6. 백자 제기, 사발,낙안읍성
민속자료관,2013

q5-7. 백자항아리, 주병,낙안
읍성 민속자료관,2013

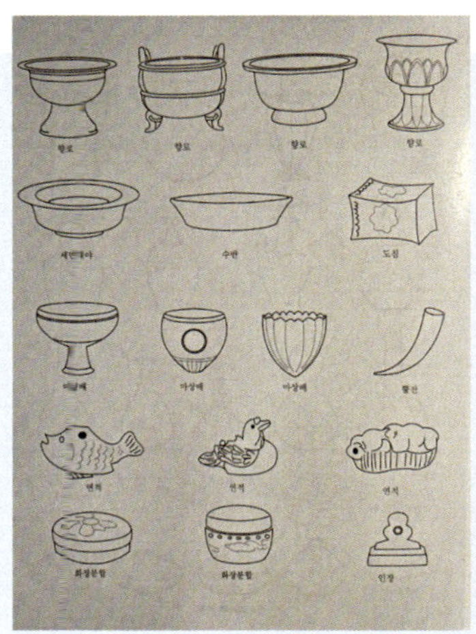
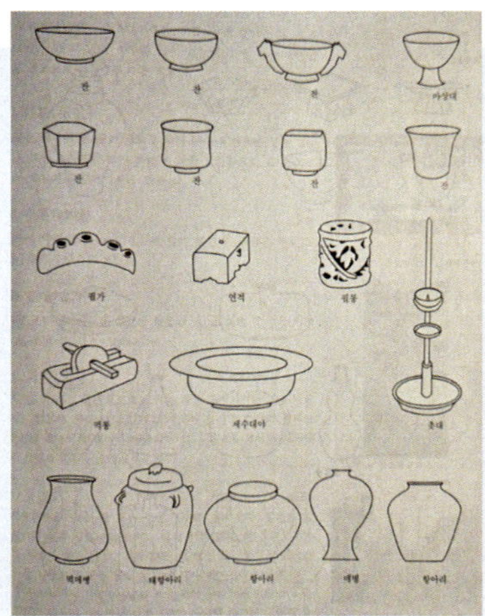
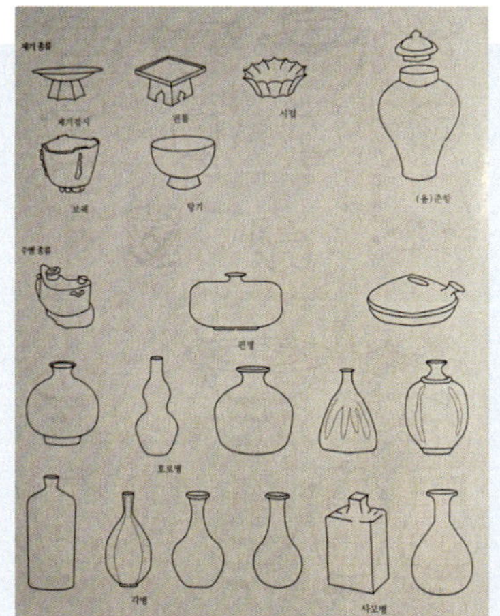

q5-8. 고려시대, 조선시대 각종 생활도자형태, 김명란 생활도자공에디자인 p90~92

산업혁명 이후 선진국 중심으로 도자제작기술이 기계 산업화되어 대량생산, 소비되었으나
과학기술 발달로 대체 재료가 많아지자(멜라닌, 프라스틱등) 소량다품종 시대로 변화, 대량
생산체제의 공장들이 속속 폐쇄되고, 중소형 요장들이 양산체제 또는 분업화 방법으로 생활

도자 생산을 하는 세계적인 추세, 우리나라에서 생활도자 요장이 많은 대표적인 곳은 경기
도 여주. 이천지역이다

<여주. 이천 산업도자 요장과 상설 전시장>

q-8. 여주 산업도자(식기)요장, 기계적 성형 식기 2014. 10   q8-1.여주 이세용작가 작업장, 2014.10

q8-2. 이천 금석도요(1,2),여주 고성도예(3,4),이천사기막골 도예촌매장(5,6), 2009년

필자는 2009년 "여주지역 도자산업 발전을 위한 디자인연구" 논문 발표, 여주지역의 도자
산업현황에 대한 부분을 인용한다.

한국 여주지역 산업도자와 요장

이조말엽의 관요인 광주분원이 폐요되고 그곳에서 일하던 도공들이 각지로 흩어지면서 민요들이
생겨났다. 광주와 가까운 곳에 도자원료가 풍부한 여주가 있다. 여주에는 우리나라 전국의 도자
업체의 60%이상이 밀집되어 있다. (2009년도 당시 군청등록업체 250여 업체와 잠정적 업체까
지 합치면 300~400여업체) 또한 도자산업은 여주지역의 전체산업의 50% 이상을 차지한다. 일제
시대「조선도기」라는 당시 우리나라 30 도자공장 중 하나였던 큰 공장이 여주에 있었는데 그 공장

을 모체로 그곳에 있던 사람들이 분가해 나와 하나 둘, 요장이 생겼으며 현재처럼 많은 업체들이 모인 것은 최근 10년 사이라 한다. 20년 전만 해도, 불과 10여 업체에 불과했다고 한다. 초기엔 금사면 상품리에 백자요장이 두, 세 군데 있었는데 여주 오금리에 업체들이 모이면서 다시 학동으로 모여들었다 한다. 현재는 학동의 오학리, 현암리, 천송리를 중심으로 3백여 업체가 모여 있다.

여주 대부분의 도자업체들은 영세업체들로써 군청의 한 관계자에 의하면 도자업은 타기업에 비해 투자비용, 투자기간이 짧기 때문에 누구라도 작은 자본으로 간단히 시작할 수 있기 때문에 영세적일 수밖에 없다고 했다.

한편 영세기업인 도자산업에 대한 관할행정부서에서는 어떤 사업계획이 있는지 알아보았다. 관할부서는, 상공부 밑의 공업진흥청, 그 산하의 경기도청, 수출지원계, 그리고 그 산하의 여주군청의 지역경제과(공업계)이다. 도자산업을 공예산업개발 차원에서 지원하는 사업이 있었다.

그것은 도(道)와 군(郡)이 공동으로 주최하는 공예품개발육성사업으로서, "우수공예품개발보조급" 제도이다. 연 4억 2천만원(道費 50%, 郡費 50%)이 각 업체나 개인에게 지급되는데 그 방법은, "공예품경진대회"를 통해 선발된 업체나 개인에게 지급된다 한다. 그때 "우수공예인" 지정도 하여, 업체간의 개발 의욕에 자극이 되도록 한다. 또한 시·군의 요청에 따라, 기술지도를 하는 제도도 있다. 1년에 30일로 지정된 지도일수에 대학교수로 구성된 기술지도교수와 디자인개발요원(도청관계자)이 업체에 파견되는 제도이다. 그러나, 실제로 기술지도는 공예품경진대회 출품자들 중 선정된 업체에 한해서 시·군에서 관할 파견하고 있다고 한다. 그 이유는 보조금을 각시, 군의 업체들이 많이 받을수 있도록 하기 위하여 그 지도기간을 경진대회 준비기간으로 맞추고 있기 때문이라 한다. 이 제도는 일본의 기술상담제도와 흡사한 제도이지만 실제로 기술지도를 필요로 하는 업체들과는 관계없이 보조금 수납을 위한 방법으로 활용되고 있는 것은 하나의 문제점으로 지적할 수 있다.

이 이외의 공예산업에 관한 지원계획은 전무하며, 예산상의 문제로 생각해 볼 여지도 없다고 한다. 결과적으로 관에서 하고 있는 지원은 "공예품개발경진대회"를 중심으로 한 보조금 지급이라는 하나의 사업으로 일관되어 있음을 알 수 있다.

한편 민간 차원에서 올해 22회째 "공예품개발경진대회"를 통해 수많은 우수공예품이 개발되어 왔음에도 불구하고 현재 도자산업의 획일적인 의장 문제는 첨단산업 발달로 다양화, 고급화, 패션화가 진행되는 현대사회에서 존립 위기를 느끼게 되는 문제, 세계 공통 관심사, 이처럼 급변하는 현대사회 속에서 우리의 공예산업은 어떤 자구책을 갖고 있는가.

여주도자산지에는 민간영세업자들에 의해 정보교환 및 기술개발을 목표로 결성된 "여주도자기사업협동조합"(155개업체)과 "여강전통도자기협동사업조합"(30여개업체)이 있다. 1985년에 민속도자기협동조합으로 설립된 "여주도자기사업협동조합"은 비영리차원에서 제품주문이나 구매물자를 알선하고, 기술개발, 유통구조 개선 등을 목표로 하고 있지만 실질적인 성과는 기대할 수 없다. 그 예로 조합원들의 종합전시장으로 시작한 전시장 운영이 판매부진으로 개인에게 넘겨졌으며, 1990년부터 직접 주최하던 "여주도자기 축제" 행사도 5회부터 여주시와 공동으로 주관, 그 외 2012년부터 여주시비 3600만원 지원 받아 "전통가마 소성기술 계승발굴 사업", 2022년 10월 경기도(3500만원지원), 여주시, 여주세종문화재단(8000만원지원)과 40여개 업체와 함께 "여주도자기페스타"개최 등 공기관의 지원 중심으로 유지되고 있다.

1992년 4월에 시작한 "여강전통도자기협동사업조합"은 상공부 산하 진흥공단으로부터 협동화 사업장으로 인가 받고, 국가자금일부 장기융자(80%)로 도자단지를 조성했다. 여주에 있던, 젊은 영세업자(30대중심)들이 협동화를 목표로 여강도자기촌(북내면 진내리)으로 집단이주하였다. 이사장 이태규 씨로부터 당시 주요사업계획으로 협동화사업장의 운영. 공동 생산공장을 운영 사업, 디자인개발실, 강의실, 공공 유락실을 갖추고 '92년 10월 초에 오픈, 공동 생산 공장에서 생산된 제품들 반응에 따라 우수업체에 디자인 제공, 생산 시스템으로 선의의 경쟁도 되며, 업체로부터 디자인의뢰를 받으면, 조합이 디자인개발실로 발주하여 개발해주는데 총개발비의 50% 비용을 받는다고 그 외 조합원들의 자금 조달시 보증 조합원간의 친목 등 계획으로 시작, 이후 경기 부진, 코로나 등 거치며 어려움, 세계 공통 문제점을 안고 있다고 본다.

일본은 각기 산지별로 특색이 있어 그 특질로 과당경쟁을 완화하거나 산지조합들의 적극적인 그룹화로 디자인의 고급화, 다양화, 패션화를 추진해 나가고 있다. 여주지역의 두 조합도 이러한 디자인 활동 요구된다. 특히, 디자인 다양화 문제는 디자인개발실의 실제적 활용이 중요한데 대체로 우리나라는 기술개발(공학적인)에만 관심을 갖고 있다. ....(생략)[114]

---

114) 김명란, 여주도자 산업 발전을 위한 디자인 활동 연구, 2009, 한국도자학회

이상은 2009년도 여주 도자산업이 최성기 상황, 16년이 지난 현재는 경기부진으로 폐업체가 늘고 전체적으로 어려운 상황이라고 한다.

다음은 여주 산업도자 요장 추천글, 이정은(공예문화유산연구사, 전 여주시 도예기획)

1. 흙내가마 - 박재국 작가

도자기 요장마다 독보적인 주력상품을 보유하고 있는 것과 달리 흙내가마는 그릇에서부터 도자예술 오브제까지 폭넓은 도자 영역을 아우르고 있다. 흙내가마에는 이를 가능케 하는, 단연코 두드러진 박재국 작가만이 지닌 표현양식 '도자회화의 감성기술'이 존재한다.

2002년 여주시 강천면에 터를 잡은 그의 요장은 일차선 도로변을 따라 찬찬히 줄지어 있는 회색 암키와들과 하얀 흰색 수피의 자작나무로 금새 찾을 수 있다. 하얀 단층으로 지어진 스튜디오와 갤러리는 경이로운 대지와 융합되어 방문자들을 숭고한 자연 속으로 빠져들게 한다.

그가 결실을 맺은 청화 백자 그릇 -'자연의 시'와 도자회화가 그러하다.

박재국 작가는 담담히 자연에서 취한 심상들을 감각적 기술로, 생명력을 품은 자연의 표상들을 구현해 낸다. 도자기 위에 그려진 이 단순한 그림은 다시 하나의 시상이 되고, 한 편의 운율적 시(詩)로 변하여, 감상자에게 낭만주의적 실제가 되어 준다.

올해 4월에 개막한 스위스 취리히의 리트베르크 박물관에서 선보이는 한류특별전 'Hallyu!- The Korean Wave에 맞춰 박물관 기프트 숍에 출품된 '자연의 시(詩)' 시리즈가 완판을 기록했다. 흙내가마가 걸어 온 약20여 년 간의 행적에 못 지 않게, 앞으로 한국의 고유한 아름다움을 담아 자연의 감성으로 박재국 도예가가 펼쳐 낼 도자회화의 세계에 귀추를 주목 해 본다.

q-6. 흙내가마 -2002년 설립, 작가 박재국

옹기장 정영락은 1997년 국가무형유산 김일만 옹기장에게 전통 옹기를 배우기 시작하여, 10여년을 보낸 2007년 자신의 이름을 딴 영락도기를 여주시 금사면에 설립하여 자신의 독립적인 옹기의 작품 세계를 펼친다. 2019년 국가무형유산 옹기장 이수자가 된 이후 2022년 여성 최초, 여주시 제2호 도예기능장(성형부문)으로 선정되었다.

한국의 생활 전통 문화와 무구한 역사를 함께 해 옹기는 현대사회에 이르러 소비자들의 의식과 디 시대 생활양식을 온전히 담기 어려운 한계에 맞닥뜨린 상황에서, 영락도기의 정영락 옹기장은 무형유산의 보전 및 진흥을 위해 다각도로 한국옹기 문화를 확장하고 있다.

하나는 시민들에게 교육활동을 통한 옹기에 대한 인식과 확산으로, 둘은 오늘날 라이프스타일에 맞춘 옹기식기 디자인 연구와 생산이며, 셋은 전통 옹기의 제작 기법을 바탕으로 형과 색, 질감과 문양을 현대 옹기 작가의 시각에서 탐미한 그녀의 독창적인 작품 전시들이 이를 증명해 준다.

우리 민족과 공존 해 온 전통 옹기의 역사적 가치와 한 시대상을 반영하고 있는 실용 예술품인 옹기의 미적 요소를 널리 알리는데 오늘도 한국의 훌륭한 옹기문화 유산을 위해 고군분투하는 영락도기에게 경의를 표한다.

2021, 모난옹기,정영락 옹기장

q-7. 영락도기,정영락 옹기장

현대공방도자 형성, British Studio Pottery

자연의 재현, 재해석, 재창조라는 정신적 가치, 감성과 아름다움을 추구하는 미술의 세계는 어떤 재료보다 도자 역사를 통해 잘 알 수 있다. 도자 특성상 일 만년이 지나도 원 상태를 유지하기 때문에 인류 역사(q-11), 미술 연구에 중요한 단서가 된다. 곧 도자 문화는 그 사회의 거울과 같아서, 자유롭게 생활도구에 희노애락, 종교, 의례 등, 물질. 정신적 표현을 한 인류 생활 미술(q-12)[115]의 대표적 존재라 할 수 있다. 선사, 고대시대 동굴벽화와 함께 세계각지에서 발견되는 선사시대 "지모신(q-9)[116]"은 인류 미술의 시작, 생활의 방편이었던 주술, 경제, 정신적 가치를 추구하는 미술 도자는 회화적인 그리스 도기나 입체적인 일본 조오몽 토기, 우리나라 고대 신라 토기, 토우, 중세시대의 종교 건축물에 도자 타일로 뒤덮은 이슬람

---

115) q-12 멕시코 메테펙 도예마을의 특산품 '생명의나무' 잎사귀, 꽃잎 등은 각 각의 몰드, 내화용 철사 이용해 전체적인 형태 조합, 구축, 가톨릭의 아담과 이브 소재 종교적 표현.

116) q-9 지모신(earth mother):토지를 신성시하는 원시종교의 번영, 번식의 모신, 다름슈타트지역박물관

q-9.지모신(earth mother): 다름
슈타트지역박물관 소장, 2007.8.

q-10. 사마르칸트으 티무르모스크,

q-11.토우장식항아리,5~6세기,
국립경주박물관소장

q-12 멕시코'생명의나무

도기(q-10)[117]에서 그 대표적 사례를 볼 수 있으며 지구 촌 어디서나 볼 수 있는 현상이다.

현대 들어서 도자 세계 역시 사회적 격동과 미술사조의 변화에 따라 공업화에대한 저항, 선진제국에 공통되는 개성주의와 자연에의 회귀현상으로 예술적 도자를 지향하고 있다. 도예가(도자예술가)는 자연의 마티엘과 직접적인 접촉을 통해 순수조형 의식을 발휘하고 흙, 불투명유, 화장토 등의 재질감을 중요시한다. 도자기 공업의 발달로 전세계 보편적인 기술이 되어 기법적으로 제약받지 않고 미적 자유를 행사할 수 있게 되었고, 도자조형, 도조(ceramic sculpture)에대한 국제적 가능성 탐구가 활발한 가운데 19세기말부터 프랑스에서 작가중심의 공방도자가 시작, 20c초 영국에서 "스튜디오 도자"란 용어가 특정 유형의 도자로 설명, 한사람 또는 소규모팀의 비교적 소규모로 제작한 작품을 "스튜디오도자(공방도자)"라 일컬었으며 제품의 개별적인 수작업 특성과 비산업적인 의식적으로 강조한 것이 중요한 특징이었다.[118] 영국도자를 대표하는 버나드 리치의 '모던스튜디오'는 영국 국내뿐만 아니라 유럽, 일본에 걸쳐 세계 도자계에 커다란 영향을 미쳤다.

버나드리치의 일본민예운동과 공방도자

유년기 일본에서 자라 영국으로 갔던 버나드 리치는 런던 미술학교에선 동판화를 배웠으너 일본도예에 끌려 동경에서 라쿠(樂燒)를 배우고 라쿠작업을 시작, 초기 그의 작품은 낮은 온도에서 소성한 서양의 생활전통이 느껴지는 라쿠풍 도기(사진), 당시 일본의 야나기무네요시(柳宗悅)중심으로 민예운동 창시시기, 일본도예가 가와이 간지로(河井寬次郎), 하마다쇼지(浜田庄司)와 함께 중요멤버로 참가하며 야나기가 관심을 가졌던 조선미술, 특히 조선 민간용 도자기의 소박한

---

117) 이슬람교의 영향을 받은 문명은 건축에 도자를 통합시키는 취미도 또한 특징적이다. 페르시아에서는 많은 기념물, 궁전,모스크 등이 도자제품으로 뒤덮혀 있다. 스페인에서는 13세기 이후 도판(陶板)이 바닥에 깔리기도 했다. 초기에는 도판을 모자이크식으로 배치했지만 다음엔 바둑판문으로 되었다. 이슬람도기의 인스프레이션의 원천은 고고학이나 역사로는 해명되지 않는다. 이슬람도기는 대단히 다양한 작품을 포함하고 있지만 전체적으로 몽상과 시각적 逸樂의 인상을 준다. (김명란, 생활도자공예디자인, 1997, 세진사)

118) Oliver Watson, British Studio Pottery, The Victoria and Albert Museum Collection, 1990

조형감과 건강미를 공예 본래의 미, 모델로 삼고 작품에 구현하려했다. 이후 유럽으로 건너가 한국을 포함한 동양도자기의 조형정신 전파, 영국 중세미술 전통 재현 등 영국 귀향후 데상력이 탁월한 리치 만년 작품에는 영국 중세도기에 영향, 오래전부터 사용하던 저가용품 도기에 사용하던 유화연(硫化鉛)유약(가레나유약garena)[119]을 사용하는 등 리치의 이상은 도자 소재가 갖는 맛과 기능성을 안전하게 조화시키는 공예미(工藝美)에 있었다. 그의 사상은 세계 공예계에 침투되어, 그의 일본인 제자 하마다쇼지는 리치와 함께 1923년 마시코(益子:일본 도자산지)[120]서 민예부흥을 촉진시켰다. 리치의 도자에 대한 철학은 예술적 겸손이 아니라 오히려 항아리의 개념을 예술품으로 육성하는 결과를 초래했다.

영국의 빅토리아 앤드 알버트 미술관은 1972년 세계38개국의 스튜디오 작품을 전시기획하면서 세계 구석구석까지 예술도자의 이상이 넓혀져 탐구되었다. 빅토리아 앤드 알버트전시는 동양풍을 강조하는 리치 전통의 영향이 나타나지만 새로운 경향도 출현했다. 1950년대 말과 60년대 사이영국에서 발전한 조소적 경향과 루시 리(q-10)와 한스 쿠퍼(q-11)에 의해 확립된 새롭고 서정적인 스튜디오 양식의 출현이다.

q-9.Leach Bernard, 走兎圖樂燒大皿(1919),大原미술관

q-10. Lucie Rie, bottle, stoneware, 1979,theVictoria and Albert Museum

q-11.HandCoper, vase,stoneware,1968, theVictoriaandAlbert Museum

q-12, 河井寬次郎, 打樂扁壺 vase,1962,京都國立近代美術館

q-13, 浜田庄司, 赤繪角瓶,1947, 大原미술관

q-14. 버나드리치,가레나釉彫繪蓋 付壺,1924,大原미술관

---

119) 가레나유약은 영국 Garena지역에서 발견되는 천연점토질 유약성분, 산화동과 납성분을 함유, 17c 주로 사용되었던 거칠고 조악한 저가용 도기에 사용한 유약, 정교한 작업에는 쓰지않던 그 유약으로 리치는 붓을 쓰지않고 정확한 데상력으로 그림을 그림(q-9)

120) 일본전통도자산지인 마시코는 하마다쇼지가 귀향한 후부터 많은 도예가들이 모여 문화적 시설등 활기있다.

q-15..피터볼커스(미국),penryn,
2000년,63*63121

q-16. 나카무라 킴베이,Flirting
Tone Far Away, 2001, 73*66*78

q-17. 윤주일, 人- 긴사람,
2012.h240

미국에서는 아트 앤드 크래프트 시기를 통해서 스튜디오 도자(공방도자)가 유행했다. 세계대전 후 발전했던 새로운 단계에서 스튜디오 작품의 영국과 동양, 국제적 사조인 기능주의 이상을 혼합한 영향이 나타났다. 50년대 새로운 도자예술 사조에 영향을 미친 피터볼커스와 로스엔젤레스의 오티스 아트 인스티튜트를 통해 많은 작가들이 배출되었다[121].

북구 스칸디나비아 각국에서는 도자산업의 디자인 개발을 위한 방편으로 예술적인 것과 산업적인 것 양쪽의 제품을 공존시키거나, 재능있는 도예가에게 마음대로 작업 할 수 있도록 자유를 주고 내부의 스튜디오 작품을 장려하는 등 상업디자인과 제품의 수준을 올리는 것을 목적으로 예술가에게 스튜디오를 제공하였다.

우리나라에서는 1970년대 최초로 이화여자대학교의 도예과 신설과 함께 홍익대학교, 서울대학교 등 각 대학에 도자공예 학과가 신설됨과 동시에 디자인학과와 분리되었다. 그 후 각 대학에서 배출된 졸업생들은 공방작가로 활동하며 우리나라 현대도예가, 또는 미술교육가로 활동하고 있다.

21세기 미술에 대하여 한국 미술 평론가들은 "미술과 생활의 일치", "탈장르의 심화", "순수미술의 쇠퇴"등을 예견한다고 했다[122]. 원래 미술은 순수, 응용미술이 분류되기 전까지, 우리에게 알려져 있는 종교 건축물의 벽화나 조각, 초상화 등은 주문자에 의한 제작으로 그 사회 요구에 따라 제작되었던 생활 미술이다. 생활 미술로써 인류역사에서 가장 오랜 문화를 형성해 온 것은 도자이다. 선사시대 농업기술과 함께 곡식 저장용으로 탄생하여 중세의 종교건축물의 내, 외장에 쓰여지고 왕후 귀족들의 신분 상징으로 소장, 사용되었던 도자는 현대의 조형도자 탄생까지 미술과 생활의 일치에 의하여 탄생되고 지속되어온 선. 후진국, 지구촌 어디에서나 이루어져온 미술행위의 대표적인 산물이다. 현대 미술은 이전에는 일부 계층만을 위한 것이었다면 현대는 "대중"의 요구, 즉 "대중의 행복추구" 또는 "대중의 삶의 질을 높이는 생활을 위한 미술"이라는 점이다.

---

121) 미국정부 예술지원정책: 미국은 제2차세계대전후 군복무 마친 젊은이들에게 대학교육비 일체를 지급했기Eans에 많은 가난한 젊은이들이(피터볼커스를 포함한 지금의 대가가 된)예술가의 길을 택했다. 이 제도로 미국에서 예술이 부흥하는데 많은 기여를 했다, 세계현대도자전, p15,세계도자기엑스포조직위원회,2001

122) 월간미술, 1999.9. "21세기 프론티어, 신미술인의 길", 유재길 ,p58 ~p61

r-1. 강형자 작가노트
어린시절 친구들과 어울리기보다 흙과 종이 인형을 가지고 혼자 놀았던 추억들이 토용이미지의 테라코타 작업의 기초가 되었다고 생각한다.

강형자, <이잡는 여자아이>,
석기소지, 은러스터,
38*40*34, 2018년작

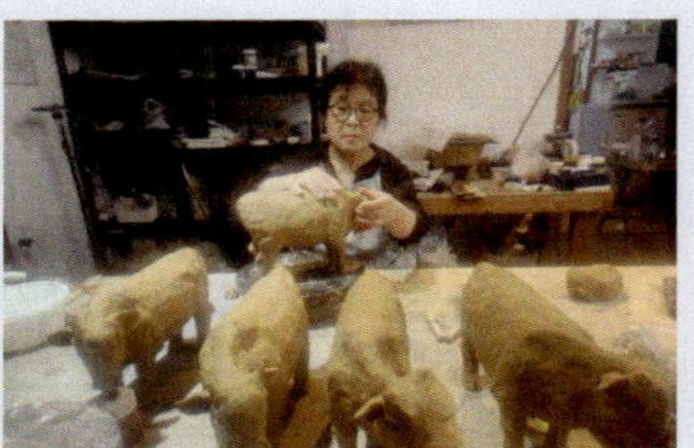

강'스 세라믹스튜디오&갤러리(도형도예)

r-2. 나정회 작가 노트:
작업은 회화와 도예, 조형을 넘나드는 융합적 방식으로 이루어집니다. 드로잉과 채색을 통해 구도와 색의 감각을 탐색하고, 이를 토대로 입체 조형에서는 형태와 질감을 입혀 이야기를 완성합니다. 특히 보라색과 파란 계열의 색감을 통해 밤의 어둠과 그 안의 작은 빛을 표현하며, 어두운 풍경 속에서도 '희망'을 놓지 않는 메시지를 전합니다.

나만의 오아시스,
석기질 점토에
고화도 안료, 2025

마시멜로와네모, 2017

생각나무, 나무판넬에 아크릴,
2025

나작가 공방 갤러리
2014~ 현(2025) 운영

"아름다움'은 내게있어서 표현의 목표이다.

이것은 흙 작업을 통해서만이 나의 내면에 소재되어져 있는 아름다움을 갈망하는 욕구를 채워준다고 믿는다. 주관적으로 축적되어진 경험의 산물들, 환경에의해 자극받고 영향받은 것을, 마침내 흙 위에서 훌륭하게 균형잡힌 조형물로 그 아름다움을 한껏 발휘하고자 한다. 간결하면서도 우아하고, 복잡다단 속에서 여유를 충만히 드러내려는 듯한 형태감으로 말이다.

이러한 0·름다움을 간직한 형태들은 생활 주변에서 접하게 되는 대상물이나 일상 생활에서 얻어진 체험, 그리고 나만의 감각과 지각, 형터를 이루는 구성요소로 인해 비로소 조화롭게 구체화 되어지고 내용은 전달 되어진다.

나와 흙예 일체가 되어 기쁨과 즐거움의 체취를 온전히 풍겨주는 구체적이고도 주관적인 나만의 아름다운 조형물이 완성되어질 때 새로운 경험을 마주하게 한다.

이 시간 크나큰 희열을 맛 보며

이 속에서 생동하는 나 자신을 찾는다.

제작은 캐스팅 · 핸드빌딩기법 등 내가 구현하고자하는 조형물의 특성을 최대한 살려주는 기법을 활용한다.

정구임, <kettle 5-imagination>,
2C13 31*20**5cm,
실크화이트. 저화도 안료

용산구 이태원동에 위치하고 있는 정구임작가의 <이연공방>은 도예를 취미로 하는 사람들을 위한 전문공간으로, 여유로운 삶이 이뤄지는 곳이다.

임하나, <HEART TREE>
조합토, 1050도 융화화장토,
50* 30* 162cm, 1999년 작

r-5. 공방명: 도예치유공간 흙즐김
작가노트: 흙작업을 하는동안 다른 일에서 받은 스트레스가 해소되었고 감정
의 찌꺼기들이 풀려나가 상처까지 치유된 경험을 다른 이들과 공유하며 치유
기쁨을 나눈다.

2019 공예트렌드페어, 이은주 작가부스

r-7. 이은주 작가 공방

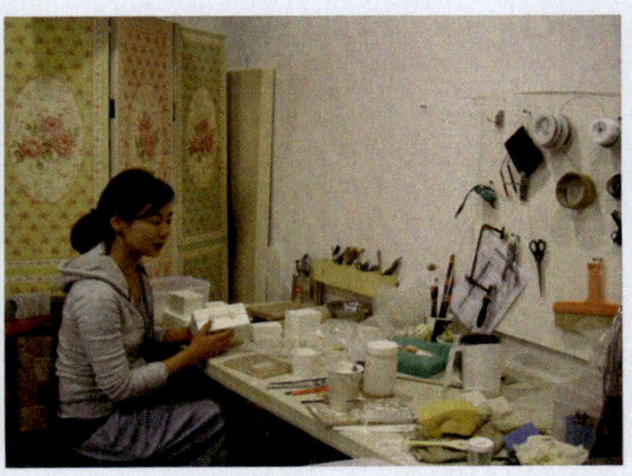

저의 성격은 거창하지 않은 단조로움에 단단하고 견고함을 추구하는 성격입니다.

이러한 성격이 작품에 투영되도록 작품활동을 하고있으며,기하학적인 형태의 정형화로 형태에서 보여지는 세련됨과 모던함이 모티브입니다. 작품 스토리텔링으로 보면 '삶의 질 향상'으로 행운의 상징인 동물 '고래'가 모티브이며, 형태 디자인과 상징성의 결합으로 작품 활동을 하고 있습니다. 모아스튜디오는 '모으다'의 뜻을 가지고 있으며, 작품활동에 있어서 각진 정육면체와 구의 형태를 좋아하여 작품의 모티브가 되고 있습니다. 'ㅁ', 'ㅇ'의 자음도 이러한 의미가 있습니다. 모아스튜디오는 서울 강북구 미아동에서 8년째 운영중인 도자기 공방으로 도예클래스(원데이클래스, 정규클래스)도 운영중에 있으며, 작품 활동을 통해 전시, 온라인 판매도 하고 있습니다.

모아스튜디오 온라인 샵

- 아이디어스(작품 판매) : https://www.idus.com/v2/artist/c5f4b11d-8b03-4c5f-baec-0492cf26b8ba/product
- 네이버 스마트 스토어(작품 판매) : https://smartstore.naver.com/moa-ceramics
- 네이버 스마트플레이스(원데이, 정규클래스) : https://naver.me/5z5s9Vlx

홍준표작가
2017. 모아공방 개업

Ondeado 술병, 750ml, 2023

Ondeado 접시,슬립캐스팅, 산화소성, 2023

Ondeado 접시,슬립캐스팅, 산화소성, 2023

나는 일상속 소소한 순간에 느낀 기쁨과 평화를 도자기와 그림에 담습니다. 과거의 기억과 현재의 감성이 겹쳐지며 잔잔하고 따뜻한 이미지를 만들어가고 있습니다. 때로는 익숙한 사물의 형태를 빌리거나 잡지속 장면을 재구성해 나만의 시선으로 표현합니다. 포슬린위에 이야기를 겹겹이 쌓아가며 ,보는 이가 각자의 기억과 감정을 떠올리길 바랍니다. 그래서 누구나 쉽게 다가와 오래 머무를 수 있는, 그런 작업을 이어가고 싶습니다.

공방명칭- 스튜디오 J1
(2016년~) 장식도자, 제품개발 및 디자인 석고캐스팅 도자기 위에 포슬린페인팅과 전사지 장식작업, 유약이나 물감 등의 색채연구, 유리, 나무, 3D프린터 등 다양한 매체이용 작품활동

Be Blessed,30.5*27*5㎝, 2022

r-10. 홍은진 작가 노트: 공방 피터아리움

기존의 작업에서는 식기류에 다양한 색을 활용해 실용성과 조형성을 동시에 탐구하였다. 비정형을 주제로 도자기의 선을 감각적 형태로서 빚어 사용 행위마저 예술적 체험으로 표현하고 싶었다 나아가 최근의 작품은 흙에 옻을 더하는 것이다.
전통적인 재료로서 둘은 서로 다른 성질이 더해지며, 단순한 기물을 넘어 나에게 새로운 미학을 보여준다. 비정형의 곡선을 빚어 자연의 흐름을 표현하고 도자기의 표면 위에 옻칠을 하여 매번 다른 색과 질감을 더해 시간의 흐름에 따른 빛과 깊이를 회화적으로 표현하고 있다. 나의 도태칠기는 전통과 현대, 기능과 조형, 물성과 감각의 경계를 넘나드는 실험적 시도라 할 수 있다.
앞으로도 전통적 재료에 현대적 감각을 더해 도태칠기의 독창적 방향성을 드러내고 싶다.

30*12 도태칠기 스툴 조형토,옻칠

25*25 도태칠기 조각플레이트 백자토 , 옻칠

나의 작업이란 일상에서 마주하는 일을 테마로, 감정선을 추구하며, 마치 흙속에서 보석을 캐는 기분으로, 거친 원석에서 다이아몬드를 조각해내듯이 작업한다. 거기서 연소되는 에너지를 '오브제'化하는 것이다. 그리고 늘 오브제가 갖는 '이미지의 힘'의 매력에 빠진다. 그러므로 오랜 작업을 할 수가 있다. 곧 흙은 정신이다.

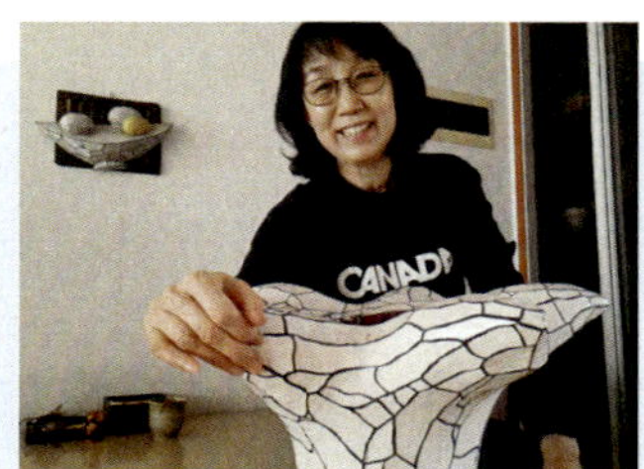

이경자 클레이아뜨리에 공방

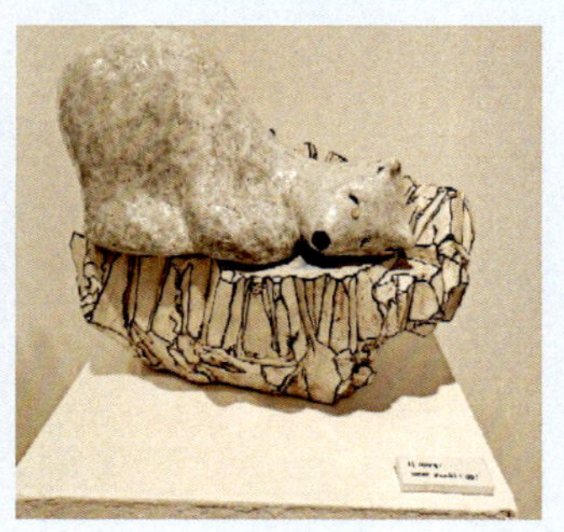

청산드 4월 유채축제가 끝날 때면 면에서 만여평 넘는 유채밭을 가을축제 코스모스씨 뿌리기 위해 시든 유채를 태웁니다
그러던 제가 그 재를 수거해 와서 석달동안 양잿물을 빼고 유채유약을 만듭니다

하선옥 작가

r-13. 서혜수작가 노트:

리듬(Rhythm)은 각각의 부분에 시각적으로 강한 힘과 약한 힘이 연속될 때 생겨나는 것으로 이 같은 동적인 질서는 활기를 올리며 경쾌한 감정을 주기도 합니다. 또한 조형적 측면에서의 리듬은 반복으로 인한 운동감, 순환으로 인한 균형감 등 자극에 의한 간격이 시각적으로 질서를 이뤄내기도 합니다. 그래서 반복되는 단위가 조화와 비례를 맞추어 다양한 변화를 보이게 되면 관람자들의 시선은 강렬한 몰입감을 가지게 됩니다.

본 작업에서 리듬(Rhythm)은 형태를 표현하기 위한 매개체로써 형태를 규정짓고, 그 형태를 시각적으로 형상화해서 조화를 이루어 나가는 주체자이기도 합니다.

'Quiet Order'-조용한 질서-란 자유로움 속에 나름의 규율이 존재하고 있음을 의미합니다. 저는 대칭적이고 질서 정연한 구성의 안정성보다는 자연에 존재하는 무질서 속의 조화로운 배열과 역동적인 에너지에서 영감을 얻고자 합니다. 우리 눈 속에서의 운동감이나 리듬감은 대상이 움직여야만 일어나는 것이 아니라 대상이 짧은 시간 안에 어떤 질서를 가지고 반복될 때도 일어납니다. 그러므로 자유로운 규칙과 반복을 거듭하여 만들어진 리듬을 인간의 오감을 통해 감각적으로 해석하게 하여 독립적인 생명력을 가진 하나의 형태로 시각적 형상화를 표현해 나가는 것입니다.

저는 오랜 시간 한국의 전통 기법인 상감(象嵌)을 도자 작품에 활용하여 현대적 감각과 기법을 바탕으로 연구를 이어오고 있습니다. 그리고 한국의 정서를 담은 조화롭고 균형 잡힌 조형 작품으로써 공예의 완성도를 높일 수 있는 아름다운 도자기 만드는 것에 중점을 둡니다. 현재의 작업도 일련의 과정 중 일부라고 생각합니다. 앞으로 상감을 현대적 감각으로 표현하는 작업은 계속 이어질 것이고, 형태와 색채가 조화를 이루는 새로운 시도 또한 진행될 것입니다.

Ceramic Studio Cerasophie는 도자 조형 작품을 연구하고 도자 제품 디자인 개발을 중점으로 운영하는 개인 공방이다. 한국의 전통 기법인 상감(象嵌)을 현대적 감각으로 조형화시키는 연구를 이어가고, 기능성과 심미성을 중심으로 테이블웨어와 인테리어 소품 디자인 개발과 제작을 진행하고 있다.

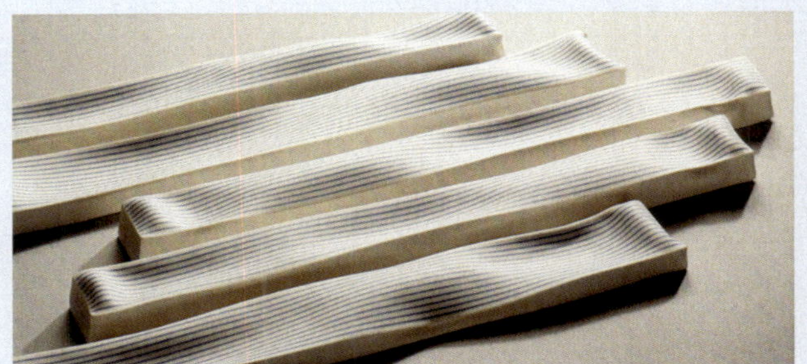

서혜수, <Freedom with discipline>, 2023,
Porcelain, Ceramic pigment, 45×110×4cm

서혜수, <Feel a rhythmic>, 2013
Porcelain, Ceramic pigment, 8×64×3, 6.5×64×4cm

2. 서양의 접시(Plate)와 동양의 완(bowl)

사회가 안정되고 풍요로워지면 사회적인 문화활동도 활발해진다.'그저 먹는다'는 일차적인 단계에서 '어떻게 먹을 것인가'하는 문화적인 단계로 발전한다. 또한 '먹는' 기능 외에도 '정신적 의식'을 위한 종교적, 의식적인 식기도 있다. 오랜 옛날 용기와 똑같은 고배형태의 제기(祭器)나 일본의 다도에 쓰이는 다기(茶器) 등은 의식적 의미의 식기라고 할 수 있다.

s-1. 중세 서양식탁, 주인(중앙의 붉은 색 자켓 모자쓴) 앞에 큰 나이프, 식탁중앙에 대형접시 3~4개 보인다

s-2. 조선 1890년대 주막 백사기 그릇들, 완(碗)형,서민 식사에도 그릇수(8개)가 많다.

s-3. 일본 풍속화(17세기), 연회 좌식 그릇 오목한 완(碗)의 형태, 그릇 수 4개.

s-4. 중앙아시아쪽 연회장면 그림,식탁중앙에 중국제 청화자기 대접시(大皿) 하나뿐,

식기형태는 목기나 도자기 대부분이 물레로 제작되기 때문에 회전에 의한 원형이 기본형이 된다. 따라서 식기형태는 어느 나라든 기본형에 깊이나 직경의 크기가 다를 뿐 형태차이는 크게 다르지 않다.

그러나 동. 서양의 식문화. 식습관에 따라 식기형태를 크게 두 종류로 나눌 수 있는데 육식(肉食)중심인 서양의 그릇은 식탁 중앙에 큰 고기덩어리를 담은 접시 하나를 놓고 주인이 나이프로 고기를 잘라 가족들에게 나누어 주던 식습관(s-1,4)에 따라 고기덩이를 자르기에 편리한 운두가 낮은 안정적인 접시(plate)가 발달했고, 미식(米食)중심인 동양은 주식인 밥과 습성음식(국, 야채요리)을 담기에 편리한 오목한 그릇, 완(bowl, s-2,3)이 발달했다. 이것은 식문화와 식기의 기능, 형태가 깊은 관련이 있음을 증명한다.

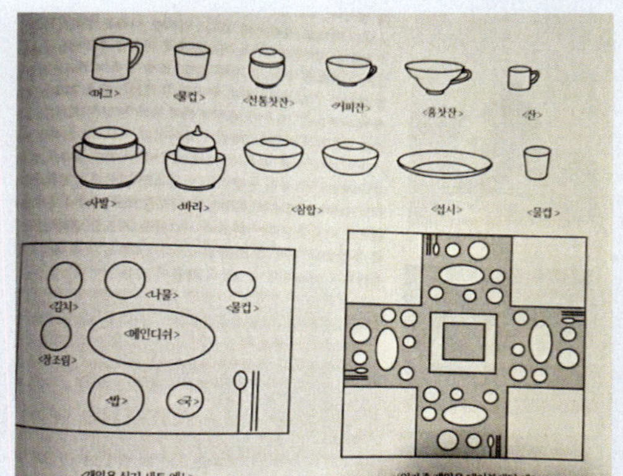

s-5   우리나라 식생활공간, 개인용 식기세트 제안예, 1998, 김명란 생활도자공예디자인 p314~315

우리나라 도자식기 문화

계절별 식기 구분 사용 전통적으로 겨울엔 금속기(유기,방짜그릇,s-6), 여름엔 사기(砂器,도자그릇 s6-1,2,3)였으나, 현대 주택 난방시설 발달로 사계절 도자그릇 사용, 식당 등은 밥그릇만은 스텐밥그릇, 밥을 담은 채 여러개 쌓아 넣을 수 있는 납작한 금속반기를 보온 밥통에 넣는 절충형 밥그릇 (s6-3)을 사용한다.

s-6 놋반,유기반상기

s6-1 청자사발과주자
강진청자박물관, 2009

s6-2 계절별 반상차림(여름),
낙안읍성민속자료관,2013

s6-3 현대식당밥그릇은
스텐리스반기

• 계절별 식재료 반상차림(낙안읍성민속자료관,2013)

s6-4 계절별반상차림(봄)   s6-5 계절별반상차림(가을)   s6-6 계절별반상차림(겨울)

• 전통 식기 (반상기)

조선 시대 초기에 한식(韓食)이 정립, 기본적인 상차림으로 일인용의 "반상(飯床)"이 밥과 국, 김치, 나물류 중심으로 같은 식품, 조리법이 겹치지 않도록 3~ 9첩까지 여러단계 원칙이 규범화 되었다. 첩이란 뚜껑이 있는 반찬그릇을 말하며 국과 김치를 제외한 반찬그릇의 수효에 따라 첩수를 센다. 이러한 반상 예법에 따라 상차림이 정형화되었으며 그에 쓰여진 그릇을 반상기(飯床器)라고 한다.

s-7 분청사기 반상기,
광주박물관 전시장,2009.8

• 현대 퓨전요리에 어울리는 k-쎄라 식기

서양 식문화의 유입으로 우리나라 식생활이 다양화 되었다. 식상(食床)에서 식탁(食卓)으로, 밥과 빵, 국과 스프, 나물과 샐러드 등이 혼합되어 식탁의 내용이 풍부하게 되었고 식기 역시 서양식 그릇들을 중심으로 상차림에 쓰이는 그릇이 반상기에서 접시(dish)위주의 홈세트로 바뀌었다. 또한 밥과 국, 김치 중심의 우리나라 전통음식이 요즘 세계적 디지털 강국으로써 전세계적으로 인기를 얻고 있는 k-컬쳐(한류문화) 확산과 더불어 크게 인기를 얻고 있다 그리고 전통적인 요리법의 경계를 넘어 다양한 여러나라 요리, 재료를 혼합, 결합한 푸전요리 유행에 따라 그릇도 퓨전식 소비자 니즈에 맞추어 개성적이고 다양한 도자그릇들이 사진s-8, s8-1,2처럼 우리나라 개인 도자공방에서 제작, 판매되고 있다. 한류열풍과 더불어 k-푸드(한식)와 k-쎄라 (k- ceramic, 한식기 브랜드로 저자 명명)의 발전된 우리그릇에 대한 관심과 활성화를 기대해 본다.

s-8 서구화,사각접시, 접시류,
광주박물관 전시장,2009.8

s8-1 공동용 그릇과 개인용그릇,
광주박물관 전시장,2009.8

s8-2 광주박물관 전시장,2009.8
소형화하는 밥.국그릇,

• 밥그릇

다른나라에서 볼 수 없는 고유한 우리나라의 그릇이 있다. 이웃하는 중국, 일본등이 젓가락 위주의 식생활을 하지만 우리나라는 숫가락, 젓가락을 함께 쓰는데 이것은 삼국시대이후의 오래된 전통이다. 이 수저의 사용은 밥그릇의 형태를 좌우한다. 젓가락만을 사용하는 나라의 밥그릇은 손에 들고 먹기에 편한 작고 가벼운 형태이지만 우리나라는 상위에 놓은채로 수저를 쓰기 때문에 식탁위의 주인공답게 크기도 크고 안정감있는 당당하고 기품이있는 형태를 한다.

동양에선 예로부터 밥그릇을 그사람의 생명과 동일시했다. 즉 밥그릇은 그 주인과 동일체였고 따라서 사람이 죽으면 그사람의 밥그릇을 깨뜨려버리는 풍습과 묘에 부장하는 풍습 등이 있었다. 그처럼 밥그릇은 삶의 상징물이었고 그 주인의 개성을 나타내는 것이었다.

밥과 국이 우리식탁의 주인공인 현대에도 그 의미는 변함이 없을 것이다.

• 사발

위로 벌어진 형태의 사발은 우리나라 전래의 가장 대중적인 그릇이었다. 일본에서 "다기(茶器)"로써 진중시 되는 것이 바로 우리나라의 막사발 종류이다. 막사발은 밥은 물론 막걸리나 숭늉 등 액체를 담기도 하는 다용도의 그릇이었다. 사발의 형태는 이처럼 다용도로 쓰일만큼 기능적으로 우수할 뿐만 아니라 그릇들을 서로 포갤 수 있어서 수납하기에도 편하다는 장점이 있다. 그러나 이와같은 사발의 존재는 현대의 우리식생활에서 찾아보기 힘들다. 현대생활의 편리 제일주의와 함께 수납, 세척면에서도 편리한 사발의 존재를 실생활에 사용하여 우리나라 식기의 고유성을 확대시켜 가야한다고 본다.

s-9 이서지의 한국풍속화집,상치쌈,p125,
서문당- 한가족이 각각 독상을 받고있고,
상위에 식기는 모두 사발이다.

s9-1 조선시대 빈례상, 개인용 반상차림

• 우리나라 전통 밥그릇(飯器)과 막사발에대한 단상

우리의 옛날 밥그릇은 무척 다양한 기능을 갖는 굿 디자인제품이다. 일본에서 국보로 지정되어 있는 조선 도자기들 중에 특히 '이도자완(井戸茶碗, i-13~ i13-2)'은 우리나라 서민들이 밥, 국, 반찬, 그리고 숭늉, 막걸리까지 담아 쓰던 일상 다용도 그릇이었다. 그 그릇이 일본에서 다기(茶器)로서 세계에서 대단히 유명한 그릇으로, 그릇의 소유주나 소유 이전사항들까지 갖춰진 일본국보, 중요문화재로 지정되어 진중시 되고 있다. 몇 년 전인가 교토 박물관에서 예의 이도자완(i-13)을 본 적이 있다. 그 옆의 설명서를 보지 않았다면 보통의 조선 분청사기와 다를 바 없다고 생각했을 것이다. 그러나 관람객들 모두 진지하게 경탄해 가면서 설명서를 읽고 그 막그릇을 보고 있었다. 그리고 보니 그릇의 기술적 단점이기도 한 유약의 크랙 사이로 찻물이 배어 있는 것이 그릇 속의 풍경으로 보이기도 하고, 흰색 분장 상태와 유색의 조화가 아름답고 멋져 보이기도 한다. 그들 말대로 실제로 어떤 인위적인 일본의 도자보다 훨씬 아름답다고 느껴졌다. 일본이 인정, 세계 최고 찻그릇이 중국제가 아닌 우리나라 막사발이라는 것이다. 그러면 우리 나라엔 세계최고의 보물들이 어디나 널려 있고 우리는 일본인들이 부러워하는 높은 미감각을 갖고 있다는 말이 아닌가. 한편 한국에선 가차없이 버려지는 막그릇들 속에서 '진귀하고 훌륭한 것'을 찾아낼 수 있는 일본인들만이 갖고 있는 높은 안목과 미의식을 자랑, 이도다완은 조선에서 사용하던 막사발이 아니라 일본 다인들이 별도로 주문, 제작된 것이라는 설도 있다. 어찌되었든 조선에서 제작된 것이 귀한 존재라는!, 우리나라 도자기술의 우수성을 입증하는 것이다.

요즘 가정의 경.조사 손님초대도 외부 식당에서 이루어지고 가정식도 혼밥 유행, 배달음식 대중화, 모든 실물거래는 온라인으로, 대중의 최고 관심은 휴대폰과 AI, 식기문화 관심도는? 이미 경기침체와 3D업종 인건비 상승으로 우리나라 도자식기 대량 생산업체 대부분 문을 닫았고 중소기업, 개인공방 소량다품종 식기생산으로 대체되었다.

문화는 대중이 만들어간다. 서구화된 문화 생활도 대중의 선호도에 따라 합리적으로 선택되어 진다. 앞으로는 '정신세계 고급화'가 물질세계 고급화보다 제품의 차별화(差別)에 두드러진 역할을 할 것이다. 이 시대는 지중화(知衆化) 시대로 예측된 대중의 지적 호기심은 이미 높은 수준에 와 있다. 또한 현대 대중은 물질이 넘쳐나는 시대에 무엇보다 "생활의 질", "개성화"에 관심을 갖는다. 앞으로 문화 전쟁 시대라고 하는 만큼 우리의 식문화 전통을 이 시대 요구에 마춰 새로운 식문화, 특히 세계에 유명한 우리나라 그릇, 식기문화를 창조해야 할 시점이다.

현대 어느 국가를 막론하고 인류 최대 관심사는 인간의 행복 추구이며 그 행복의 기본은 의. 식. 주생활에 대한 풍요와 사랑이 중심이 된다. 고대 인류역사에서 가장 큰 생활 변혁은 음식물 저장과 조리를 위한 토기 발명, 농경생활과 정착생활이 이루어졌다는 앨빈. 토플러의 말처럼 도자기 제작은 그 사회 생활양상에 따라 다르다. 도자식기의 시대적 변천은 그 사회, 문화의 변천을 대변한다고 할 만큼 인류 생활문화 필수품으로 사회적 역할을 이어 왔다.

1980년대부터 30년간 필자 연구, 조사결과 후기산업사회, 정보화 사회의 영향으로 의·식·주생활 중에 가장 보수적이라는 우리나라 식생활 문화 변화와 식기 사용에 큰 변화가 보인다. 예를들어 인터넷 상의 일상 식사내용 소개 등이 활발해지면서 요리 전문 블로거들이 유통시키는 식생활 문화 컨텐츠의 양과 질이 다양해지고 높아졌다. 포털싸이트를 통한 식문화, 생활 지식 등이 활발히 유통되면서 요즘 식생활 변화는 전통음식의 Fusion화(불고기햄버거, 김치피자 등) ,한식의 세계화, 음식의 양(volume)에서 질(quality)로, 건강과 조화로운 삶, 웰빙 음식과 slow food, 로하스(LOHAS ; Lifestyles Of Health And Sustainability)와 정신적이고 정서적인 생활양식으로 급변해 가고 있다. 이러한 변화에 따른 도자식기 문화의 사회적 역할은 이전과 다른 소비자의 라이프스타일 연구와 식기디자인 개성화 등 사회문화와 융합화를 꾀하여야 할 것이며 이러한 도자식기 문화 연구는 관련 업종의 발전, 필요 요소이기도 하다.

s9-2 1800년경,독일 프리드리히 빌헬름3세는 황실사용 새로운 식기세트주문, 모든 왕실 성에 통일된 대형식당을 위한 새로운 서비스 고안, Schloss성, Bad Homburg,2025

S 9-3 1800년경독일 황실 테이블세팅, Schloss성, Bad Homburg, 2025

s9-4 1800년경, 독일프리드리히 빌헬름3세용 식기와 포크

S 9-5 1800년경 독일 황실 테이블세팅, 사이드테이블 후식용 접시와 컵 Schloss성, Bad Homburg, 2025

S 9-6 1800년경독일 황실 테이블세팅, 후식용 티폿과 크리머 Schloss성, Bad Homburg, 2025

❖ 유럽 테이블세팅 전통

1) 좌우대칭(左右對稱)

2) 일인용식기 ---- 45 *35쎈치이내

3) 칼라코디네이션(color cordination)---- 칼라 밸런스(color balance), 주제의 메인칼라 (main color of theme), 테이블크로스, 식기의 색

4) 기본구성품---- 도자식기, 실버웨어,글래스, 린넨, 캔들,꽃

◆ 필자의 우리나라 개인용 식기세트 연구 제안. (개인용 식기 구성품)

(주)한국도자기 식기 세팅 실험예
한국도자기(청주) 그릇제공 (2010)

오무라이스

한식메뉴, 반상기 구성

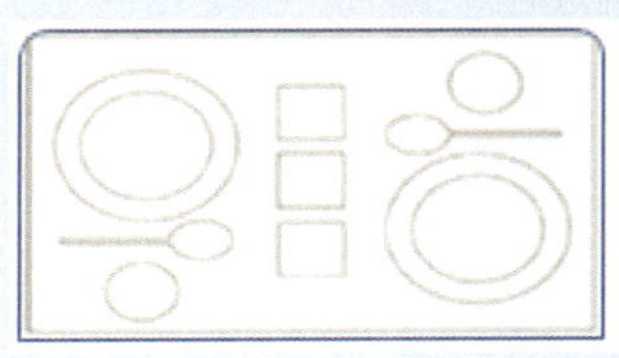

1) **개인용 식기** : 식탁 중앙에 공동용 식기(찌게, 찜류)를 제외한 공간에 개인용 식기를 배치하기 때문에 35 *20센치이내에 개인용 식기를 세팅한다.

2) **밥, 국그릇** : 밥그릇주인의 개성에따라 개성화된 그릇(성별, 연령,취미등의 차별화)

3) **메인디쉬** : 불고기, 생선등 주요 요리의 그릇으로 직경 17 ~ 21센치의 접시(皿).

4) **김치, 나물용의 바라기 (접시)** : 직경 11 ~15센치의 오목한 완(碗) 나물, 장조림 등의 반찬 그릇

5) **물컵** : 식사 내용에 맞는 물컵, 술잔. 물그릇, 주인의 취향에 따라 자유형

우리나라 일상식단, 식기구성 연구

s-10 우리나라 일상식탁 식기구성 연구(2012, 렌더링 유은경 작)

s-10-1 食前酒와 先付け,前菜:
식욕을돋우는 술과 전채요리

s10-2 造り:생선회

s10-3 燒物 :생선, 고기 구운요리

s1C-4 口取:어묵,생선,닭고기,채소 등
음식재료 단맛을 살려 요리하는것

s10-5 炊合わせ : 제철에나는 채소 또는
생선을따로 쪄내어 하나의 그릇에 담는
찜요리

s10-6 酢の物 : 생선,조개류,채소등에
식초를 넣어 만든 요리

s10-7 ご飯 , 汁、香の物 : 밥,국,소금,
돈장,쌀겨,술찌게미등에 절인야채

s10-8 水物,水菓子과일디저트

s10-9 전채후 메인요리전의 맑은
장국:吸物

색채와 식욕

련대 우리들의 식탁은 풍요로워졌다. 계절과 상관 없이 풍부한 먹을꺼리가 쌓여져있고 먹는방법도 다양하여져서 쌀중심의 식생활이 빵식으로 또는 외식으로 각자의 생활 스타일에 다라 식생활이 변화해간다. 특히 핵가족화나 사회활동의 변화에따라 외식산업이 발달하고 외식문화가 식생활의 주요부분을 차지하고 있다.

예쁘게 상이 차려져 있는 식탁을 보면 식욕이 동하게 된다. 그릇과 음식이 잘 어우러진 색채 그 자체가 "맛"이라고 하는 이도 있다. 좋은 색의 음식을 보면 먹어보고 싶다는 심리는 자연스러운 것이다.

어떤 색이 식욕을 돋우는가에 대해서는 일본의 髙木 節子의 글을 인용한다. 식품의 색에서 가장 식욕을 돋우는 색은 빨강(赤)에서 등색(橙:오렌지색)의 범위로 황색과 등색의 사이색은 식욕이 떨어지며 황색으로 가면 식욕이 올라가고 황록은 대단히 낮고 음식물의 색으로 써는 낙제이다. 차거운 색인 녹색과 청색은 좋지만 보라색도 안좋은 색이다. 이처럼 식욕을 자극하는 색의 순위는 적색에서 오렌지색(등색), 복숭아색, 황갈색,갈색, 버터색, 엷은 녹색, 밝은 녹색으로 식욕에 있어서의 불쾌감으로는 적자(赤紫),자(紫),짙은 보라색, 황록,녹색기 있는 황색, 오렌지색 기가 있는 황색, 회색, 올리브색, 겨자색 등이다.

색채와 요리

"중국사람은 맛으로 먹고, 일본사람은 눈으로, 한국사람은 배로 먹는다"는 속설도 있지만 다른나라에 비하여 일본은 그릇과 요리의 배색을 중요시한다.

요리에서 색채를 중요시하는 일본의 색채연구가 髙木 節子의 글을 보면 "일본요리의 좋은 점은 재료의 종류가 풍부하고 색채적으로 우수하다. 새우나 연어, 붉은조개, 홍당무, 생강, 매실절임 등의 적색(赤色), 계란, 밤, 단무지의 황색(黃色),엽채류의 녹색(綠色),다시마나 검정콩 등의 흑색(黑色), 오징어, 흰살 생선, 두부, 산마, 무 등의 백색(白色)등 색채의 변화가 풍부하다. 요리의 배색은 계절이나 경조, 의례에따라 변화시킬 필요가 있다. 또한 여름은 시원함을 느끼게해주는 녹색계, 백색계를 많이 사용하고 가을에서 겨울로 추위가 더해 감에따라 난색계를 많이 사용한다. 적색이나 황색의 난색계는 식욕을 돋우지만 많이 사용하면 조악해보여 식욕을 감퇴시킨다. 특히 적색은 적게 쓸수록 매력이 증가한다. 난색계가 빨리 적어지면 나중에 전체가 쓸쓸해지므로 따뜻한 색의 것은 중앙에 놓고 2종류 있을때는 오른쪽방향과 왼쪽아래에 놓도록 신경쓴다. 녹색계는 따로 익힌 생선과 야채를 한그릇에 담은 그릇에 곁들인 나무순, 사시미에 곁들이는 해초류 등과 같이 요리에 푸른색의 액센트를 더하여 산뜻한 인상을 주도록한다"고 했다.

일본과는 반대로 우리나라의 음식은 "색채를 죽인다". 오랜동안 약한불에 끓인 진국과 김치,나물, 젓갈 등 갖은 양념과 발효의 영향으로 전통적인 우리나라의 조리법은 음식의 형태와 재료의 고유한 색채를 없앤다. 대신 김치 등의 고춧가루의 붉은 색과 황색의 계란지단, 검정색의 김가루로 음식물의 색채를 장식한다. 우리나라는 일본처럼 식품재료 고유의 색채를 살리는 것이 아니라 삭고 깊어진 맛을 강조하는 양념으로 색채를 강조한다고 할 수 있다. 이처럼 복합적인 우리나라의 음식에 그릇의 색채는 백색의 백자가 대부분이다. 붉은 고추가루의 색을 잘 살려주기 때문인 것같다.

s10-10 전채요리

s10-11 전채다음에 츠쿠리

s10-12 전채요리

s10-13 메인요리전의 스이모노

s10-14 야키모노

s10-15 과일디저트

s10-16 동경의 도시락

s10-17 교토식당,점심세트

s10-18.오사카의 샤브샤브

s10-19 동경테이블웨어 페스티발.
2006 -반상용

s10-20 동경테이블웨어 페스티발.
2006 -주기세트

s10-21 동경테이블웨어 페스티발.
2006 -퓨전용

s10-22 동경테이블웨어 페스티발.
2006 (미노 도자기, 지역특산품 홍보용)

s10-23 동경테이블웨어 페스티발.
2006 (단바도자기,지역특산품 홍보용)

s10-24 동경테이블웨어 페스티발.
2006

그릇에는 그릇마다 각각 가지고있는 분위기가 있다. 만질수록 따뜻함이 전해지는 것, 투명한 듯한 질감의 그릇, 화려함을 식탁에 더해주는 것 등 여러 가지이다. 요리에 맞는 그릇을 선택해서 색과 형태에 어울리는 음식담기가 중요하다. 둥근 그릇뿐이거나, 따뜻한 색뿐이 되지 않도록 신경쓸 일이다. 예를들어 그릇에 3종류의 요리를 담을 때 따뜻한 색이 식욕을 돋운다고 해서 3종류 함께 난색계 뿐이라면 난색이 약하게 느껴진다. 이때 중간 색을 합치면 난색이 눈에 띤다. 또한 한색이나 녹색의 나뭇잎이나 꽃잎을 더하면 그위에 색채적 효과가 난다.

그릇과 요리의 관계도 똑같이 백지의 자기에 그림이 있는 것, 아리따 도자기의 색이 많은 것에 따뜻한 색만을 담아서는 요리가 눈에 띠지 않는다. 난색 1종류에 한색 2종으로 하면 요리도 그릇도 눈에 띤다.

"백의 민족"인 우리나라사람들이 가장 좋아하는 색은 여러 의견이 분분하나 예로부터 "흰색" 또는 "무채색"을 즐겼던 것은 사실이다. 그 한 예로 16세기 이후 다른나라에선 여러 가지 유채색으로 장식한 도자기들이 발달했는데도 불구하고 우리나라만 조선시대 백자라는 단일색의 도자기로 유명하다.

도자기의 흰색은 흰색이라고 해도 소성방법, 유약 성분, 소지(흙) 성분에 따라 그 색상이 틀리다. 예를 들어 같은 백토로 빚어 투명유약을 입히면 온도 차이에 따라 백색의 도기, 석기, 자기로 불리는데 각 백색 색상에 차이가 있음은 물론이고 자기(磁器)질의 흰색은 환원소성 시 차가운 청색기가 도는 흰색이며 산소를 충분히 공급하여 소성한 산화소성 한 것은 연한 베이지색에서 연질의 크림색까지 언어로는 그 색채를 확실하게 구분, 표현하기 어렵다.

일본의 유명한 화식(和食)요리전문가인 츠치도메(邊留)의 식기에 적합한 색채에 대하여 "너무나 화려한 그림이 그려진 그릇은 수수한 색채의 음식을 담으면 요리가 크게 뒤지게 되고 반면에 화려한 요리를 담으면 그릇의 그림과 요리가 승부를 겨루는 듯하여 식욕을 잃게 만든다"고 하였다. 이 말 뜻은 과장되게 장식된 그릇보다 수수하고 자연스러운 그릇이 식욕을 도와준다는 의미, 특히 우리나라 그릇의 색이 대표적인 예이다.(s-11, s11-1,2)

s-11 청자반상,
2004토야테이블세팅전

s11-1 백자반상,
2004토야테이블세팅전

s11-2 분청사기사발,
2004토야테이블세팅전

어느 느구라도 마음에 드는 식기를 손에 넣으면 여기에 무엇을 담을까 요리를 생각하게 된다. 예를 들어 작은 접시라도 양념을 넣거나 단 것을 올리거나 하면서 그릇 하나로 여러 가지 얼글을 보이게 된다.

미식구로써 자신이 만든 그릇에 요리를 담고 독창적인 경지를 연 일본 기타야마로산진의 말(본서 p30)에 의하면 "식기는 요리의 옷(의상)이다"라고 했다. 이 말에는 식기는 요리를 담고 잘 사용함에따라 처음으로 완성되는 것이라는 의미가 들어 있다. 이 교훈과 같이 그릇과 요리의 조화, 4계절 요리와 그릇의 색채적 조화는 요리의 마무리이다.

요리에 계절감을 부여하는 중요 요소는 요리의 온도, 그릇의 질감, 그릇의 형태이다. 봄은 하루하루 따뜻함이 늘어가는 계절로써 무언가 들뜨는 기분을 받아주는 듯한 그릇을 준비하는 것이 좋다. 즉 매우 젊어보이는 이미지의 그릇으로 따뜻한 색의 그림을 그린 것, 진한색보다 밝은 색을 염두에 두고 선택하고 쟁반이나 잔도 산뜻한 것이 좋다. 또한 그릇의 형태도 둥근 맛을 띤 부드러운 느낌의 것을 선택하고 여름은 윗부분이 나팔꽃 모양으로 열린 샤-프한 그릇이 시원하다.

가을부터 겨울에 걸쳐 쓰여지는 통(筒)형의 깊은 도기 발(鉢)은 따뜻함을 느끼게하고 온도를 유지하는 활동도 있다. 겨울의 손님대접에는 따뜻한 색을 쓰며 한가지 뜨거운 요리를 준비하여 도기(陶器)를 중심으로 자기(磁器)는 적게 쓰고 주기(酒器)는 풍부한 느낌의 색과 그림있는 것으로 쓰는 등 그릇과 상차림의 계절감을 잘 표현하는 것이 쌍방의 조화에 따른 것이다.

• 2001년 김명란 도자식기 세팅전을 열며...해설서에서 발췌

우리 전통문화중에 세계적으로 유명한 고려청자, 이조백자 등 유물 대부분은 식기류이다. 조선시대에는 한식기(韓食器)의 사용방법이 정형화되기도 하였다. 반상 예법이라 하여 중요한 일이었다. 그러나 전쟁 후의 물자부족 시대에 외국문물의 유입과 함께 우리의 식기는 대량생산되는 서양식기류를 중심으로 서구화된 음식들과 함께 사용되었고 서양의 바라진 접시류는 사용하기에 편리하여 대중화되었다.

서양식기와 동양식기의 차이는 주식인 육식과 쌀(米食)의 식사방법에 따라 납작한 접시(皿)와 오목한 완(碗)으로 구별된다. 국제화 시대에 음식문화도 국제화, 밥, 국에 샐러드, 스테이크 등의 혼합식이다. 이런 시대적 성격에 어울리는 식기 연구도 중요. 지금까지 테이블세팅, 식탁세팅에 대한 소개는 서양식기를 중심으로 한 것들이 대부분이었다. 그러나 우리 사회 식기는 오랜세월 이루어져 온 밥, 국에 김치라는 전통한식이 중심이 되는 밥그

릇 전통을 중심으로 한 반상기나 사발이 있다.

본 도자식기 세팅전은 밥그릇을 중심으로 한 우리나라 개인용 식기 구성품, 세팅화이다. 예를 들어 현재 우리나라 대중적 식탁분위기에 맞추어 밥. 국그릇, 물컵, 개인접시는 일인 용품으로 개인 매트나 위치접시에, 식탁중앙에는 공동용의 식기들(찜기, 콤포트, 대형접시 등)이라는 구성방법으로 세팅화를 제안, 그에따라 식기크기 등을 규격화 시키자는 것. 예 전의 7첩반상, 9첩반상에 그 구성품이 정해져 있었듯이...

본 전시에서는 식생활 변화에 따른 다국적적 요리와 한식기 조화, 특히 옛부터 쌀밥중심 사회에서 자신의 심볼로 중시되어 온 밥그릇 존재를 강조하여 '밥그릇의 개성화'라는 테 마로 밥상차리기를 구성해 보았다. 한편 우리나라와 똑같이 쌀밥을 주식으로하는 일본의 밥상을 마시코(益者)의 Toko gallery의 협조를 얻어 비교를 겸하여 양국의 식기사용에 관 한 이해를 돕고자 한다. 그외 그릇을 나르는 쟁반을 서양의 위치접시와 같이 그릇받침으로 사용하거나 직접 음식을 담을 수 있는 컨셉으로 시도, 그와 함께 계절별 식탁세팅도 함께 시도, 실험, 제안 전시를 해보고자 한다.

끝으로 2001세계도자기축제 행사로 대한도자기.타일공업협동조합의 초대로 기획전을 열 게된 것을 기쁘게 생각하며 이번 도자기축제로 우리나라 도자식기의 사용이 활성화 되길 진심으로 기대하는 바이다.

• 2004 김명란 테이블세팅전을 열며...전시해설서 중에서 발췌

 주제: "밥그릇의 대중화"

 식기디자인 컨셉 및,제작: 김명란

 테이블코디네이터: 양은숙

우리나라 반상예법은 밥, 국에 김치를 제외한 반찬가짓 수에 따라 3첩,5첩,7첩,9첩,12첩 등 예의(禮儀) 내용에 따라 규범화되어 있었으나 서구화된 현대생활 문화속에선 그 예를 찾기 어렵다.

20세기말부터 "우리 것이 세계적"이라는 의식 확대와 함께 우리나라 전통과 예술의 우수 성은 각 분야에서 세계적으로 인정받고 있다. 그러나 서구화된 우리생활 문화속에는 살아 있어야 할 찬란한 고려청자, 이조백자의 모습은 박물관이나 미술품 전시대이외 우리생활 속에서 찾을수 없다. 일상생활방법이 서구화되었다고 하여도 식생활문화는 가장 보수적 이라 한다. 실제로 의식조사 결과에 의하면 밥,국,과 김치라는 전통식사내용은 변함없다. 1994년부터 국내 처음으로 우리나라 밥그릇을 중심으로 김명란테이블세팅전을 개인전,

그룹전을 통해 꾸준히 선보여 왔다. 그 파급효과로 현재 도자식기시장에서 테이블세팅전 문가들이 활약하게 된 사실은 매우 반가운 일이다. 그러나 한편 테이블세팅의 장식성이 과장되어 오히려 우리나라 도자식기 존재를 위축시킬수있다는 면이 우려되기도 하지만 도자 식기 인식 고양에 큰 도움이 된다

본 전시에서는 그 우려되는 면을 시험, 우리나라 사찰음식 테이블 코디네이터로 활약 중인 양은숙씨와 함께 본인이 추구하는 "밥그릇의 대중화"를 위한 세팅전을 기획하게 되었다. 본 전시의 목적은 밥그릇을 중심으로 한 개인용 식기구성품의 세팅화이다. 94년 이후부터 우리 식탁위의 악세사리로 곧잘 등장하는 러너와 일반 매트의 크기와 관련한 식기의 크기, 서빙방법 등을 테이블 코디 전문가와 함께 밥상차림을 제안했다.

p-1 2001 김명란세팅전,
여주도자센터

p1-1 2001.계절별 반상세트,
김명란한식기세팅전,여주도자센터

p1-2 2004김명란밥그릇세팅전,
고운미술관

p1-3 2004김명란밥그릇세팅전,
고은미술관

p1-4 2001.김명란혼수용반상세트,
여주도자센터

p1-5 2001.김명란한식기세팅전,
여주도자센터

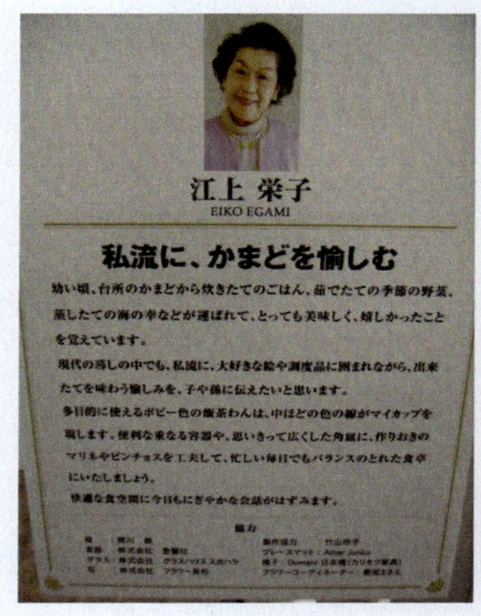

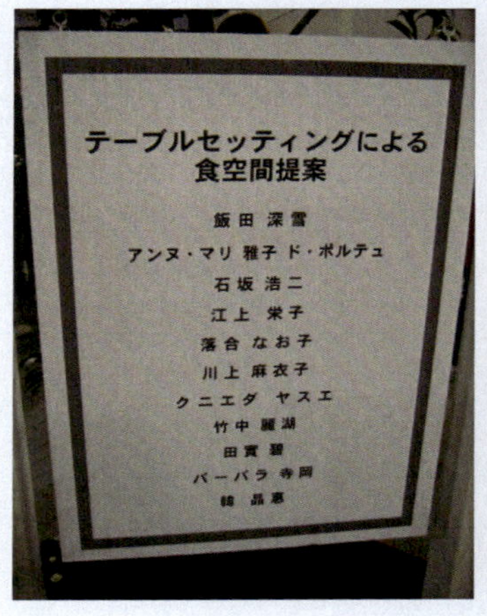

p-2 2006 Tableware festival Tokyo, Kyoto

이러한 주요 공기관, 대형 유통업체에서 식기세팅공모전, 식기 페스티발 큰행사 이벤트가 유행하며 이후 요즘 우리나라 중소기업 도자식기 매장에서도 식기 사용방법 가이드 및 홍보용으로 테이블 세팅 디스플레이가 유행하고 있어 우리 그릇 사용방법뿐만 아니라 글로벌 홍보 역할을 한다.

p2-1 2005토야테이블웨어전대상작

p2-2 2005토야테이블웨어전수상작

p2-3 분청4인반상기,
광주도세팅전,2005.4

p2-4 일인반상세트,
광주요세팅전,2005.4

p2-5 청화백자 반상세트,
광주요세팅전,2005.4

p2-6 청자반상세트,
광주요세팅전,2005.4

3. 문화교육과 세계 유명 도자산지의 문화원화, 미술관화

세계 도자 역사상 가장 극적인 사건 2건은 동. 서양 도자 기술 교류에 관련한 국가적 차원의 문화정책과 관련, 문화와 정보, 지식 사회에서 앞으로도 계속 관심 가져야 할 중요한 사안, 국가 경제와도 직결되는 문화 정책의 중요성을 되짚어 본다. 필자가 생각하는 도자역사상 극적인 사건이란 1592~1598년 사이 조선 도자기술이 일본 규슈지역에 이식된 사건과 1705년 유럽 마이센에서 최초로 중국자기 재현에 성공하여 자기 생산이 전 유럽과 일본에 전파된 사건이다.

일본 도자 발전의 계기가 된 임진, 정유란의 도자기전쟁 여파로 일본 규슈 나베시마번(鍋島藩)의 번주(鍋島勝茂)의 보호 장려로 백자 원료 발견과 그 이후 일본 각지에서 자기를 생산, 1653년에는 중국 아편전쟁 때문에 일본자기가 중국자기 대신 많은 양이 유럽으로 수출되기도 하였다. 우리가 주목할 점은 당시 유럽에 수출된 이마리 도자의 전성과 성공은 나베시마 번청(鍋島藩廳)의 산업 육성 정책에 기인하고 있다는 사실이다. 이러한 사실은 일본에선 잘 알려져 있지만 필자가 1981년도 이화여대 대학원 석사 학위논문 "일본 규슈지역에 이식된 조선조 분청사기 기법"을 발표할 때 우리나라 참고도서는 미술 사학 분야의 한, 두 권 정도

뿐이어서 모두 일본 서적을 참고해야 할 정도로 우리나라에선 조선조 도자기술 일본 이식에 대한 기록, 관심이 전무했다.

일본은 끌고간 조선도공들을 우대하여 도자문화 발달, 경제대국 발판을 마련하였음을 공개할 때, 우린 어떤 기술이 우리에게 있었는지, 빼앗긴 것인지, 준 것인지도 몰랐다. 아니 외세 침략이 빈번한 나라라서 먹고 살기 급급했고 여유가 없었을 것이다. 그러나 일본이 천민신분으로 천대받던 조선 도공들을 끌고 가 융숭한 대접을 하고 무사(조선의 양반격)와 같은 신분상승은 물론 영지까지 하사하며 도자기술 이식에 성공할 수 있었던 것은 정치 지도자들의 적극적인 문화정책, 산업 장려책과 함께 일본 고유의 차 문화를 함께 육성했기 때문이다.

한편 1705년 독일 마이센에서 연금술사 베트허에 의해 유럽 최초 경질자기 (중국자기 재현) 제작 성공 역시 드레스덴 아우구스투스왕의 적극적인 후원과 치른하우젠 남작의 지휘, 즉 국가적 차원의 적극적인 정책으로 장려되었기 때문에 가능했다. 이후 오스트리아 빈의 아우가르텐, 프랑스 세브르를 위시하여 유럽 각 국의 왕후 귀족들의 후원으로 각 지에 파급, 20세기초부터 급격히 발전, 당시 유럽 도자기산업의 신성장 동력이 되었다. 이 역시 국가문화 정책, 후원으로 도자산업이 육성되었던 국가적 차원의 당시 최첨단 산업이었다는 사실이다.

이 두 지역의 도자산업 발전이 일본, 독일 각 국의 사회. 문화에 미친 지대한 가치, 영향은 물론, 경제적 가치는 현대까지 이어져 오고 있다. 독일 마이센이나 일본 이마리(아리따포함)의 사례처럼 각 지역 지도자들의 관심과 의지에 따라 도자산업이 융성, 발달한 것처럼 도자산업의 미래가능성 역시 지역 또는 국가 정책에 영향을 받게 될 것이며 사회적 역할 역시 그에 좌우된다고 할 수 있다.

위 두나라의 예와 다른 우리나라 관요(관용 도자제작)의 도공들은 좋은 작품 만들기를 꺼려했다는 설이 있다. 이를테면 신분은 천직에 직업에대한 대우는 그대로인데 좋은 그릇을 만들어내면 더 많이 만들게 되어 힘들기만 할 뿐 노동만 늘어나기 때문에 자신의 기량을 펼치기를 기피했다는 것이다. 젊은 때는 그런 얘길하는 사람들이 이기적인 생각이라 웃어 넘겼지만, 이와같은 독일, 일본이 선진 경제 대국으로 발전하는 과정에 그러한 민생의 문화와 정치, 경제를 함께 육성했다는, 국제적인 두 사건 중 그 하나가 바로 우리 얘기의 핵심이라는 것을 깨닫게 된다.

그리고 물질이 넘쳐나는 생산 중심의 산업시대를 거쳐 21세기는 창조의 사회라고 한다. 21세기는 정보화 사회의 최정점이다. 불과 3~ 40여년 경과되었지만 인터넷에 의한 지구촌 통신, 사이버공간의 쇼핑, 독서, 영화감상 등 인간생활의 대부분이 인공지능을 갖춘 컴퓨터에 의하여 좌지, 우지 되게 되었다. 우리는 컴퓨터에 의하여 편리하고 신속함이라는 잇점 이외에 Y2K[123]의 문제, AI와 관계성으로부터 또 어떠한 문제가 생길지 모른다는 불안감이 뒤따르는 문화 환경 속에 놓여 있다.

도자산지의 문화원화, 미술관화

물질의 소유보다 지식의 소유, 지적 활동에 높은 가치를 부여하는 시대에 도자 산업의 역할도 변하고 있다. 즉 생활도구를 대량생산하던 도자공예. 산업이 물건이 넘쳐나면서 이전처럼 많은 양을 소비할 수 없게 되자 소량다품종화, 생산 단가를 낮추기 위한 OEM주문 생산, 인건비 싼 곳으로 공장이전 등, 폐허화하는 도자산지 활용화 방안으로 도자 공장의 문화원화 또는 미술관화로 체험, 관광사업이 진행되었다. 그 대표적인 예가 유럽 독일 셀브의 로젠탈 미술관, 드레스덴 가이센도자미술관 과 일본 세도의 세도구라는 이전의 대규모 도자생산 공장시설을 재정비 하여 완벽한 체험, 교육용 시설을 하여 도자관련 전공 연구자는 물론, 일반 시민들에게도 도자 역사, 문화, 지식 정보를 한눈에 알려주는 전시기획에 많은 호평을 받고 있다.

21세기 도자산업은 창조와 감성을 상품화하는 패러다임 시프트 현상이 이미 진행되어 왔으며 우리나라도 지자체 개막 시대 경기도 도자진흥재단을 위시하여 김해, 강진, 영암, 등지에서 그 역할을 담당하고 있다.

요즘 우리나라 문화관광부 산하 문화예술교육진흥원 등의 사회문화교육, 학교교육과 연관시킨 예술강사, 문화예술교육사 등 문화교육에 많은 관심과 정책 입안 기획, 실행하고 있는 것으로 안다. 이는 이미 우리사회 문화요구가 커졌다는 의미이기도 하다. 앞으로 문화교육 수요와 공급이 적절하게 이루어져 도자 공예인들이 생활고 걱정없이 자신의 기량을 풍요로운 사회로 돌릴 기회가 많아지길 기대해 보며 다음 기회에 도자문화 체험 교육 프로그램 연구 등 모형설계 예시를 해보고자 한다.

샤르롯데 궁전의 도자기방

독일 베를린 샤르롯데 궁의 도자기방은 현재, 일본 나가사끼 관광지 하우스텐보스(p-3)에 똑같이 시설, 재현되어 있다. 그것은 유럽 네델란드 동인도 회사가 중국 도자기 대신 일본 도자기를 나가사키 항을 통하여 유럽 각국에 수입하였기 때문에 일본은 나가사끼 의 하우스텐보스 유럽의 농촌, 특히 네델란드 풍차마을 테마공원을 꾸미면서 18세기 수출된 일본 도자기들을 구입, 재현하여 유럽과 일본의 도자기 교역 관계를 알려주고 있다. 필자는 일본 나가사키 하

---

123) Y2K재난: Y는 해(年)를 뜻하는 Year의 첫글자, K는 1000을 뜻하는 연결형 단어 'Kilo'의 첫글자, 곧 '서기 2000년에 닥칠 불행한 사태'라는 뜻으로 흔히 밀레니엄 버그, 2000년 문제라고도 한다. Y2K재난의 비극은 우리사회와 일상이 지나치게 컴퓨터에 의존하고 있다는 사실로부터 비롯한다. 그리고 그 비극은 컴퓨터와 소프트웨어를 만든 사람들의 '단견'에 의해 더욱 증폭된다. 출처 http://stalbert.샨새교.com/647

우스덴보스에서 사진 8- 5처럼 엄청난 수량의 도자기들이 4 벽면을 빼곡이 채우고 있는 광경을 보고 놀라움에, 실제로 4년후 베르린 샤르로텐부르그궁에 일부러 가서 실체를 확인했었다. 그 곳에선 사진촬영을 금지해서 한 장도 찍을 수 없어 아쉬웠지만 마침 뮌헨 레지덴스 미술관에도 중국 도자기방이 있어 입구에서나마 촬영할 수 있었다. 아주 적은 부분이라도 유럽궁정의 중국자기 열풍을 기록, 전달할 수 있어 다행이었다. 유럽 각 궁정 곳곳에 탁자, 거울 있는 곳에 필히 놓여지는 중국풍 도자기 장식은 유럽 궁정 인테리어의 중요한 장식 요소임을 확인할 수 있었다. (p-5,6)

뮌헨 레지덴스미술관은 1385년에 지어진 비테르스바흐가의 궁전으로 박물관외에도 보물관, 이집트미술관, 화폐수집관 등이 있다. 박물관의 '조상의 그림 갤러리'에는 비테르스바흐 가문의 초상화 121점이 전시돼 있으며 동양도자기를 전시하는 도자기 갤러리가 있다. 도자기 양으로 보면 샤르롯데궁이나 드레스덴의 징거박물관(p-4)의 도자기방보다 적지만 도자기를 위한 화려한 실내장식이 눈을 끈다. 귀중한 도자기의 가치를 인식시키기 위하여 손님 접대하는 응접실 1층에 첫 번째 방에 설치되어 있다.(p-5, 6) 이와같이 중국의 도자기를 차이나라고 하여 동양도자기와 똑같은 순백의 도자기(China: 고화도의 백자)를 제조하기위하여 유럽 각국이 각축전을 벌였다.[124] 산업혁명 이전에 도자기는 식생활의 실생활용기로써 뿐만 아니라 각 국가의 경제, 문화의 바로미터로써 사회적 역할을 담당했음을 알 수 있다.

p-3 .샤르롯데궁도자기방 재현(하우스덴보스),2003.1

p-4.드레스덴,츠빙거박물관, 2007.8

p-5 뮌헨 레지덴스 뮤지움, 2007.8

p-6 .뮌헨 레지덴스 뮤지움, 2007.

---

124) 김명란, 생활도자 공예디자인,세진사,1998,p 154~155

유럽에서 마이센 다음으로 경질 자기를 제조했던 곳은 빈이며 유럽에서 세 번째로 경질 자기 제작에 성공했던 곳은 프랑스의 세브르자기이다. 마이센의 영향으로 독일의 자기 공업이 급격히 발전한 것은 20세기 초부터이다. 현대 독일 명품 도자기인 로젠탈 라인의 셀브(selb) 로젠탈 미술관은 산업혁명 이후 도자기 생산량이 수요보다 많아지고 대체재료 프라스틱 등의 범락으로 도자식기 생산량을 줄이게 되자 사용하지 않게 된 공장 시설을 보존하고 치, 의과재로, 전기부속, 공장설비등 도자재료가 현대생활에서 하이테크노롤지와 어떻게 협력하고 있는지를 소개하는 전시시설로써 기업홍보뿐 아니라 문화산업의 역할을 하고 있다. 통독 이후 관광객으로 붐비는 마이센도 도자미술관에 견학 체험 프로그램이 메인코스로 마이센 도자역사의 관광과 문화 교육의 사회적 역할을 하고 있다.

유럽 독일의 로젠탈이나 마이센, 네덜란드의 델프트 중에서 도자기 전시만으로 많은 관광객이 몰리고 있는 곳은 최근에 개관한 마이센미술관이다.

유럽에서 동양의 자기와 같은 최초의 백자를 제작한 곳으로 유명한 동독권의 마이센은 통독 후에 공개된 것만으로도 충분히 호기심을 살만한 요소를 가지고 있어서 관람객이 많을 것임은 예견할 수 있는 일이지만 무엇보다 엄청난 수량의 소장품들이 관람객을 매료시키기에 충분하다.

• 네덜란드 로얄 델프트미술관 (p-7~p7-2)

델프트도기 시작은 16세기 중반 이탈리아 마욜리카 도기기법이 전해지고 17세기 동양자기 장식과 기형을 모방해서 크게 성공하였다. 그 후 네덜란드 각지에서 구워진 것도 델프트도기라고 부르게 되었다. 델프트는 도시전체가 운하를 중심으로 관광하며 도자기미술관을 들를 수 있도록 크스화 되어 있다. 유명한 도자기상품이외에도 지역의 풍치가 아름다워 인기 관광코스이다.

p-7 로얄 델프트,
제작설명2007.08

p7-1 로얄 델프트,
대형도벽 2007.08

p7-2 블루델프트,
테이블웨어2007.08

• 독일 마이센 도자 미술관(p8~p8-2)

유명한 마이센 자기는 드레스덴에서 뵈트거가 작센왕 아우구스트 2세의 명을 받아 1709년 마이센에 왕립자기제작소를 설립하여 마이센자기 생산에 착수하였다. 동시에 서양도예는 근세도기를 대표하는 주석유 도기 대신 자기의 시대를 맞게 되었고 드레스덴 궁전이었던 박물관내부는 온통 마이센의 도자기로 차여져있다. 마이센 도자 미술관도 최근 개관되어 많은 관광객이 찾는데 제작 실연실(체험실)에 많은 인파가 몰린다.

p8 마이센미술관 전시장 2007

p8-1 마이센미술관 전시장 2007

p8-2 몰드성형 시연, 마이센미술관2007

• 독일 로젠탈 미술관(참조사진 9- 11)

1879년 유럽도자기 산업의 원조격인 독일 동부 셸브(selb)지방에서 시작하여 120년 전통을 자랑하는 로젠탈은 국제적으로 명망이 높은 150명이상의 미술가, 디자이너들에게 스튜디오를 제공하고 로젠탈 제품 디자인을 협조 받는 스튜디오 라인, 클래식 라인, 패션 거장들과의 파트너십 등 세계인의 기호에 맞추어 독특한 스타일의 3개 라인이 있다. 이전의 공장을 정리하여 "독일도자미술관"으로 공개하고 있다.

p-9 셸브 로젠탈 도자미술관07.08

p9-1 빈블라드디자인 컵과 tea pot

p9-2 빈블라드와 제작자 미팅

p9-3 로젠탈 내 예술가 빈블라드스튜디오,
자유롭게 자신 회화작업을 하면서 도자
제작자들과 미팅, 창조적 도자식기생산,
제품디자인 호평

일본의 도자기는 6개의 오랜 역사를 갖는 도자산지가 있다. 그중에 하나가 나고야와 근접해 있는 아이치현(愛知県)의 세도지역으로써 일본의 도자식기를 총칭할 때 "세도모노"라고 할 만큼 일본 도자기 생산량의 50%를 넘는 업체들이 모여 있는 곳이다. 세도지역은 도자산지 세 가지 조건 흙, 물, 연료(나무)를 모두 풍부하게 갖추고 있고 특히 조선도공에 의하여 세계 적으로 유명한 "라쿠(樂)쟈왕(茶碗)"을 창조한 곳이기도하다.

세도시 전체가 도자기 산업에 종사한다고 해도 과언이 아닐 만큼 세도시의 주요산업인 도자기 산업이 지금은 도자기 소비량이 많이 줄어서 생산업체도 줄어들고 있다. 이에 대하여 세도시 강국도 생산을 위한 지원정책보다 유산 관리, 체험 교육, 관광으로 방향을 바꾸었다고 한다. 그 정책의 일환으로 도자 시설물을 관광화하여 요소 요소마다 도자 관련 시설물을 배치하여 세도시내를 돌아다니며 관광할 수 있는 코스를 만들었는데 그 거점이 되는 곳이 세도구라(瀨戶倉)이다. 1873년 박람회 때 세워진 건물을 개조하여 빌딩40억 엔, 2 ,3층 올리는데 7억을 현과 시에서 50%씩 부담하여 "세도구라(瀨戶倉:일명 세도 뮤지움)"를 건립하였다. 시설내용은 세도도자기 역사 시설 중에 옛날 세도역사, 공장 시설, 운반용 포장 방법 등 추억을 상품화한 내용들이 많고 전문성도 높아서 건물 자체는 별 특징이 없지만 미술관 내용이 진지하게 관람인을 위하여 기획되었다는 호평을 받고 있다.

세도구라는 세도 시 문화과 시설담당 기획팀에서 직접 관리하며 다른 시 미술관의 기획전시도 하고 있다고 한다. 연간 7만 명이 찾고 있는데 시에서는 10만 명을 목표로 하고 있으며 봉사 해설요원이 있고 세도시 안에 4개의 미술관, 신세기 공예관(현대 도예작가 육성, 해외작가 연수, 레지덴스시설),멀티미디어공예관(학생2명 연수, 연구),아이치 현 도자자료관(현립으로 일본전국민을 대상으로)의 전시 기획 등을 담당한다고 한다.(이 글 정리시점 2010년 기준)

특혀 신세기공예관은 현재 대학출신 연수생에게 제공하는데(일 년2만 엔) 작품집 심사를 통하여 외국인은 연간 4명한에서 초대하여 연수토록 한다. 당장은 수익이 없어도 이 모든 것이 그들이 돌아가면 일본을 홍보할 것이라는 장기적인 투자라는 설명이다. 중요한 것은 "당장의 이익보다는 미래 후손들을 위한 투자가 필요하다"는 점이다.

• 세도구라(瀨戶藏, p-10)

세도는 아이치현 나고야에 인접해 있다. 일본 생활 도자, 즉 도자 식기를 총칭하여 '세도모노(瀨戶物) '라고 할 만큼 일본 최대의 도자 산지이다. 세도구라(瀨戶藏)는 "산업관광", "시민교류 "를 지원하는 복합시설로써 세도구라 뮤지엄, 동백홀, 판매점, 음식점, 회의실 등 많은 시민이나 관광객이 모이는 시설이다. 마을전체를 박물관이나 미술관으로 만들고

자 하는 지역만들기를 추진하는 "세도. 마룻도 뮤지움(瀬戸。まるっとミュージアム)"의 거점시설이다. 2005년 개최된 '아이.치큐학(愛. 地球博)'을 계기로 세도시는 크게 변화하고 있다. 세도의 역사, 전통, 문화를 차세대에 뒤를 잇게 하고 세계를 향하여 계속 발신하는 시설로 세도 역사를 한눈에 알 수 있도록 세도역의 기차나 가마, 판매장 등을 그대로 재현하여 시민회관이엇던 외관은 그대로 두고, 뮤지엄 내부는 옛날의 마을을 그대로 옮겨 놓은 듯 건물들이 들어서 있어, 경탄을 자아내게 한다. 세도시 관계자의 설명으로는 이 세도구라의 시설을 2005년 3월 개관후 세도시의 관광에 성공하였다는 평가를 받는다고 하였다.

• 아이치현(愛知縣) 도자자료관 (p-11)

아이치현에는 세도를 비롯하여 미노(美濃), 도코나메(常滑), 등 역사적으로 오래된 도자산지가 있다. 이 시설에는 조몽 시대부터 현대 도예까지 일본의 도자기 역사나 외국도자. 현대 도예 작품, 일본 전국 고요(古窯) 도자 자료 등을 소개하는 상설 전시와 다채로운 주제에 의한 기획 전시실이 있다. 그 외 강당, 비디오 코너, 전시 설명실, 도서실, 레스토랑이 있는 본관과 도자기 산업의 현재와 미래, 서민 생활상 신제품이나 파인쎄라믹 제품 등의 전시를 하는 남관, 아이치현 지정 유형 민속 문화재를 전시하는 서관, 체험교실인 도예관, 다실, 가마터 유적군 등이 있는 거대한 규모의 공원을 겸한 시설이다.

• 아리따(有田) 규슈도자미술관과 나베시마공원((鍋島藩窯,p-12)

일본 자기 발상지로 유명한 규슈 아리타 지역에는 유럽에 수출되었던 일본 도자기들을 수집, 전시하기 위한 목적으로 조성된 공공기관인 규슈도자미술관과 민영업체 도자기 테마파크인 거대한 규모의 포세린파크(Arita Porcelain Park)가 있다. 규슈도자미술관 방문은 2회째로 초기 평면적 전시방법과 달리 전시내용의 동영상 설명방법이 요즘 모바일 온라인화된 관람객에게 오프라인의 메리트(현실 공간의 시각적 체험, 실감)를 제공, 전시방법이 진화되는 것을 느꼈다 그러나 포세린파크는 독일 드레스덴 '츠빙거궁전(n1-1)'을 재현한 유럽풍 궁전 건물을 포함한 유럽식 '바로크정원'과 궁전내부에 아리타 전통 공예명품 도자기를 중심으로 전세계 도자기 전시 및 도자기 체험장 등이 있는데 비싼 관람료와 운영자 내분, 어린이를 위한 시설부족 등 이유로 술 제조업체에게 넘겨져서 초기 투자 과잉 부담이 큰 시설물로 지적되는 곳인데 2007년 필자가 방문했을 때도 관광객이 없어 한산한 분위기, 그 운영이 걱정될 정도였다.

아리타(有田)와 가까운 이마리(伊万里)시의 오오카와치야마(大川内山)는 옛날 나베시마번(鍋島藩)의 철저한 감시 아래 삼방이 산으로 둘러싸인 깊은 산골짜기에서 유명한 나베시마

도자기(鍋島藩窯,鍋島燒)가 탄생되었다. 이 곳에는 제도의 비법을 전하는 간쇼, 기요하라 가마 등의 등요적(登窯跡, 노보리가마터), 도공의 집 등이 재현되어 있다. 이마리의 나베시마 도자기의 나베시마한요 (鍋島藩窯)공원은 첩첩산중에 가려진 나베시마 번주, 귀족 들만 사용하는 특별도자기를 번조하던 비밀요새와 같은 곳으로 도요지의 유적을 끼고 공원화하여 기념물, 조형물들을 설치한 도자조각공원, 산책로, 도자공방 체험교실이 있다. 10~15년 전엔 나베시마 도자기라면 귀족들만 쓰던 그릇이라 하여 인기가 높아 관광객 수도 많고 도자 판매량도 많았는데 요즘은 집에서 손님 맞는 일도 없어 그릇을 사는 사람이 줄어들어 공원 입구 비탈길에 늘어선 샵 들이 한산했다(2007년도 방문당시). 온라인 상거래 시대에 교통편도 불편한 곳까지 와서 쇼핑할 사람이 없다는 것은 세계 공통 내용이나 공원조성이후 공원을 찾는 목적으로 오는 손님은 늘었다고 한다.

p-10.세도시립 세도구라,2007.8.

p-11 아이치현립도자미술관,2007.8.

p-12 나베시마한요공원,2007.8.

p-13 미노쎄라믹파크,2007.8.

p-14 아이치현립 도자미술관내 요적,
2007.8

p-15 오키나와 나하시립도자박물관
2007.8.

• 시가라키 도예의 숲(信樂, 陶藝の森)

시가현립(滋賀県) 도예의 숲(陶芸の森:도게이노모리)은 도자기를 소재로 창조. 연수. 전시 등 다양한 기능을 갖는 공원으로써 사람. 물. 정보의 교류를 통해서 지역산업의 진흥과 새로운 문화창조의 장으로써 1990년 6월 준공, 개설되었다. 도예의 숲의 사업은 시가현민(滋賀県民)의 도예에 대한 이해와 친밀감을 높이고 널리 세계 도예에 관한 교류의 장을 위한 필요 사업을 하는 것 이외에 현의 도기산업의 진흥과 문화향상에 기여하는 것을 목적으로 한다.

공원기능을 충실하게 하고 시설 개방하여 현민에게 친밀한 시설 운영, 전람회 개최, 창작사업(레지던스 시설)으로 문화향상과 교류에 관한 사업을 한다. 현내 도기산업의 진흥도는 지역의 관광거점으로써 집객 촉진 사업 등 산업 진흥에 관한 사업을 한다.[125]

시가라키에는 도자업체와 해외 도예인(필자 참여 1987년)에 기술을 지원해주는 "요업기술원"이 있고 현립 도예의 숲이 세계 도예인 들을 모으는 (창작연수관: 아티스트인 레지던스 사업) 도예 교류 거점을 형성하고 있다.

시가라키 지역의 점토는 점력이 좋아서 너구리 형태의 대형조형물이 주요 특산품이다. 40헥타의 대지에 대규모개발은 지형을 살린 분산 형이다. 공원 내에는 사쿠라, 연, 단풍, 코스모스 등 사계절 초화가 계절 따라 피고 산책로를 겸한 야외 도자조각공원이 있다. 지역의 산품을 전시하는 시가라키산업 전시장, 세계적인 도예가 들의 연수. 레지덴스시설인 창작연수관, 대형 전시실인 도예관, 대형 전시실(p-16)이 있다. 이 도예의 숲의 창작연수관은 우리나라 젊은 작가들도 다수가 시설을 이용하고 일본교류의 장으로 많이 이용하고 있다. 인터넷에 소개되어있는 이 시설의 연혁을 보니 눈에 띄는 건이 있다. 1990년 6월 프레 세계 도예 축제 개최, 1991년4월 세계 도예 축제 개최, 1991년 5월: 세계 도예 축제 중지 (5월15일 폐장).세계 도예 축제 개최가 중지된 점이다. 이는 세계적인 현상의 일부이지만 1년만에 도예축제의 막을 내렸다는 것은 운영측의 경제적인 문제를 의미한다.

---

125) http://www.sccp.jp/aboutus/

p-16 시가라키 도예의 숲 ,사진 출처: 시가라키 도게이노모리(陶藝の林) 홈페이지

2006년도 필자는 한국도자학회 학회장으로 한국연구재단의 지원을 받아 한국도자학회 국제 학술대회를 개최했었다. 그 때 시가라키요업실험장의 장장인 가와쿠치(川口雄司)씨를 초청하여 시가라키 도자산업과 공기관의 역할이란 주제 발표문을 통역한 적이 있었는데 필자가 이미 알고있었던 내용이외 새로운 활동은 없엇고, 이전부터 있던 산학협동의 디자인 자문 활동 제도가 존재하긴 하는데 소극적이고 많이 줄어든 업체수와 함께 공기관의 역할도 위축되고 있음을 알 수 있었다. 필자가 1987년도 일본 유학 마지막 해에 졸업 전시 준비로 시가라키요업기술원에 잠시 신세를 진 적이 있었던 인연인데 당시만해도 시가라키의 요업계는 활황기였지만 선배인 가와이(河井廣司)씨는 일본 도자산업의 쇠퇴를 예견, 준비해야 한다고 했었다. 우리나라 요업도 일본과 비슷한 경로를 밟게 될 것이라고 했었다. 입국후에 그런 징후에 대하여 얘기하면 우리나라 전문인들은 일본이 그럴 리가 없다고 믿지 않았다. 그러나 20년 전 가와이씨 예측대로 우리나라 도자 산업은 현재 불황과 폐업위기, 그리고 크게 발달된 일본의 도자 기술은 생산이 아닌 문화로 상품화하여 써비스산업으로, 체험산업으로

변화, 시도했다. 그 결과물로 세계에 자신들이 가지고 있는 도자기술을 선전, 집객 유도하는 도자쎈터, 공원을 기획하였던 것임을 20년이 지난 후에야 알게 되었다. 도예공원 안에 도자미술관과 공방, 레지덴스 시설을 갖추고 세계 각국의 도예가들이 자유롭게 창작생활을 하고 교류의 장을 만들어 최근까지 많은 도예인들이 참여하고 있다. 도자 공예업계가 경기불황이어도 도자 예술, 미술관화로 그나마 그 이름을 유지, 존속하고 있는 것은 도자 문화라는 공통 키워드를 가지고 세계인들과 국제교류를 지속하고 있기 때문이 아닐까. 예를 들어 동남아의 기술자들에게 숙식비를 제공하여 일년, 2년씩 연수를 시키는 제도가 있는데 그 혜택을 받고 돌아간 외국인들은 후에 일본에 유익한 역할을 하기 때문이다.

p16-1. 2006년국제학술대회川口雄司

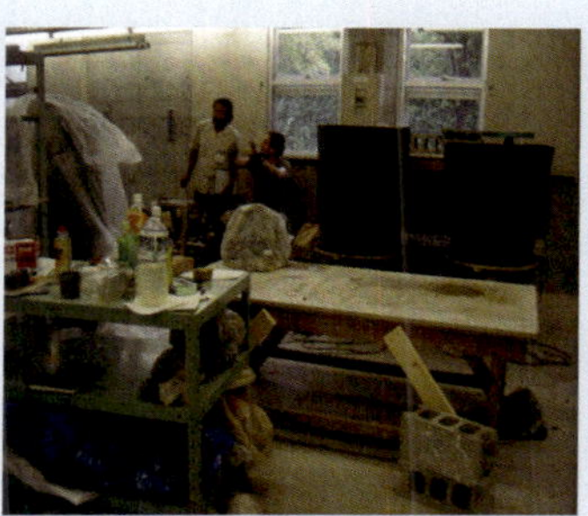
p16-2. 도예숲의창작연수관 견학-1, 2005년

p16-3. 도예숲의창작연수관 견학-2

p16-4. 시가라키 요업시험장 기능성 제품 개발, 2007.8

p16-5. 지역 요장+판매장, 2007.8

p16-6. 陶藝の森, 도자미술관, 2007.8

• 기후현 현대도예미술관(岐阜県 現代陶芸美術館)

기후 현 다지미시(多治見市)는 옛날부터 도자기를 제작해온 곳으로 현재는 일본 전국의 도자기 생산 셰어의 약 50%를 점하는 세계의 예가 없는 도자기 대량생산지이다. 다지미시를 시작으로 주변의 "미노도자(美濃燒)"는 일본, 서양 음식기로부터 인테리어용품, 타일까지 모든 제품을 만들고 그 다양성을 특색으로 한다. 산업도자기라고하는 이미지가 강한 미노도자기이지만 모모야마시대에는 시노(志野)나 오리베(織部)가 구워지고 지금도 그 조형미는 사람들을 매료시키며 또한 그것을 만들어 낸 정신은 사회를 변혁하는 참신한 발상으로 새롭게 인식되고 있다. 1986년부터 실시하고 있는 국제도자기미노(International Ceramics Festival MINO)

는 회를 거듭할수록 그 충실도가 증가하여 지금은 세계최대의 도자기공모전으로써 인지되고 있다. 2002년에는 기후현대 도예미술관이 오픈되고 다지미시는 도예와 도자기디자인에 있어서 산업. 문화의 국제적 중심지가 되고 있다.[126] 2007년 필자가 기후현대 도예미술관을 갔을 때 교통이 불편한 산지를 이용하여 미술관 건물 안쪽에 물의 정원이 아름다웠던 기억이 새롭다. 또한 우리나라 세계도자비엔나레 보다 15년 앞선 1986년 미노국제도자공모전 행사를 처음 시각할 때 그 전시규모에 놀랐던 기억이 난다. "국제도자기미노"가 2008년 8회째로 3년마다 계속되어 오고 있다는 사실은 세계적인 경제 불황 아래 더욱 어려워진 도자 산업 세계 속에서도 미노도자산업이 꾸준히 발전을 거듭해 온 것을 대변하며, 또한 일본 대표적 도자기로 도자식기 생산을 주로 하던 나고야의 세도 도자기보다 미노의 산업 도자 아이템이 다양화 구조로 켠화하여 급변하는 시대에 적절한 대응으로 성공적인 도자산지를 형성하고 있다는 사실도 알 수 있다.

• 효고현 도예미술관(兵庫県 陶芸美術館,-단바(丹波))

효고 도예미술관은 효고 현(兵庫縣)의 다치쿠이(立抗)에 도예문화의 진흥을 도모하여 도자기를 통한 사람 들의 교류를 높이는 것을 목적으로 정비되었다. 옛 도자나 현대 도예의 전시. 자료 수집 보존, 조사 연구 등 미술관 사업은 물론 차세대의 도예문화를 이끌어갈 인재양성, 학교와 연계, 도예 워크숍이나 도예 문화 강좌 등의 창작, 학습사업 이외에 지역의 문화자원이나 풍부한 자연환경을 살린 에코 뮤지엄적 환경을 창출하는 것을 지향하고 있다.[127] 특히 6고요의 단바 도자기로 유명한 도자산지로써 본 도예미술관이 개관되기 이전에 도자협동조합이 중심으로 활발하게 지역의 도자문화를 발전시키고, 자체적인 시설 관리로 체험. 관광화에도 성곤한 사례를 보여준다.

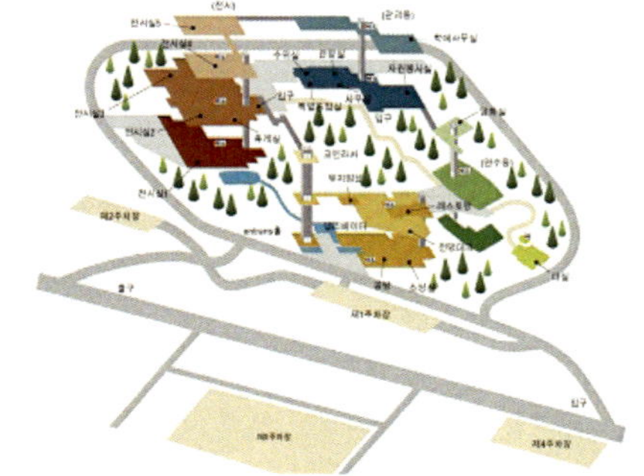

p-17 사진 촬영: 2007.8 전체 외관과 맵

126) http://www.cpm-gifu.jp/museum/info/02_1index. html

127) http://www.mcart.jp/sisetu.html,(홈페이지 개요 인용)

p17-1 상좌로부터: 전시동, 엔트란스동, 다실, 하좌: 관리동, 연수동

• 효고 현(兵庫縣)—단바 다치쿠이 도자기(丹波立杭燒)

오랜 유적과 이름을 가지고 있었지만 다른 일본의 도자산지에 비하여 별로 알려지지 않고 사람들에게 잊혀져있던 곳인데 최근 "단바 전통 공예 공원(陶의 鄕:스에노 사토)"과 "효고 도예미술관 (兵庫陶藝美術館)" 두 개의 시설이 설치되면서 많은 관광객과 전문인들이 찾고 있는 곳이기 때문이다.

단바 도자기 역시 세도도자기처럼 일본 6고요에 하나이다. 이곳의 시작은 헤이안 시대 말기 부터 시작 된다고 하고 임진왜란(1611)경 조선식 반지상의 등요(登窯:노보리가마)가 도입 되어 당시 도입된 물레와 함께 전통기술이 현재까지 계속되고 있다. 명칭은 "단바야끼(丹波 燒:단바도자기)" 또는 "다치쿠이 야키(立杭燒:다치쿠이 도자기)"라고 했지만 1978년부터 "단바 다치쿠이 야키"라는 명칭으로 국가의 전통적 공예품으로 지정되었다.

1985년 "단바 전통 공예 공원(陶の鄕:스에노 사토)"이라고 이름 부쳐져 개원함과 동시에 단바 도자기 협동조합인 "단바 다치쿠이 도자기 협동조합"(56명)이 결성되어 관광품쎈타, 도예교실 등을 개설하면서 활성화되었고 3년 전 판매장을 개장하면서 전국각지에서 많은 관광객들이 찾고 있어 기쁘다고 현지 도예인 이 희망에 차있었다.(필자 방문 3회째 2007년)

그 또 다른 하나는 2년 전에 개관한 "효고 도예미술관 (兵庫陶藝美術館)"은 도예가집단의 사설기관인 스에노 사토 바로 인접하여 건립된 이 미술관은 효고 현에서 직접운영. 관리한 다. 미술관의 주요전시사업이외에 인재양성사업도 중요비중을 차지한다. 전문가 연수기관 인 도예전문인코스의 시설은 무척 훌륭하며 시설비는 50억 엔이 소요되었고 ,지도 선생은 지역의 교토예술대학 출신의 선생2명이 있다. 주2회 총10회 교육으로 25,000엔의 수강료 를 받는데 신청자가 많아서 심사를 한다. 단바도자기가 관광객 유치에 성공한 이유는 주변 에 온천이 있고 산이 있어서 공기와 경관이 좋기 때문이라 한다.

이 지역이 도자산지로써 성공한 이유는

1. 단바 도자기는 오랜 역사는 가지고 있지만 최근까지 활성화되지 못했던 곳으로 젊은 도예가 들이 모여 단바 지역의 특징 있는 역사적인 도자 기법을 살린 도자기들이 생산되면서 타산지의 똑같은 제품에 식상한 소비자에게 새롭게 각광을 받게 된 점.
2. 스어노 사토라는 시설을 중심으로 오랫동안 살아온 지역 주민들이 협동하여 활성화시킨 결과 지역을 아름답게 가꾸어 성공하였다는 점.
3. 스어노 사토 시설은 초기엔 관에서 정비해주고 후에 주민자치단체인 협동조합이 운영하는데 도예교실 운영도 멀리서부터 일부러 가족단위로 찾는 회원이 많고 도자공방 제품 판매장인 가마모토요코쵸(窯元横丁)는 최근 유행하는 스타일로 인테리어를 바꾼 후로 이전보다 2배 이상의 수익을 창출하고 있다는 점.
4. 스에노사토 안에 가마 보호 각이 설치되어있으며 관내 레스토랑은 음식내용과 그릇이 대인기라는 점.
5. 단바 지역의 검정콩이 일본 전국적으로 옛날부터 유명하여 단바 도자기와 함께 지역 문화상품으로 인기가 있다는 점.
6. 최근에 준공된 효고 도예미술관이 높은 수준의 시설로 단바를 찾는 사람들에게 볼거리는 물론 문화향수의 기회를 제공하고 있다는 점.

• 세계도자비엔나레, 경기도자비엔날레로 명칭변경(2024)

1999년도 설립된 한국 도자 재단은 2001년도부터 격년제로 실시하는 세계도자비엔나레에 2009년도 제 5회째 비엔날레에 10만~11만의 관람객이 다녀갈 만큼 국내외로 큰 성공을 거둔 경기 지역의 큰 행사를 치렀다.

이천, 여주, 광주 세 지역 특성에 맞게 이천에 "종합 도자 문화 공간"인 상설전시관을 개관하고 여주 전시관은 한국 생활 도자기 생산의 주요 거점이라는 점에서 세계 유명 기업이 제작한 산업도자, 생활용기, 기념품등 다양한 생활 도자, 작품 등을 상설, 기획 전시하여 현대 도자 디자인의 경향을 진단하고 생활도자기의 아름다움을 조명한다. 여주 생활 도자관의 관람객 수는 비엔날레가 있는 해는 10만 명, 비엔날레가 없는 해는 연간 약 12,000명이 찾는다고 한다. 이천 전시관은 그보다 많은 15,000명 정도이며 생활도자관을 찾는 관람객중 30%는 가족동반으로 관광을 겸하여 관람하고 주변의 요장들이 전시관의 영향으로 판매장을 겸하는 사례가 늘어 요장 600여개 업체 중 생활도자 생산 업체는 80~90%에 달하는 여주 도자 산업의 특성상[128] 생활도자관의 역할이 공모전이나 전시위주의 행사보다 지역의 문화와 산업을 함께 아우르는 지도적 역할이 필요하다고 생각된다.

이천세계도자센터는 세계 도자예술의 다양한 경향을 보여주는 종합 도자문화 공간으로 4개의 대형 전시장을 갖추고 국내외 주요 작가들의 작품을 상설 전시하고 폭 넓은 세계 현대도자를 소개, 신진작가 발굴 등 도자 트렌드를 선도하고 있다. .. 도자만권당(도자전문도서관) 등 도자산업을 지원하는 도자 연구 지원센터와 흙놀이 공원, 전통장작가마 등 생활 속에서 도자 문화를 체험할 수 있는 다양한 부대시설을 함께 갖추고 있는 국내 최대의 도자문화공간이다.[129]

이천 세계도자센터의 종합 도자 문화 공간은 세계 도자 흐름을 선도하는 세계 현대 도자 뿐 아니라 세계 생활도자의 새로운 트렌드를 제시하고 전통도자의 아름다움을 재조명하는 상설전시관이 2009년7월21일 개관하여 2001년부터 세계도자비엔나레의 가장 큰 행사인 국제공모전은[130] 격년제로 올해로 5회 연속하여 성공적인 행사라는 평가를 받고 있다. 1990년대와 비교하면 커다란 사회 역할 변화이다.

이천시와 세계도자쎈터와 긴밀한 협조가 이루어져 다른 산지(여주, 광주)에 비하여 이천시의 도자 산업체 활동이 활발하다고 하는 생활자기 판매업자의 코멘트와 같이 다음 장에서 체험산업에 대한 사례에서 언급될 체험, 교육 홍보 등에서도 공공기관으로써 지역 문화, 지역 산업의 지도적 역할에 일익을 담당하고 있다고 생각된다.

---

128) 여주생활도자관, http://www.wocef.com/museum/0.3asp, 담당관 이준한씨 전화 면담 내용(2009/8.28)

129) http://www.wocef.com/museum/0.1asp
【경기】'불의 모험(The Adventures of the Fire)'을 주제로 ,,, 2001년 시작돼 올해 5회째를 맞은 세계도자비엔날레는 다양한 프로그램을 가동해 입장권 예매는 예년 대비 증가했으며, 관람객도 예년 수준 이상으로 방문한 것으로 나타났다.
◆ 혁신적이고 수준 높은 전시 호평=10년째를 맞은 이번 경기도세계도자비엔날레는 도자를 빚는 열정적인 불의 이미지를 확대한 '불의 모험(The Adventures of the Fire)'을 주제로 전 세계 도예의 흐름을 조망할 수 있는 다양한 작품들을 선보였다.
◆ 역대 최대 경쟁률, 세계 최대 규모의 국제공모전=경기도 세계도자비엔날레의 가장 큰 행사 중 하나인 국제공모전은 매년 그 참여 작이 증가하며 높아지는 위상을 반증하고 있다. 올해열린 제 5회 국제공모전에는 전 세계 70개국 1,726명의 작가들이 총 3,196점의 작품을 공모해 역대 최대 경쟁률을 보였다.
◆ 해외 도예계의 뜨거운 관심, 높아진 위상=이번 경기도세계도자비엔날레를 방문한 영국공예도예협회 부회장 필 로저스는 "이번 경기도 세계도자비엔날레의 전시와 학술행사들은 세계적 권위의 도자 행사의 권위에 충분히 부합하는 알찬 내용과 구성이 돋보였다", 세계도자학회(IAC)회장인 자넷 맨스필드는 "회를 거듭하면서 더욱 수준 높은 행사로 탈바꿈하는 경기도세계도자비엔날레를 지켜보며 놀라움,,, . 임영일 기자 yi2064@ hanmail.net www.gyotongn.com/news/news_view. html? no_news=45463&go=1&l_code=E001

130) 교통신문 뉴스, 2009년 도자비엔나레 성공적 개최, 2009.05.26

경기도자박물관이 있는 광주시는 질 좋은 광주 토와 풍부한 땔감을 갖춘 지리적 조건으로 조선시대 왕실에 진상하던 도자기를 생산한 사용원 분원이 설치되어 운영되던 곳으로, 현재 시 전역에 316개소의 가마터가 있으며, 경기 도자 박물관을 대표로 광주에는 도자 요장이 왕실도예가협회에 등록되어있는 58개소 이외 2배 가까운 100여개소의 업체가 있고, 분원 백자관을 운영하는 도자박물관은 국내 유일의 조선도자박물관이다. 1998년부터 올해 12회째「광주왕실도자기축제」가 열린다.

2001년 조선관요박물관이란 명칭으로 개관후 2008년 경기문화재단 통합운영, 소속 변경 후 경기도자박물관으로 개칭되었다. 경기 도자 박물관은 분원관요와 그 생산품에 대한 자료 수집, 보존, 연구, 전시를 목적으로 한국 도자기 역사와 전통에 대한 일반의 이해를 증진시키기 위한 목적으로 조선관요 생산품뿐만 아니라 한국도자기 태동에서 현대까지 제작된 중요 유물 및 작품들을 전시하고 있으며, 지역문화 유산의 보고 역할을 위하여 다양한 프로그램을 실시하고 있다.[131]

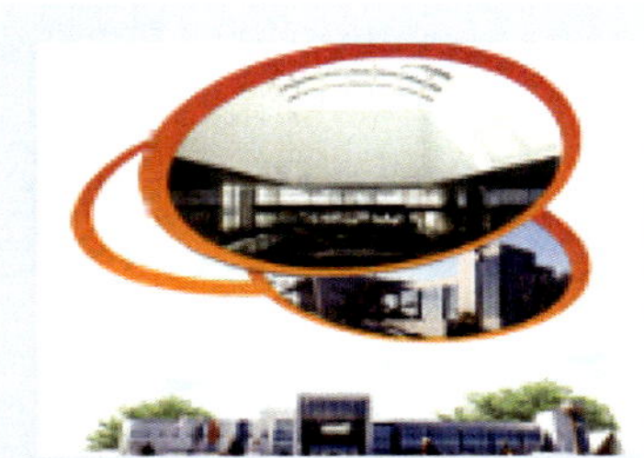

사진12 세계 도자 센터(이천)
사진출처: 홈페이지

사진12-1 세계 생활 도자관(여주)
사진출처: 홈페이지

사진12-2 경기도 도자 박물관(광주)
사진출처: 홈페이지

경기문화재단 산하 경기 도자진흥재단은 경기도에서 개최되는 세계 도자비엔날레의 정기적인 개최를 통하여 21세기 세계 도자 발전을 위한 새로운 방향을 제시하고 광주·이천·여주 지역을 세계 도자의 중심지로 성장, 발전시킬 수 있는 기틀을 마련하는 것을 목적으로 설립되었다. 1990년대 초기에 비하여 일반인들의 도자산업에 대한 인식 뿐만 아니라 현대도자 예술에 대한 인식도 많이 변화한 것 같다.

---

131) http://www.ggcm.or.kr/main.asp. 담당관 이정용 씨 전화면담내용(2009.8.28)

-지역의 뿌리가 담긴 백자의 응집소-

2006년 6월 방산자기박물관으로 개관한 강원도 양구백자박물관은 2012년 양구백자박물관으로 명칭을 변경, 양구지역의 백자 생산역사 600년을 정립을 중심으로 연구 기반 박물관의 역할을 하고 있다.

최근 한국의 인구 밀도가 밀집된 지역에서 강원도 양구는 물리적 거리상 쉽게 발길이 닿기 어려운 고장임에도 불구하고, 이곳을 찾는 도예가, 관람객들이 늘고 있는 중요한 이유이기도 하다.

양구지역은 고려 말부터 1970년대까지 백자를 생산하였으며 조선시대 경기도 광주 백자분원 시기 연간 500~550석(72~80톤)의 백토를 꾸준히 납품하였다.

박물관이라는 지역의 전문 문화공간이 길지 않은 시간에 빠르게 성장 시킬 수 있었던 요인 중에서 관장의 역할을 짚고 넘어가지 않을 수 없다.

정두섭 관장은 강원도 양구에서 태어나 양구중·고등학교를 거쳐 강릉대 도예과 학·석사를 통해 도자예술가로 입문하여, 지역 역사와 백토에 대한 연구를 위해 강원대 사학과에서 「양구 지역 백자 연구」로 박사학위를 취득한 연구자이다. 이렇게 지역 자원들로 초석을 다진 박물관은 20여 년간 현대 도자를 만나 점진적으로 지역을 넘어 한국 도자 전문 기관으로 도약 중이다.

2019년, '양구백자, 천 개의 빛이 되다' 는 양구백토와 결합한 도자 프로젝트 전시기획(객원디렉터 김태완)으로 천 명의 도예 작가들은 박물관에서 제공한 양구백토 3kg으로 백자 작품을 창작하여 박물관에 기증, 3년 동안 진행된 이 프로젝트는 2022년 상설전시실 개관으로 이어졌다. 또한 서울대학교와 공동 운영하는 '양구백자연구소'(허보윤 소장, 서울대학교 공예전공 교수)를 통해 다양한 학제 간 연구 및 전시프로젝트에 협업하여 지속적인 전통과 현대 백자의 맥락을 모색하며, 양구 백토마을 입주 작가를 운영하여 동시대 도자 작가의 작품 활동을 지원하고 있다.

양구는 '백토'를 중심으로 뻗어가고 있는 지역임이 자명하다. 앞으로도 도자 재료와 기술연구, 교육과 전시, 다각적 협치를 통한 도자문화 플랫폼을 형성하여 한국 전통 백자의 현대적 조응을 기대해 본다. - 이정은(도자문화유산연구가) 글, 2025

한향림옹기박물관은 한국 옹기의 과학적 우수성과 아름다운 조형미를 국내외에 알리고자 20여 년의 수집 기간을 거쳐 2004년부터 헤이리예술마을에 터를 잡고 옹기전시관과 갤러리로 개관하였습니다. 이후 다양한 용도의 중요 옹기들을 보강, 수집, 정리하여 2009년에 박물관으로 정식 등록하여(경기도 등록 제09-박-08호) 우리나라를 대표하는 옹기박물관이 되었습니다. 또한, 2005년에 '경력인증대상기관'으로 등록하여 박물관에 필요한 학예전문 인력을 교육하여 정학예사를 배출하는 교육박물관으로 거듭나고 있습니다.

2004년 개관 시, 21세기는 문화, 예술의 시대가 될 것이라는 기대를 품고 시작했습니다. 20여 년이 지난 지금은 첨단의 하이테크 시대가 되면서 창조와 융합의 개념이 시대를 대표하게 되었습니다. 시대의 흐름에 맞추어 본 박물관도 역사를 배우고 이해하는 교육의 장소,

체험하고 즐기는 창조적 열린 문화 공간으로 변화하여 전통문화 유산의 가치를 널리 알리고자 합니다. 이에 본 박물관은 한국 고유의 소박한 아름다움을 품고 있는 소장 유물인 옹기를 통해, 우리가 살고 있는 현재에서 과거의 실생활을 이해하여 새롭게 미래 지향적인 창조적 사고를 갖게 하는 중요한 문화 예술 공간으로 거듭나고자 합니다. 또한, 문화유산인 옹기의 보전을 위한 지속적인 연구 및 상설 전시를 통한 대중과의 소통을 위해 더 많은 노력을 할 것입니다. - 한향림(관장) 글, 2025

• 제4장을 마침표로..

앞으로 이렇듯 세계 각 지역에 이와 유사한 미술관, 문화원들이 다양한 형태로 생겨나게 될 것이다. 지속적인 발전을 위하여 각 기관들은 다양하고 차별화된 도자 문화 교육 컨텐츠 표현 전달 방법, 테크놀로지와 융합화, 일상생활이 AI 로봇과 친밀한 관람객과 소통방법 문제 등에 당면해 있다고 본다.

오늘날 우리나라는 IT강대국으로 불리워지게 되었으나 우리 문화의 실체, 정체성은 혼미상태, 시대적 요구에 따른 다양한 문화컨텐츠 연구 개발이 필요하다 우리나라는 세계 유일의 분단 국가로써 심각한 정치적 지역간 갈등과 개도국을 넘어 2021년 기준 국민소득 3만달러를 넘어서 세계 경제적으로 10위권안에 드는 선진국 반열에 오르고 K-팝, 한류 열풍에 우리들 창조성, 예술성도 세계적으로 인정 받고 있다. 이런 기적과 같은 일을 성취한 것은 온 국민이 숨가쁘게 빨리, 빨리, 쉴 틈없이 달리고 달려온 결과, 그런데 평생 일만 하며 일상 생활의 즐거움과 일상의 여유를 모르고 살아온 우리에게 맞닥친 문제는 앞으로 선진 문화대국으로 지속가능할 것일까 이다

우리는 누구나 풍요로운 일상 생활과 자유롭고 안정된 삶을 원한다. 그 위에 일상생활에 아름다움과 즐거움을 추구하는 문화생활과 평화로운 사회적 소통방법, 창조성, 예술성 추구는 관계 개선에 활기를 북돋아 주는 필수적 요소이다. 즉 현 정보. 문화 사회에선 금전위주의 산업사회보다 풍요로운 삶이란 자유와 평화, 정신적 안정과 즐거움이 우선시되고 무엇보다 중요하다..

미국GI Bill 법안 통과로 예술 부흥과 문화 예술 향유, 향상에 많은 기여를 한 것처럼 오늘날 문화 르네상스 시대, 더불어 역사 깊은 우리 도자 문화 부흥을 기도해 본다. 앞으로 도자 공예 문화 교육이 선사시대부터 풍요로운 인류 생활을 담당했던 역사성과 새로운 시대가 요구하는 정신적 휴머니즘으로 대중의 삶을 풍요롭게 하는 세계적 도자 문화예술 향유와 부흥을 꿈꿔 본다

참고문헌

1. 김명란, 생활도자.공예디자인,세진사,1998
2. 세계도자기엑스포2001경기도,세계도자문명전,동양, 서양, 2001
3. 秦弘燮, 한국미술전집3 土器土偶瓦塼, 同和出版公社,
4. Seoul Auction 제103회 근현대 및 고미술품 경매, 2006. 9. 28
5. 한국근대미술명품도록, 삼성미술문화재단, 1992
6. 김경란, 도자 한식기에 대한 의식조사와 디자인 연구, 한국도자학회, 2005
7. 월간세라믹스 1996. 12월호, (주)월간세라믹스, 1996
8. 교양국사연구회 편저, 이야기한국사, 청아출판사, 1987
9. 조양모·이훈석·정명호, 옹기, 대원사, 1991
10. 야나기 무네요시, 조선을 생각한다, 학고재, 1991
11. 이인진 외,도예교실체험부문의체계적인육성 프로그램연구, 재단법인세계엑스포, 2007
12. 김인규, 월주요 청자와 한국 초기청자, 일지사, 2007
13. 최연수 외, 2007 생활 도자식기 진흥 프로그램 연구, 재단법인세계도자기엑스포, 2007
14. 강명관, 조선의 뒷골목 풍경, 푸른역사, 2003
15. 이영진·권대웅 편저, 문화와 관광, 학문사, 1999
16. 치우지핑, 다경도설, 이른아침, 2005
17. 한국역사연구회, 조선시대 사람들은 어떻게 살았을까, 청년사, 1996
18. 송찬식, 이조후기 수공업에 관한 연구, 서울대학교출판부, 1973
19. 아사카와다쿠미, 조선도자명고, 조선공예간행회, 1931
20. 제10회 도자기 디자인 세미나, 중소기업청 주최, 1997. 11. 28
21. 안병선, 21C 황금시장 문화산업, 매일경제신문사, 2000
22. 전국역사교사모임, 미술로 보는 우리 역사, 푸른나무, 1992
23. 안휘준, 한국의 미술과 문화, 시공사, 2000
24. 최혜실, 디지털시대의 문화 예술, 문학과지성사, 1999
25. 김완용, 한국의 미술1 신라도기, 열화당, 1981
26. 김용진, 한국미술공예사, 학문사, 1981
27. 윤서석, 한국의 전래생활, 수학사, 1983
28. 월간도예 1999. 11월호, (주)월간세라믹스, 1999

29. 한국고고미술연구소, 동원 이홍근 수집 명품선, 통천문화사, 1997

30. 김명란, 여성동아 1997. 1월호(도자식기로 차린 개성 있는 밥상), 농민신문사, 1997

31. 김명란, 누벨오브제 IV(음식과 기), 디자인하우스, 1999

32. 방웅정, 국립경주박물관, 통천문화사, 1988

33. 유광열, 유광열청자전, 해강고려청자연구소, 2012

34. 해강도자미술관, 해강도자미술관도록제1책, 1990

35. 久志卓眞, 朝鮮陶磁, 雄山閣, 1975

36. 전명숙·양행선, 생활요리&손님초대요리, 현능출판사

37. 이화여자대학교 미술대학, 도예연구, 도예연구소, 1993

38. 성문모, 2007 공예산업 실태조사, (재)한국공예문화진흥원, 2008

39. 성문모, 2007 공예문화산업 문헌조사, (재)한국공예문화진흥원, 2008

40. 小山富士夫, 陶器講座 제6券中國2 宋, 雄山閣, 1973

41. 아사카와 다쿠미, 조선의 소반·조산도자명고, 학고재, 1996

42. Lehnert & Landrock, Peter P. Riesterer, Zurich, EGYPTIAN MUSEUM CAIRO,
     NUBAR PRINTING HOUSE CAIRO EGYPT, 1995

43. 김명란, 여성동아 1997. 1월호(밥그릇 주제로한 전통 상차림), 동아일보사, 1997

44. 임상수, 전통 세라믹 실태조사 및 발전전략 수립, 한국세라믹기술원, 2010

45. 이용욱, 중국도자사, 미진사, 1993

46. 2007 한국도자학회 학술대회 연구논문·작품발표집(테이블웨어의 현재와 미래), 강남대학교
     산학기술연구소·한국도자학회 주최, 2007. 9. 14

47. 이데카와 나오키, 인간부흥의 공예, 학고재, 2002

48. 김명란 외, 한국도자학연구 Vol.6 No.1 2009, 한국도자학연구회, 2009

49. 추원교, 우리의 공예문화, 도서출판 예경, 2003

50. 한국의 아름다운 공예백서, (재)한국공예문화진흥원, 2007

51. 박영봉, 요리, 그릇으로 살아나다, (주)진명출판사, 2009

52. 김언정, 푸드코디네이터로 살아가기, 니케, 2009

53. 陶磁大系全48卷, 6,7,8,9,10,11,12,13,14,15,16,17,18,19,21,26,27,28,30,31,32,35,
     38,39, 平凡社1973

54. 京都書院, 陶藝 の美, 1,2,3,4,6,7,8,9,11,15,16,18,20,22,23,25,26,27,28,29,
     1984~1988

55. Andrea C. Röber, Zeitgeist und Tradition, Deutsches Porzellan Museum, 2003

56. SUSAN PETERSON, contemporary ceramics, Lourence King, 2000

57.　Schreiber Honisch Simoneit, Die Rosenthal Story, ECON, 1980

58.　南大路　豊，焼きもののみかた，実業之日本社，1995

59.　納屋嘉治，食器と親しむ本，淡交社，1989

60.　伊藤利郎，ヒット商品のコンセプト創り，にっかん書房，1994

61.　EDWARD M. BRUNER，観光と文化，学文社，2007

62.　内田邦夫，現代工芸を考える，シーグ出版者，1988

63.　佐藤雅彦，やきもの入門，平凡社，1983

64.　山口貴久男，食のトレンドが変わる，日本経済新聞社，1987

65.　ジェレミ-マイヤソン・シルビィア ガッツ，テーブルウェア，鹿島出版者，1994

66.　柾羽 泰彦，やきものの小さな旅，中日新聞社出版部，2007

67.　出光美術館，陶磁の東西交流，1984

68.　宮崎 清，生活のなかに伝統的工芸品を，伝統的工芸品産業振興協会，1993

69.　金両基，ここが違う韓国と日本，芸術新潮，1988

70.　浅川伯教，李朝の美を教えた兄弟，芸術新潮，1987

71.　尾久彰三，李朝に入門，文化出版局，1998

72.　佐々木 裕子，花のボーセリン・ペインティング，日貿出版者，2002

73.　梶川芳友，林屋晴三，吉田耕三，小木太法，井上隆雄，魯山人の世界，新潮社，
　　　1989

74.　信濃 昭，あいの食卓，文化出版局，1990

75.　三杉隆敏，中国磁器の旅，学藝書休，1977

76.　千歳雄吉，古陶の美，毎日新聞社，1954

77.　吉田光邦，やきもの，日本放送出版協会，1974

78.　海上雅臣，やきものこの現代，文化出版局，1989

79.　盛 峰雄，伊万里・鍋島ギャラリー所蔵品図録，伊万里市教育委員会，2003

80.　土屋 衛，いつもすてきなテーブルで　テーブルデザイング１，世界文化社，1992

81.　岸野和矢，陶芸絵付け・装飾技法，株式会社グラフィック社，1995

82.　江西省陶磁研究所，現代陶磁芸術，江西美術出版者，1992

83.　黒田和哉，北大路魯山人の食器，光芸出版，1991

84.　滋賀県陶芸の森，熊倉順吉とその仲間たち，1993

85.　ヤン・ディビッシュ，ヨーロッパの磁器，岩崎美術社，1988

86.　宮崎清・青木弘行，陶磁器の再発見，伝統工芸品産業振興協会，1992

87.　青柳正規，シチリアの古代ギリシア展，東京富士美術館，1984

88.　国立故宮博物院，清代単色釉瓷特展目録，中華民国70年

89. 泰孝儀，明成化瓷器特展目録，国立故宮博物院，1984

90. 阿部秀一，土を探る，阿部出版株式会社，2000

91. 京都国際工芸センター，ザ・クラフト6，1986

92. 阿部出版株式会社，炎芸術，2000

93. Ilhan Aksit，トルコの旅，AKSIT KULTUR TURIZM SANAT AJANS LTD.STI.，1992

94. 読売新聞出版局，ヨーロッパの民芸（手作り名品図鑑），1985

95. (株)主婦と生活社，生活便利カタログ（No 3），1987

96. 講談社，美しい和食器の本，1983

97. 新人物往来社，暮らしのやきもの大図鑑，1980

98. 小学館，現代日本の陶芸家と作品（東部編），1996

99. 小学館，現代日本の陶芸家と作品（中部編），1996

100. 小学館，現代日本の陶芸家と作品（西部編），1996

101. ペリ・ウルフマン，おやれなテーブルセッティング，PARCO出版，1988

102. 出光美術館，大皿の時代展（宴の器），2000

103. 南川三治郎，ヨーロッパの窯場と焼きもの，美術出版社，1985

104. 脇田宗考，世界やきもの紀行，美術書出版株式会社，1996

105. 沖縄文化社，沖縄の伝統工芸，2000

106. 김 명란, 韓国における量産陶磁食器のデザインに関する考察，1987

107. 新潮社，芸術新潮（民芸，終焉と出発），1986

108. Rockport Publishers, POTTERY, 1998

109. 김문정, 동서도자교류, ClayPark제1호,2004

110. 정동훈, 도자예술용어사전, 1996

111. 久志卓眞, 朝鮮陶磁, 雄山閣刊, 1975

112. MIHO MUSEUM , 南館圖録,1997

113. Ilhan Aksit, The TOPKAPI palace, 1996

114. 세계도자기엑스포2001경기도, 동북아도자교류전,

115. Leonard Griffin and louis K. and Susan Pear Meisel, Clarice Cliff, Thames and Hudson, 1988

116. 이인진 외, 국내외 유명작가 Residence Program 연구, 재단법인세계도자기엑스포, 2007

117. 由水常雄, 図説西洋陶磁史,ブレーン出版,1977

118. 中近東文化センタ-, 遥かなる陶磁の道, 三上次男中近東コレクシヨン,1997

동서양 도자와 문화

초판 1쇄 2026년 2월 28일

저자   김명란

발행처   수연출판사
서울특별시 마포구 월드컵로34길 18, 207호
출판사 신고번호 제251002023000156호

인쇄처   백석기획
경기도 고양시 일산동구 장항로 131

ISBN   979-11-984229-4-1
정가   28,000원